本书获自治区级协同创新中心——陆海经济一体化协同创新中心、广西高等学校高水平创新团队及卓越学者计划、广西一流学科（培育）——应用经济学的资助

镜湖文库

JINGHU LIBRARY

技术扩散视角下南北型区域贸易协定对后发成员国经济增长的影响研究

邓寅 著

·北京·

图书在版编目（CIP）数据

技术扩散视角下南北型区域贸易协定对后发成员国经济增长的影响研究 / 邓寅著. --北京：中国经济出版社，2019.12
（广西财经学院镜湖文库）
ISBN 978-7-5136-5990-1

Ⅰ.①技… Ⅱ.①邓… Ⅲ.①区域贸易-贸易协定-影响-会员国-经济增长-研究Ⅳ.①F114.46

中国版本图书馆 CIP 数据核字（2019）第 295466 号

责任编辑 彭 欣
责任印制 马小宾
封面设计 赵 飞

出版发行 中国经济出版社
印 刷 者 北京九州迅驰传媒文化有限公司
经 销 者 各地新华书店
开 本 710mm×1000mm 1/16
印 张 17
字 数 250 千字
版 次 2019 年 12 月第 1 版
印 次 2019 年 12 月第 1 次
定 价 92.00 元
广告经营许可证 京西工商广字第 8179 号

中国经济出版社 网址 www.economyph.com 社址 北京市东城区安定门外大街 58 号 邮编 100011

前　言

20 世纪 80 年代中期以来，全球范围内区域经济一体化步伐显著加快，重点表现为各国间缔结的区域贸易协定（RTA）的数量上升及范围扩张。此轮区域化浪潮在理论与实践上呈现诸多新特征，其中发展中国家与发达国家缔结的南北型 RTA 越发成为主流。

借力于南北型 RTA，发展中成员一方面积极回应发达伙伴国在推动贸易自由化及改善市场准入条件等方面的倡议，以此谋求获得发达经济体商品、服务订单，创造稳定的经济增长点；另一方面寻求、吸收来自发达伙伴国的先进技术扩散，以实现技术升级目标，服务本国经济增长。但上述目标并非随南北型 RTA 的缔结完成即自发实现，发展中成员国的福利损益尚无定论。因此，深入剖析缔结南北型 RTA 后对各成员的福利损益影响，尤其是发展中成员吸收发达伙伴国先进技术扩散时所面临的渠道载体、内外条件等一系列因素及约束机制等问题，对于评估南北型 RTA 对发展中国家的吸引力，并借此预测协定的长期稳定性具有重要意义。

本书从新贸易理论、内生增长理论及新经济地理学等多学科的研究视角出发，借助分析工具，通过多模型探讨揭示不同形式 RTA 的经济效应，比较系统地研究了缔结 RTA 后不同成员在贸易条件、比较优势、贸易模式、思想流动等方面受到的影响。在理论论证基础上，以北美自由贸易协定（NAFTA）作为南北型 RTA 范例展开实证研究，对 1987—2010 年包括美国、加拿大在内的 15 个 OECD 国家在 16 个细分行业下 R&D 投入的年度数据进行指数化处理，形成面板数据，并对 NAFTA 发展中成员墨西哥的国内全要素生产率进行拟合，为保证结果的稳健性，列出四个彼此相异的计量方程进行求解。

全书共分七章。第一章阐述本书选题背景、研究意义、主题侧重、研究方法、结构安排及创新要点等内容；第二章分类整理与本书相关的文献，分析归纳各文献的研究方法与核心内容，并对各文献所涉及的研究领域的发展现状与提升空间进行评述；第三章基于现存 RTA 分类统计数据，简要探讨其演进历史与发展脉络，区分新旧区域主义各自的特征，评述由此引致的不同阶段下“区域主义”浪潮发展绩效；第四章从静态视角审视区域贸易协定的经济效应，在维纳范式（Vinerian Framework）基础上构建 Ricardian 和 Heckscher-Ohlin 模型的分析框架，以此剖析缔结 RTA 后产生的贸易创造与贸易转移效应对不同成员的影响，并重点探讨南北型 RTA 对发展中成员的福利影响；第五章从动态视角阐述区域贸易协定的经济效应，基于 Romer 报酬递增思想构建以 Romerian 和 Grossman & Helpman 模型为主体的贸易均衡与增长模型，以此剖析缔结 RTA 后成员间的开放贸易、放宽思想流动对各成员产生的经济增长效应；第六章旨在寻找作为南北型 RTA 范例的 NAFTA 对成员间技术扩散影响的经验证据，从实证角度证明了这种正效应显著存在，以此支持发展中国家寻求与发达国家缔结此类区域一体化协议的合理性；第七章总结本书观点并阐述政策建议，在南北型 RTA 对后发成员经济效应的理论分析与实证分析结果基础上，针对我国“一带一路”倡议未来完善的路径提出问题和政策建议，并同时指出本书的不足之处，进一步明确研究方向。

本书所得结论如下：

（1）发展中国家与发达国家通过缔结南北型 RTA 有效拓宽了各国企业面临的市场广度，不仅有助于发展中成员协调与发达伙伴国间专业化分工协作，弥补在技术条件、禀赋结构等方面的比较劣势，还对区域内贸易增长与投资扩张起到促进作用，实现发达伙伴国的先进技术经由这些渠道有效扩散至发展中成员，驱动后者经济增长。

（2）由 NAFTA 对墨西哥本国 TFP 影响的实证结果表明：墨西哥 NAFTA 伙伴国美国、加拿大的进口贸易发生的 R&D 扩散效应对墨西哥本国 TFP 在统计上的影响显著，而样本中其他 OECD 国家经由相同贸易渠道并未表现出与墨西哥相同的技术扩散效应；美国、加拿大两国对墨西哥基于贸易的技术扩散程度在 NAFTA 成立前后显著相异，从而证明参与 NAFTA 对墨西哥的长期经济增长具有正向作用。

（3）结合当前“一带一路”倡议等区域经济合作的阶段性成果及现实性问题，协调处于不同发展阶段成员间的利益分歧意义重大，在“包容性增长”共识下，我国应兼顾利用市场力量促成平台总收益最大化与合理引导资源扶持后发国家经济增长两项责任，以保证这些合作平台持续稳健发展。

本书主要创新点如下：

第一，基于静态与动态两个维度对 RTA 经济效应进行研究。利用数值模拟方法，对在禀赋结构、技术条件、实际收入水平方面存在差异的国家间缔结的南南型、北北型、南北型 RTA 进行模拟，为发展中国家选择适合的 RTA 提供参考意见。

第二，改善对跨国技术扩散的经验研究和检验方法。在数据挖掘上，弃用总量经济数据，深入进行细分行业数据的整理；在数据使用上，将工业增加值作为构成各国 R&D 溢出指数的关键权数，从而避免因数据选择不当引发的共线性及系数回归不一致的问题。

目　录

第一章 绪 论

第一节 概 述

一、背景分析

由于在关税及贸易总协定（GATT）乌拉圭回合中经历磨难，又在其后WTO多哈回合中受挫中止，多边贸易自由化谈判进程趋缓且恐有停滞之忧，世界各国转而寻求区域间开放合作。根据WTO统计数据，截至2018年底，全球生效的各类型区域贸易协定（RTAS）已逾300个①，且越发呈现如下显著特征：①议题条款涵盖范围的广泛性与高标准性；②成员国地理范围的广阔性与经济发展的差异性。

如果以成员国所处的经济发展阶段为划分标准，那么现存RTA主要分为南南型、北北型和南北型三种形式。值得重视的是，新近缔结的RTA越发集中在发展中国家与发达国家之间，南北型区域合作逐渐占据主流。在此类协定下，在禀赋结构、技术条件等方面各具比较优势、存在较强互补性的成员国之间通过履行互惠条款强化利益联结，有助于扩大区域内贸易，改善市场准入条件并深化区域内分工协作，这也将造成协定外其他国家因遭受歧视而处于不利的竞争地位，促使后者寻求组建新的RTA以对冲影响，导致世界范围内RTA数量激增与范围扩张。

不同国家参与南北型RTA的动机相对分化。对于发达成员国来说，主导协定内经济安排有助于绕开多边自由化的承诺掣肘，利用协定条款保留市场

---

① 本书对区域贸易协定的统计口径与WTO的RTA Database（http：//rtais. wto. org/UI/PublicMaintainRTAHome. aspx）一致，即“All Physical RTAs in Force”。

壁垒，以便“合法打击”外部竞争对手，维护其在世界经济格局中的话语权；对于发展中成员国来说，参与协定内合作开放将助力其接入发达国家经济，获得贸易优惠及稳定的外部需求，尤其希望有机会吸收来自发达伙伴国的技术扩散并实现内化，从而以较低成本驱动本国经济增长。关键问题在于：由发达国家主导、发展中国家参与的南北型 RTA 能否平衡各成员国的经济诉求，尤其是兼顾发展中国家的利益？特别是，就各成员国并非一致的经济增长目标而言，此类协定能天然地具有普惠性吗？

理论分析表明，参与南北型 RTA 并不能使发展中国家一劳永逸地获取吸收、学习发达伙伴国技术扩散的能力。主要出于两点原因：①对于技术供应方而言，若仅以获取初级产品为基本诉求，发达成员国可能对技术扩散进行规制，以避免潜在竞争，使发展中成员国无法获得与推动本国经济增长相匹配的重要技术，反而因依附于区域内分工体系的程度加深而“锁定”在低端产业；②对于技术需求方而言，因自身禀赋结构、技术条件等方面不足，发展中成员国可能在学习、吸收技术扩散时存在能力“门槛”，这也将阻碍其国内经济增长绩效的提升及模式的变革。

因此，如果发展中国家以吸收技术扩散作为其参与南北型 RTA 的必要诉求，那么扩散效应的实际发生程度势必影响该 RTA 的长期稳定前景。基于此，本书通过对国内外研究文献的归纳总结，立足于技术扩散视角，对其触发条件、传导途径、作用范围等内容进行细致剖析，从理论与实践角度揭示 RTA 缔结、成员国经济增长与区域经济平衡三变量之间的逻辑关系及经验证据。研究该问题，或许能为评估南北型 RTA 对成员国之间产生的经济融合效应提供一个有益的视角。

二、研究意义

（一）理论意义

技术进步是一国经济增长的最终源泉。作为自主研发的重要补充，一国可通过参与国际经济活动学习、吸收外国先进技术。跨国技术扩散不但从一个侧面回答了自 Ricardo 以来国际经济学的重要主题——“各国为何贸易”，亦为“自由贸易总优于自给自足”的新古典论断提供了论据。不过，一国能否将来自外国的先进技术扩散真正融入本国以驱动经济增长，还取决于扩散内容，本国内在技术需求及吸收、学习能力等，这又涉及另一个重要主题——“贸易产生哪些结果”。

因此，本书聚焦区域贸易协定，在介绍世界范围内 RTA 的总体发展与阶段特点后，侧重探讨南北型 RTA 这种特殊形式。综合运用新贸易理论、新增长理论、新经济地理学等分析工具，利用规模经济、非同质产品、多样性偏好等重要概念构建一个动态框架，从理论与实证角度对如下命题进行论证与检验：在要素禀赋、技术结构、学习能力等维度存在较大差距的国家间缔结 RTA 可能存在多重均衡，其中后发成员国因经济规模较小而难以自动获取吸收、学习国外技术扩散的能力与便利，可能滑向低增长轨道并与发达国家差距不断扩大，最终退化为初级产品供应方直至被边缘化或退出。本书试图以此丰富涉及区域经济一体化安排的经济效应及福利问题的既有研究。

（二）现实意义

首先，区域经济一体化潮流已不可逆转。发达国家热衷于发起高标准、广覆盖 RTA，是为应对新兴市场国家的崛起与竞争而实施的由被动防御转向主动进攻的战略转型。中国改革开放 40 多年来始终保持中高速经济增长，被发达国家视为重要竞争对手，故而新近达成和将要达成的诸多 RTA 中，南北型 RTA 遏制中国的意图尤为明显。因此，剖析由发达国家主导的南北型 RTA 的一般规律，采取相应措施化解可能对我国经贸发展产生的负面影响，是亟须开展的工作。

其次，面对全球贸易与投资规则的内生变革动力及区域经济集团化的潜在挑战，我国应基于自身发展经验与大国担当意识，努力促成能将大多数国家的各自发展诉求加以弥合、转化为相对一致的共同目标与实现路径的高标准 RTA，为世界贡献优质的公共产品及问题的解决思路。我国于 2013 年发起的“一带一路”倡议，便是为拓展深化与沿线国家利益联结而主导搭建的经济合作新平台。尽管当前“一带一路”并不归为任何一种 RTA 形式，但其前景必定是向制度化方向迈进。在将此倡议打造为高标准 RTA 或类 RTA 机制的渐进路径中，我国也可能遭遇类似其他 RTA 所面临的成员国增长机遇不一致、经济增长分化等有损于长期稳定性的诸多问题。如何理顺我国与其他成员国间的经济合作关系，尤其是降低尚处于技术劣势与低增长轨道、易在区域经济一体化进程中受损的其他发展中成员国被边缘化的风险，重视引导区域内技术有效扩散并支持这些后发国家的经济增长，既是我国作为负责任大国主导区域合作所应承担的责任，也是“一带一路”倡议及未来由我国主导的其他区域合作框架长期稳定的重要保证。

第二节　研究思路、方法与内容安排

一、研究思路

本书从技术扩散的角度切入，专注研究不同形式的区域贸易协定对成员国经济增长产生的潜在影响。重点考察 RTA 如何通过形成与扩展技术扩散路径影响成员国经济增长，从而使成员国尤其是发展中成员国在参与 RTA 后，其经济发展水平能够向发达成员国渐近收敛。

本书遵循“文献梳理—理论模型构建—案例数据采集—实证结果分析—政策建议”的研究思路。首先预置假设条件：伴随 RTA 的缔结，区域内得以建立紧密的专业化分工，发达成员国会对发展中成员国产生技术扩散。其次渐进展开分析。

（一）供方因素

具体地，具有技术优势的发达国家为规避潜在竞争，是否会主动采取限制措施（Diffusion Barriers）阻碍技术扩散发生？

（二）需方因素

相应地，发展中国家作为技术扩散吸收国，面对可获得的适宜技术（Appropriate Technology）会采取哪种处置策略？决定其学习动能与吸收能力的因素有哪些？

（三）经济增长效应

相互地，技术供需双方的博弈可能对技术扩散产生什么影响？换言之，在 RTA 框架下引致的区域内技术扩散，相比既有研究中一般意义的跨国技术扩散具有哪些独特性？将如何影响不同成员国的经济增长绩效以及区域内经济增长收敛？

（四）经验证据

经验上，能否从现存典型的南北型 RTA 中获得充分经验证据，以有效支持确实存在这种经双方博弈共同促成的特殊区域内的技术扩散路径，并且对处于不同发展阶段的成员国之间的经济增长产生显著而重要的影响？

二、研究方法

（一）文献研究法

查阅专业著作、学术期刊、文献资料，挖掘特定 RTA 官方出版物、信息数据库等材料，整理关于区域内贸易、伙伴国投资、成员国 R&D 投入及经济增长绩效的已有理论成果与经验论据，实现对现存文献的分类梳理和重点剖析。学习、内化与本书切实相关的经典理论与思想精华，基于本书所确定的研究对象、分析重点和论证目标，选取可行性理论框架作为立论根基。发掘现有研究成果中的不足及原因，斟酌本书的突破方向，形成合乎经济逻辑与社会发展逻辑的论证框架。

（二）定性分析法

在专注国外先进技术扩散本国经济增长产生影响的渠道、方式、条件、绩效等方面的理论研究中，对 RTA 成员国的 R&D 投入、技术转化、跨国溢出等方面相比多边机制下的特殊性进行定性分析，通过构建理论模型以及严格推导确定国外技术扩散与本国经济增长基于理论模型的相关关系，并努力寻找模型以外其他现实性因素对跨国技术扩散的潜在影响及作用方式，以此揭示影响技术扩散效率的各主要因素的变化与经济增长实际绩效的逻辑关联。

（三）案例分析法

利用可得数据对 RTA 施加在成员国间贸易、跨国技术扩散与经济增长协同性发挥的影响进行定量检验。一方面，对协定内成员国间贸易模式、要素配置、专业化分工等相关信息进行描述与统计，对跨国技术扩散的作用方向、影响范围力求清晰化。以此为基础利用计量经济学的相关方法构建经验模型，实证研究对技术扩散的影响。另一方面，对包含扩散渠道、流动效率、转化能力的模型进行参数校准和数值模拟，以定量测度及分析技术扩散对经济增长的贡献。

三、本书结构与内容安排

第一章　绪论。主要阐述本书的选题背景与研究意义，研究主题、研究着力方向与研究方法，以及主体内容、结构安排及创新与不足等。

第二章　文献综述。在清晰界定重要概念基础上，从新经济地理学、新贸易理论、内生增长理论等多学科中汲取营养，借鉴整理国内外已有文献。涉及本书主题的相关文献主要集中于四个方面：①区域化（Regionalization）与区域主义（Regionalism）的兴起条件及互动关系；②区域经济一体化的产生诱因、演进路径及经济效应，其中致力于经济效应的分析又分为静态、动态两个维度；③技术扩散、技术学习与内生经济增长的逻辑关系及经验证据，重点剖析跨国技术扩散的诱因条件、影响因素、传导途径等；④南北型RTA 经济效应与内在逻辑等。

第三章　区域贸易协定的发展历程与现实特征。基于 WTO 对已通知并生效的 RTA 数据信息的总结整理结果，按不同原则进行分述，在简要讨论 RTA 演进历史、发展脉络及阶段特征之后，将 20 世纪 80 年代中后期至今的区域主义回潮，即“新区域主义”与 20 世纪五六十年代中期的区域主义热潮，即“旧区域主义”就本质特征、发展绩效进行对比，尤其对发展中国家在上一轮浪潮中进行的南南型尝试不甚成功，而在此轮浪潮中主动寻求与发达国家建立经济联系的原因进行简述。

第四章　区域贸易协定的经济效应：静态分析。在继承并发展维纳范式（Vinerian Framwork）关于区域贸易安排经济效应的经典分析基础上，分别构建以 Ricardian 和 Heckscher-Ohiln 为蓝本的贸易模型，对缔结 RTA 后因施行内外非对称关税的歧视而造成的各成员国福利损益影响，即贸易创造与贸易转移两种效应进行细致剖析，将这些效应归因于关税调整造成的各国比较优势扭曲程度的加重或缓解。在 Ricardian 框架下，探讨技术条件彼此有差异的成员国在缔结 RTA 后，贸易模式重置及完全专业化分工及产生的福利效应；在 Heckscher-Ohiln 框架下，基于一组先验参数及关键的 Armington 假设构建一般均衡模型，利用数值模拟探讨禀赋结构彼此有差异的成员国在缔结 RTA 后，贸易模式及福利损益的改变。重点分析南北型 RTA 对低收入发展中成员国福利损益的影响及其背后的经济逻辑，从静态角度支持了发展中国家寻求缔结南北型 RTA 等区域一体化安排的合理性。

第五章 区域贸易协定的经济效应：动态分析。延续并发展了 Romer 基于“报酬递增”思想的内生增长模型及 Grossman 和 Helpman 基于“横向知识溢出”思想的开放经济下的一般均衡模型，构建了以 Romerian 和 Grossman & Helpman 模型为主体的贸易均衡与内生增长模型，对缔结 RTA 后成员国间因相互开放贸易、放宽理念流动而对各成员国产生的经济增长效应及其背后的经济逻辑进行剖析，将这种增长效应归功于各成员国 R&D 部门的产出效率递增，以及各国基于比较优势自发形成的贸易模式及专业化生产。在 Romerian 框架下，对各国 R&D 部门间知识溢出并非引发增长效应的必要条件、单纯开放贸易即能使增长提速这一重要论断进行系统论述；在 Grossman & Helpman 框架下，将视角再次拉回比较优势，详细分析贸易均衡与完全一体化的均衡在增长动态上的等价性及条件。

第六章 南北型区域贸易协定与成员国技术扩散：经验证据。将北美自由贸易区 NAFTA 作为南北型 RTA 的典型案例进行重点分析。挖掘 OECD 数据库、GTAB 数据库等信息来源，收集包括美国、加拿大在内的 15 个 OECD 国家分行业 R&D 投入年度数据并进行分类整理，在构建结构合理的、旨意明确的“外国研发溢出指数”之后，借鉴经典的 Coe 和 Helpman（1995）技术扩散计量模型与拟合方法对发展中国家墨西哥的全要素生产率（TFP）受国外 R&D 扩散的影响程度进行拟合，得出美国、加拿大两国 R&D 研发通过货物出口对墨西哥的技术进步以及经济增长产生显著影响，而对样本中其余 13 个 OECD 国家的影响却不显著的经验结果，从而从实证角度支持了发展中国家寻求缔结南北型 RTA 等区域一体化安排的合理性。

第七章 结论与政策启示。总结全书所得主要结论与基本观点，并结合存在的问题提出相应的政策建议。尤其以南北型 RTA 对后发成员国经济效应的理论分析与实证分析结果为基础，针对我国“一带一路”倡议未来制度完善的路径选择问题提出政策建议。同时，指出本书研究的不足，探讨并明确进一步的研究方向。

第三节　本书的创新与不足

本书的主要创新点包括：

第一，基于静态与动态两个维度对 RTA 的经济效应进行研究。利用数值模拟方法对在禀赋结构、技术条件、实际收入水平方面存在差异的国家之间缔结的南南型、北北型、南北型 RTA 分别进行模拟，为发展中国家选择合适的 RTA 形式提供较为可信的参考意见。

第二，改善跨国技术扩散的经验研究和检验方法。在数据挖掘上，弃用较为粗糙的总量经济数据而深入整理细分行业数据；在数据使用上，将工业增加值作为构成各国 R&D 溢出指数的关键权数，能够避免因数据选择不当而引发的共线性及系数回归不一致的问题。

当然，本书尚存诸多不足。理论上，如何打破静态分析中的关税效应与动态分析中溢出效应之间的隔阂，将二者整合纳入一个一般化的两国家—两行业贸易均衡与内生增长模型；实证上，对于当前 NAFTA 对墨西哥技术进步的提升影响经验，引入更多南北型 RTA 以检验其显著性。这些都是未来应深入分析的重点方向。

背景资料 1　乌拉圭回合与多哈回合的谈判成果与教训

一、乌拉圭回合

谈判时间：1986 年 9 月至 1994 年 4 月，耗时 7 年半。

谈判地点：乌拉圭的埃斯特角城。

与会国家：由最初的 103 个增加至 1993 年底的 117 个，到 1994 年 4 月谈判结束时，共有 128 个国家和地区参与、签署了相关协定。

（一）谈判目标

包括货物贸易谈判与服务贸易谈判两大部分。

针对货物贸易谈判提出的目标为："决心制止和扭转保护主义，消除贸易扭曲现象；决心维护关贸总协定的基本原则和促进关贸总协定目标的实现；决心建立一个更加开放的具有生命力和持久的多边贸易体制；坚信这种行动将会促进增长和发展；注意到发展经济中金融和货币长期不稳定的消极影响及许多欠发达缔约国的债务情况，并考虑到贸易、货币、金融和发展之间的联系。"

针对服务贸易谈判提出的目标为："应旨在制定处理服务的多边原则和规则框架，包括对各个部门制定可能规则，以便在透明和逐步自由化的条件下扩大服务贸易，以此作为促进所有贸易伙伴经济增长和发展中国家发展的一种手段。"

（二）协议文本

关贸总协定乌拉圭回合达成协议的最终文本见表 1-1。

表 1-1 GATT 乌拉圭回合达成协议的最终文本

序号	中文名称	英文名称	英文缩写
1	建立世界贸易组织协定的马拉喀什协议	Marrakesh Agreement Establishing the World Trade Organization	WTO Agreemen
2	乌拉圭回合的农产品协议	Uruguay Round Agreement on Agriculture	
3	实施动植物卫生检疫措施的协议	Agreement of Sanitary and Phytosanitary Measures	
4	纺织品和服装协议	Agreement on Textiles and Clothing	ATC
5	与贸易有关的投资措施协议	Agreement on Trade-Related Investment Measures	TRIMs
6	装运前检验协议	Agreement on Preshipment Inspection	
7	关于执行 1994 年关贸总协定第 6 条的协议①	Agreement on Implementation of Article Ⅵ of GATT 1994	
8	关于执行 1994 年关贸总协定第 7 条的协议②	Agreement on Implementation of Article Ⅶ of GATT 1994	

① 通常称《反倾销协议》，是在关贸总协定东京回合《反倾销守则》的基础上进行的修改和补充。

② 简称《反补贴协议》，是在关贸总协定东京回合同名协议的基础上进行的修改和补充。

续表

序号	中文名称	英文名称	英文缩写
9	原产地规则协议	Agreement on Rules of Origin	
10	进口许可程序协议①	Agreement on Import Licensing Procedures	
11	补贴与反补贴措施协议②	Agreement on Subsidies and Countervailing Measures	SCM Agreement
12	服务贸易总协定	General Agreement on Trade in Services	GATS
13	与贸易有关的知识产权协定	Agreement on Trade-Related Aspects of Intellectual Property Rights	TRIPs
14	关于争端解决规则与程序的谅解	Understanding on Rules and Procedures Governing the Settlement of Disputes	DSU
15	贸易政策审议机制	Trade Policy Review Mechanism	TPRM
16	在全球经济决策中取得更大一致性的决定	Deisionon Achieving Greater Coherence in Gloabl Eonomie Poliey-Making	
17	政府采购协议	Government Procurement	
18	1994 年关税与贸易总协定	General Agreement on Tariffs and Trade 1994	
19	1994 年关贸总协定乌拉圭回合会谈纪要	Uruguay Round Protoeol GATT 1994	
20	保障措施协议	Agreement on Safeguards	

（三）谈判难点

本轮谈判所列议题内容异常广泛，包括货物贸易谈判议题 14 个和服务贸易谈判总议题 1 个，其目标之宏伟、议题之众多在 GATT 历次谈判中实属空前。因此，本轮耗时 7 年有余，较《乌拉圭回合部长宣言》预定时间（原计划在 4 年内结束）拖后了 3 年多，被称为“马拉松式的谈判”情有可原。

导致谈判严重超过时限的重要原因在于，此次谈判规定的原则与达成一致的方式为“一揽子”而非“点菜式”，与以往历次谈判进程均有不同。例如，在 GATT 东京回合中，参与国对其协议可以有选择地签署参加，因而缔约方在关贸总协定体制内的权利与义务不尽平衡，这种“点菜式”谈判导致

① 是在关贸总协定东京回合《进口许可程序守则》的基础上进行的修改和完善。

② 又称《海关估价协议》，是在关贸总协定东京回合《海关估价守则》的基础上进行的修订。

了关贸总协定体制的分化与削弱。而本次谈判开始前《乌拉圭回合部长宣言》中就已指出，为避免不必要的部门间交叉要求，应在广泛的贸易领域和谈判议题范围内寻求平衡的减让。按照这一“平衡减让”原则，各参与方被要求“一揽子”地参加和签署乌拉圭回合达成的所有协议，不允许以“点菜式”选择参加，这种方式使乌拉圭回合谈判出现综合交叉、整体平衡及相互呼应与制约的情况，谈判的复杂性凸显出来。

具体来说，各参与国的争论焦点主要落在农产品贸易谈判上，这是 GATT 历次谈判的“老大难”问题，继续困扰着各参与方在乌拉圭回合的谈判进程。这归因于农产品贸易谈判主要由同属西方发达国家的美国与欧共体主导推进，二者在农产品补贴问题上存在深刻矛盾与尖锐抗争，从而导致互不相让。

由于比较优势的动态迁移，欧共体和美国已越发不适合维持大规模的农业生产。但为安抚经济体内传统农业生产者的情绪以征得其政治支持，欧共体和美国存在长期维持高额农产品财政补贴的行为，造成世界农产品价格的严重扭曲，亦使欧共体和美国背负沉重的财政支出，美国在世界农产品市场上的竞争力下降。为摆脱沉重的财政补贴，提高竞争能力，美国于 1987 年 7 月在日内瓦会议上提出“零点方案”，主张到 2000 年全部取消农产品出口补贴和贸易壁垒，遭到欧共体的强烈反对。后者强调指出，提供出口补贴是其农业政策的宗旨，全部取消农产品出口补贴和贸易壁垒并不现实。1988 年 12 月，在蒙特利尔举行的乌拉圭回合中期评审会议上，美国代表要求裁定欧共体农产品出口补贴为“非法”，欧共体代表当即离席以示抗议，导致会议不欢而散。直至 1989 年 4 月，谈判各方才就农产品、纺织品、知识产权和保障措施等四个领域达成“一揽子”协议，但协议内容不容乐观。

欧共体和美国由于在农产品问题上的立场不同，仅同意将对农产品补贴与保护进行逐步实质性削减作为长期目标；短期目标为在 1990 年以前对农产品的补贴和保护不超过当前水平。由于欧共体和美国在农产品补贴削减比例上的争议巨大，致使终期会议又陷入僵局，也使与会各方于 1990 年 12 月 3 日在布鲁塞尔会议上宣告乌拉圭回合谈判结束的目标归于流产。1991 年底，原 GATT 总干事邓克尔提出《乌拉圭回合多边谈判结果的最终文件草案》，针对涉及全局进程的农产品贸易问题提出一个折中解决方案，虽然得到大多数谈判代表的肯定却再次因欧共体的反对而折戟。因欧共体和美国各不相让，

1992年4月13日，日内瓦会议被迫宣布乌拉圭回合谈判无限期延期。

至此，乌拉圭回合先后于1990年、1991年和1992年三度被迫延期。1992年11月20日，欧共体和美国农业谈判在激烈的争吵之后达成布莱尔宫协议。根据该协议，欧共体承诺自1994年起的6年内，受补贴粮食出口量削减21%，油料播种面积减少15%。但协议甫一出台，便遭到欧共体中农业大国法国的坚决反对，法国要求重新谈判，而美国坚决予以拒绝。

1993年，乌拉圭回合复会后，在多个世界性机构的热切呼吁以及GATT新的总干事萨瑟兰的激励与协调下，欧共体和美国农产品谈判进入白热化。12月6日，双方在布鲁塞尔首先就农产品贸易问题达成协议，美国做出让步使整个谈判取得实质性进展。但双方在影视业和飞机制造业两个领域仍无法谈拢，协定仍有流产风险。总干事萨瑟兰发表讲话时指出，世界不接受美国与欧盟谈判失败的现实，强调在12月15日结束的最后期限决定不可更改，并将两方代表邀请到日内瓦做最后冲刺。1993年12月14日，美国与欧盟代表宣布就现有问题达成协议，但文化产品问题被暂时搁置。

20世纪90年代世界格局发生剧变，也是造成乌拉圭回合谈判异常艰难的原因之一。在乌拉圭回合谈判发动后不久，苏联、东欧政局发生巨变，世界两极格局终结，西方各国政策的重点从军事安全转向经济安全，经济竞争和摩擦也随之加剧；经济衰退和经济结构问题困扰着主要谈判方，地区经济贸易集团化趋势不断加强。这些因素使参加乌拉圭回合谈判的各方矛盾错综复杂，各方围绕利益均衡展开拉锯战，使谈判一波未平一波又起，进度十分缓慢。

（四）主要成果

1. 货物方面主要聚焦关税减让，取得重要成果

在关税减让方面，发达成员承担了减让任务的主要部分：商品关税减让幅度达40%，加权平均税率由6.3%减为3.8%；发达成员承诺关税减让的税目占总税目的93%，占全部税额的84%，其中承诺减让到零的关税税目比例由21%增长至32%，涉及贸易总额由20%增长至44%；15%以上的高峰税率比例由23%下降为12%，涉及贸易总额的5%，主要为纺织品和鞋类；从关税约束水平来看，发达成员承诺关税约束税目由78%上升为99%，占贸易总额

比例由94%增长至99%。

发展中成员关税减让水平低于发达成员，加权平均税率由15.3%减为12.3%；从约束关税范围上分析，其承诺税目约束比例由21%增长至71%，涉及贸易总额由13%增长为61%。大部分发展中成员在乌拉圭回合后全面约束关税，如智利、墨西哥、阿根廷等，韩国、印度尼西亚、马来西亚、泰国约束关税比例在90%左右。各方约定，商品关税减让的实施期自1995年1月1日起5年内完成。

在农产品方面的关税减让取得喜人战绩。无论发达成员抑或发展中成员均全面约束农产品关税，并承诺进一步减让。从1995年1月1日开始，发达成员实施期为6年，发展中成员实施期为10年，但部分发展中成员承诺6年实施期。从总体减让幅度来看，发达成员关税削减幅度平均约为37%，发展中成员减让幅度则平均约为24%。

2. 服务贸易方面，亦开启了重要范式

以往GATT只涉及货物领域谈判，服务未被纳入其管辖范围，致使许多国家在服务领域采取多种保护措施，显著制约了国际服务贸易的发展。为了推动服务贸易的自由，此轮谈判由发达国家提出并主导将服务业市场准入问题作为谈判重点，历经近8年讨价还价最终签署《服务总协定》(GATS)，并于WTO成立的同一天，即1995年1月1日正式生效。

GATS将服务业分为12个部门160个分部门，涉及律师、会计、审计、计算机硬件安装和软件服务的专业服务部门，与邮政、电信、电传和邮件有关的服务，建筑与工程服务，包括批发在内的商业分销服务，不同层次的教育服务，保护环境的服务，包括保险与银行业务的金融服务，医疗、旅游、娱乐、文化和体育服务及其他服务，等等。GATS将服务分为4种形式：一是服务的跨境交付和服务产品的跨境流动，如律师咨询、电信服务等；二是境外消费，主要涉及旅游、教育和医疗；三是以商业存在（跨境设立商业或专业机构）形式提供服务，如商店、饭店、律师事务所、银行和保险公司的分支机构提供的服务；四是自然人临时流动提供的服务，包括演出、讲学和行医等。

GATS的一般义务包括最惠国待遇、透明度原则、逐步自由化承诺以及发展中国家的更多参与。与货物不同的是，服务的最惠国待遇不但给予服务国本身，而且要给予服务的提供国。至于市场准入和国民待遇原则在GATS中不是作为普遍义务，而是作为具体承诺，与各具体部门的开放相联系，经过谈判才承担的义务。这种将一般性义务与具体承诺的义务区分开的做法，是GATS一个十分重要的特点。GATS还考虑到发达国家和发展中国家在服务业发展上的不平衡，在发展中国家更多参与原则中体现了对发展中国家的特殊考虑：第一，发达国家对于发展中国家服务的发展要给予自由准入的优先权；第二，允许发展中国家对服务业的适当保护，使其服务业的开放享有一定的灵活性；第三，发展中国家开放服务业时可以设置条件。乌拉圭回合在服务领域取得的成果，是自1948年关税与贸易总协定生效以来，多边体制在单一部门取得的最重要进展。

3. 知识产权方面，深化人类对智力产品的尊重和保护意识

知识产权是个人或单位基于智力创造性活动的成果所产生的权利。对其进行保护的一个重要特点是地域性，即一国法律给予知识产权的保护权仅在本国范围内有效，迁至别国则不发生效力。为便于知识产权得到跨国保护，世界各国通过签订双边或多边条约逐步建立起国际知识产权保护制度。随着世界经济发展、国际范围扩大和技术的开发提速，GATT将此议题也纳入乌拉圭回合多边谈判中。

乌拉圭回合知识产权谈判组于1991年12月提出《与贸易有关的知识产权协议》(TRIPs)，并经讨论修改后最终被各成员国接受为正式协议。该协议明确规定了知识产权国际法律保护的目标和动机；扩大了知识产权保护的范围，加强了相关的保护措施；强化了对仿冒和盗版的防止和处罚；加强了对反竞争行为的控制；提供了对发展中国家特殊待遇的过渡期安排；最后还规定了有关的知识产权机构的职责，以及相互之间合作的安排。知识产权协议是乌拉圭回合“一揽子”结果的重要组成部分，所有世贸组织成员都受其规则的约束。

4. 推进多边贸易体制建成，是乌拉圭回合的最突出的贡献

各GATT成员国根据国际贸易发展需要，突破原定议题达成《建立世界贸易组织协定》，通过建立WTO取代1947年成立后已运行数十载的GATT，完善和加强了多边贸易体制，为执行“乌拉圭回合”谈判成果奠定了良好的基础。

就这一协议，人们首先注意到的是“世界贸易”概念。根据乌拉圭回合协议，此概念的法律含义使其不仅包括原来的国际货物贸易，而且还扩展到国际服务贸易，以及国际与贸易有关的知识产权的交易。这一扩展的法律意义使WTO管辖的范围显著超越GATT，更为宽泛。

GATT自成立至结束运行的47年，为推动国际贸易的增长做出了重大贡献，也为世界贸易体制的进一步发展奠定了良好基础。但该架构因以《临时适用议定书》为基础而先天不足，受到很大局限。一方面，它在国际活动中的法律地位不够完整；另一方面，该议定书中的“祖父条款”使GATT的独立性，即原则和规则的法律效力受到了损害，也拖累了GATT作为行政管理机构的效率。

WTO则摆脱了这一困境。协议中不仅规定了宗旨、任务，而且规定了范围、职能、机构体系。协议还以专条明示缔约各方赋予WTO国际法人资格，享有执行职务时所必要的法律上的权利、特权与豁免权。这使其成为一个具有完整法律地位的国际组织，并因此具有成为联合国附属机构的可能。

协议中设立了“无保留进入”条款，参加WTO的国家与地区对乌拉圭回合所有决议的任何条款都可无保留进入。同时，成员方应尽力采取必要措施，根据执行这些多边贸易协议的需要修改国内法律，以保证其法律与这些协议相一致。这就使WTO不再受各成员国原有立法限制，能够独立维护世界贸易体制与规则，保障它们拥有完整的法律效力。WTO也将因此而提高行政管理效率。时至今日，WTO已发展为法律地位和权力更完整、更为有效率的组织。

5. 发展中国家在多边贸易体系中的地位得到提升、利益得到维护

在GATT旧框架中，由于强调建立国际贸易的一般规则（如多边无条件最惠国待遇、国民待遇等），维护的主要是历史上已形成的贸易关系，它所带来的利益也主要流向作为贸易强国的发达缔约方，致使发展中国家的贸易利益处于从属地位。然而，经过20世纪50年代发展中国家民族独立运动的洗礼，60年代初期催生一种新思潮，要求把发展国际贸易与推动发展中国家的经济发展结合起来，把贸易当作促成发展中国家经济发展的手段。发展中国家要求修改原有贸易规则，要求摒弃形式上的平等，实现事实上的平等，对发达国家与发展中国家实行差别待遇。这危及在旧有国际贸易框架中长期取

得既得利益的发达国家的地位，以至于受到后者的弹压，在60年代形成战后第一次南北公开对峙。

GATT发达参与国慑于发展中国家压力，同时觊觎发展中国家现有和潜在的贸易利益，于1965年同意在GATT增设第四部分，并命名为“贸易与发展”，约定应“采取特别措施”以促进发展中国家的贸易和发展，其核心内容为“发达的缔约方对它们在贸易谈判中对发展中缔约方的贸易所承诺的减让或撤除关税和其他壁垒的义务，不能希望得到互惠”。GATT还在70年代末“授权条款”中接纳了“普惠制”。但发达参与国并未在“采取特别措施”上认真履行其承诺。这部分归因于GATT法理地位先天不足，导致第四部分在法律上对发达国家缺乏约束力，因其不包含于《临时适用议定书》之内，甚至不及总协定第二部分的约束力。这些承诺在更大程度上被看成只具有“道义的”含义。

相比之下，WTO则对促进发展中国家贸易增长的法律规定越发明晰。WTO在协议序言中即已写入“确保发展中国家在国际贸易增长中的份额与它们的经济发展需要相称”。该序言的法律效力由该协议的“无保留加入”条款保障，是发展中参与国坚持斗争取得的重要成果，亦归因于国家间经济发展的联动关系日益深化，以及一部分发展中国家显示出它们的经济发展及其潜力对世界经济的影响愈来愈大。发达成员国对世界市场的争夺已十分激烈，都在图谋开发发展中国家市场。因此，这一规定是南北矛盾、北北矛盾等多重矛盾在错综复杂的斗争中显示出各方基于不同利益而寻求平衡点的法律表述。

6. 争端解决制度，为世界治理提供先机

在贸易战代替冷战的形势之下，WTO的主要职责之一是维护乌拉圭回合协议制定的争端解决制度，据此消除成员之间的贸易纠纷，保障世界贸易秩序。这也是GATT的主要职责，但是新的争端解决制度已然大不相同。乌拉圭回合谈判中，与会各方认识到争端解决对维护与改进多边贸易体制起着核心作用，因此从多方面强化了争端解决规则。

WTO的争端解决制度包括乌拉圭回合制定的“争端解决规则和程序”及“争端解决统一机制”协议。①规定了“快速解决争端”原则。为争端的解决规定了合理的时间期限，并按程序分段规定了时间期限。一般情况下共为

15 个月，如遇特殊情况，也不得超过 18 个月，还规定了“快速仲裁”途径。②设立争端解决机构，在理事会下建立争端解决委员会。③把 GATT 成立专家小组的习惯做法制度化，并将其纳入程序。④新增上诉程序，同时在争端解决委员会中成立接受和处理上诉的机构。⑤实行“一票通过制”，即对专家小组与上诉机构的建议、缔约方豁免义务请求，在争端解决委员会中只要有一票赞成即行通过，除非该委员会一致同意不接受这些建议，或一致同意拒绝这样的请求。这是对 GATT“一致通过”原则的一个重要更改。⑥制定“特许中止”原则与程序，俗称“交叉报复规则”，同时规定若缔约方决定这么做，那么应在请求中宣布这样做的理由。

诚然，这些新规定有助于加速争端的解决，同时强化多边贸易体制的作用。但是，“一票通过制”和“交叉报复规则”是一把“双刃剑”，既有利于在贸易纠纷中受损害的缔约方在诸多利害关系中寻求平衡，也可能被一些贸易强国滥用，如为美国继续实行其“301 条款”提供了便利。

（五）地位评价

建立 WTO 是实施乌拉圭回合改革世界贸易体制与强化贸易规则所必需的组织保障措施，因此 WTO 发展成为新体制中不可分割的组成部分。从总体上来看，乌拉圭回合谈判取得的成果将世界贸易朝自由化方向大大推进了一步，达成了进一步降低关税的协议，强化了贸易体制与规则，并且拓宽了其管辖范围。WTO 将推动成员各方调整其对外经济贸易的政策与法律，使它们更加开放，从而推动要素资源在各国间的流动，使它们在世界范围内的配置更趋合理，使成员方各不相同的资源相对优势得到进一步的利用与发挥，以促进世界贸易和各国经济增长。

新体制无疑为世界所有国家的贸易和经济增长带来新的机会，也带来新的挑战。但与发达国家相比，它给发展中国家带来的机会相对较少、挑战相对较多。这是因为发达国家对新体制的适应程度高于发展中国家，多数发展中国家在体制、政策、法律上都必须做大幅度或较大幅度的调整，有的发展中国家则仍处于向开放进行调整的起始阶段。同时，发展中国家的生产力水平仍处于落后状态，国内的生产企业与服务部门将普遍遇到开放国内市场所带来的外国同行业企业的竞争压力与冲击。但从总体上讲，新体制将为发展中国家带来一个优于从前的贸易环境，尤其对于那些开放程度较高、生产力已具有一定国际竞争能力的发展中国家（它们既已具备开发本国资源相对优势的能力，又能吸引和利用外国的优势资源，包括利用国外市场）来说，将为它们改善本国的经济结构与增强本国经济实力提供一次发展良机。WTO 为推行新体制还采取了一项抑弊兴利的措施，即对发展中国家的适用规定了过渡期，以尽量避免和减少它们因不适应受到的冲击。

但是历史的发展表明，WTO 新体制并未天然地引领世界贸易实现自由化，它与国际社会期望建立的平等互利、南北合作、全球合作的国际经济新秩序也相距甚远。以美国、法国为主导的发达国家在乌拉圭回合谈判最后阶段，曾企图把遏制发展中国家贸易、旨在将劳务条件与贸易联系起来的“社会条款”塞入《马拉喀什协议》，但在发展中国家的坚决反对下未果。其后，它们又策划将其列入 WTO 今后贸易谈判的内容中。这显然是一个以遏制发展中国家为目标的“新贸易保护主义”的错误主张，它们反对的正是发展中国家拥有的劳动力资源相对优势。这已显露出今后的贸易领域南北对立仍不可避免，而遏制发展中国家的贸易增长是与 WTO 的宗旨、目的背道而驰的。

同时，发达国家之间的贸易纷争并未因新体制的建立而减少，甚至有扩大之势。乌拉圭回合美国与欧盟谈判刚达成协议，美国代表走出会场时就声明将继续以“301 条款”对“不公平贸易”实行报复，而此类行为却不受新协议的约束。1994 年 4 月 15 日，《马拉喀什协议》最终签署后，美国又多次重复以上声明。法国随后采取与之针锋相对的立场，立即采取措施推动欧洲联盟制定类似美国“301 条款”的法律，为今后的贸易战准备法律武器。已闻霍霍磨刀之声，尽显剑拔弩张之势。

二、多哈回合

谈判时间：从 2001 年 11 月开始。

谈判地点：卡塔尔首都多哈。

与会国家：147 个 WTO 成员方。

协议文本：《巴厘岛一揽子协议》（*Bali Package*，2013）。

（一）谈判难点

2001 年 11 月，在卡塔尔首都多哈举行的 WTO 第四次部长级会议启动了新一轮多边贸易谈判，确定8个谈判领域，包括农业、非农产品市场准入、服务、知识产权、规则、争端解决、贸易与环境以及贸易与发展问题。由于在《多哈部长会议宣言》中明确提出要关注分歧等，谈判举步维艰，几乎在所有领域都未能如期取得成果。从时间表上，在2003年墨西哥坎昆举行的第五次部长级会议上取得实质性合意，框架谈判结束是在2004年7月31日，而谈判最后完成是在2005年1月1日。美国也做好了国内法的准备，其时任总统也已获得了"快车道程序"（Fast-trackprocedure）授权，一切似乎"万事俱备，只欠东风"。但韩国农民李京海在会场外抗议自杀，成为坎昆会议走向失败的导火索，多哈回合谈判自此陷入僵局。

实际上，坎昆会议在召开期间已存在失败隐患。与会成员方就谈判的各个议题均展开了激烈争论，分歧焦点则集中于农业问题和新加坡议题上。

在农业问题上，发展中国家要求发达国家取消农产品补贴，包括取消出口补贴和对国内农业的支持，并在农产品市场准入问题上要求发达国家做出高于发展中国家的承诺。发达国家则针锋相对地强调，发展中国家应削减其较高的农产品关税，提高市场准入水平，同时坚持为本国农业提供补贴。坎昆会议的农业谈判无法弥合分歧。

在新加坡议题上，欧盟和日本强烈要求启动谈判，但不少发展中国家认为该议题不应纳入谈判，因其只会增加发展中国家的义务，而不会带来多少实际经济利益。在谈判宣告失败前一天，"部长宣言草案"提出在坎昆会议后即刻进行两项新加坡议题（政府采购透明度和贸易便利化）的谈判，招致发展中国家强烈反对，使新加坡议题在坎昆会议的最后两天代替农业问题成为谈判场上针锋相对的焦点。这一议题的争执成为导致坎昆会议最终失败的又一重要原因。

坎昆谈判破裂后，WTO谈判重点转向制定一份框架协议，并计划在2004年7月底前就框架协议达成一致。2004年3月22日，WTO各成员的高级贸易官员聚集在日内瓦总部，召开自坎昆会议后农业问题的第一次正式会谈，就相关问题进行了紧急磋商。但由于发达成员与发展中成员之间在农业出口补贴、市场准入、关税幅度、农产品绿色标准等方面仍存在明显分歧，谈判并未取得实质性进展。2004年5月14日，世界贸易组织28个成员的贸易部部长和欧盟的高级官员同意在2004年7月底前达成框架协议，并将取消出口补贴和促进贸易便利化的谈判列入议事日程。然而，与会的贸易部部长仍未就农产品进口关税的减让方法达成一致，虽然各成员都承诺将努力寻求共识。

按照最初制定的时间表，多哈回合谈判应在2005年1月1日前完成。但是，从多哈回合谈判启动直至2003年9月召开中期评审会议，各方在利益上都存在着严重分歧，致使谈判进程因不同利益群体间持续地相互指责而始终无法达成共识。尽管坎昆会议失败以后多哈回合谈判困难重重，但在WTO的组织和推动下，2004年上半年，各成员采取了更为灵活、务实的态度和策略，在农业等重要议题上做了一定程度的妥协，消除了一些重要分歧。但到2006年7月，“三角形谈判”再度陷入僵局。三角形是指农业市场准入、农业补贴以及非农产品市场准入三个方面。2007年1月，在瑞士达沃斯举行的非正式部长级会议上确认重新开始谈判。但是这一年的谈判并无进展，而美国总统的“快车道程序”授权已于同年7月1日期满失效。“快车道程序”的失效使美国参与谈判达成协议的难度大增，多哈回合谈判的前途暗云密布。

2008年1月，在达沃斯非正式部长级会议上确定将在2008年内结束谈判。同年7月，日内瓦非正式部长级会议上，因七国集团内部就农业市场和非农产品市场准入问题的分歧严重而没有达成合意。随后全球性金融危机爆发，12月预定召开的WTO部长级会议取消。2009年7月的G8+5、9月的G20、11月的APEC都提出争取2010年结束谈判，可是进展越发缓慢。美国等发达国家纷纷看淡WTO的发展，对多哈回合谈判失去耐心，将重点转移至《跨太平洋伙伴关系协定》(*Trans-PacificPartnership*，TPP)、《跨大西洋贸易与投资伙伴协定》(*Transatlantic Trade and Investment Partnership*，TTIP)、《反假冒贸易协定》(ACTA)、《诸边服务业协定》(*Plurilateral Services Agreement*，PSA)等谈判，以及缔结双边或区域自由贸易协定等方面。多哈回合谈谈停停，似乎没有尽头。

（二）主要成果

1. 多哈回合框架协议（Doha Round Framework Agreement，2003）

多哈回合谈判框架涉及多哈回合中的农业、非农产品市场准入、发展问题、服务贸易以及贸易便利化谈判等多项内容。

（1）农业问题。强调农业协议的长期目标是“通过根本性的改革建立一个公平、市场导向的贸易体系”。具体而言，框架协议主要涉及国内支持、出口竞争、市场准入三项内容。在国内支持中，对扭曲贸易的国内支持总水平、国内支持的削减原则及有关标准和纪律作了描述。在出口竞争方面，协议明确规定最终将就取消出口补贴确定一个具体日期，同时在出口信贷、食品援助、国有贸易企业等与出口补贴相关的问题上也制定了相应的纪律。在市场准入方面，确定了谈判基本公式的要素，要求农产品关税较高的国家进行更大幅度的关税削减（发展中国家可享受特殊差别待遇，且敏感产品可以例外），同时规定各成员可自行确定各自的敏感产品，但其数量需经过谈判确定，而敏感产品应当通过扩大关税配额等方式逐步实现自由化。

（2）非农产品市场准入。首先，强调削减和逐步消除关税峰值、关税升级、高额关税以及非关税壁垒的目标，提出以非线性关税削减公式作为实现非农产品贸易自由化的工具，同时拓宽削减关税的产品范围，不准事先将某些产品排除在外，对关税削减的基准水平和基准年度也做了规定，鼓励发展中国家单方面的自由化行动。其次，要求谈判参与方在2004年10月31日之前将非关税壁垒通知WTO相关机构，并进一步就消除非关税壁垒进行谈判，就非关税壁垒的谈判模式提出了建议。最后，规定发展中成员和新加入WTO的成员可以在关税和非关税壁垒削减上获得弹性待遇。此外，协议要求谈判小组与贸易和环境委员会就提高环境产品的市场准入问题密切合作。

（3）发展问题。强调“把发展中国家和最不发达国家的利益放在多哈工作规划的核心”。在特殊差别待遇方面，要求贸易与发展委员会等机构迅速评估与具体协议有关的特殊差别待遇预案，并在2005年7月之前将评估结果与对相关决策的建议向总理事会进行汇报。在技术援助方面，要求更多地向发展中国家和低收入转型国家提供与贸易有关的技术援助，并鼓励加强与其他机构的合作。另外，强调要加速推进有关发展中国家根本利益问题的谈判以及有关执行问题的谈判，并要求贸易谈判委员会与WTO其他机构优先解决。最后强调了对最不发达国家的关注。

（4）服务贸易。规定各成员在2005年5月前告知其他国家准备开放的国内服务行业清单，要求成员以逐步实现更高水平的服务贸易自由化为目标。同时，要求成员付出更多的努力并按照GATS条款的相关精神和规定时限完成规则制定的谈判。为实现上述目标，协议要求为发展中国家提供相应的技术援助，以使其能够有效地参与谈判。同时，还要求服务贸易理事会评估该领域谈判的进展，并向贸易谈判委员会提供包含评估结果以及相应建议的完整报告。

(5) 贸易便利化。作为新加坡议题的一项，由于发展中成员的抵制，发达成员放弃了贸易与投资、贸易与竞争政策、政府采购透明度等三个议题。“多哈回合框架协议”明确提出，贸易与投资、贸易与竞争政策、政府采购透明度等三个议题将不再列入多哈回合谈判的工作计划，只要求在贸易便利化方面重开谈判，主要聚焦在简化海关手续方面。

应该说,“多哈回合框架协议”较好地反映了发展中国家的利益。首先，发达国家在农业问题和新加坡议题上做出较大让步，还同意将除贸易便利化以外的新加坡议题排除在谈判之外。即便在贸易便利化问题上，也规定免除发展中国家承担相关基础设施建设投资的义务，而要求发达国家在技术和基础设施建设上向发展中国家提供援助。其次，该框架协议每个部分几乎都提到了发展中国家和最不发达国家的特殊差别待遇问题，后者可以得到较长的过渡期和较小的贸易壁垒削减幅度，有权要求发达国家和国际组织以提供实质性的援助作为履行某些承诺的前提，发展中国家的特殊发展要求也得到一定程度的体现。

2. 贸易便利化协定（Trade Facilitation Agreement，2017）

2013 年 5 月，多哈会谈出现了转机，巴西人罗伯托·阿泽维多当选为 WTO 新的总干事，旨在强化 WTO，重启多哈回合谈判。WTO 各协定的实施、争端解决机制、多边谈判作为 WTO 三大核心机制，前两者运行良好，唯独多哈回合谈判的僵局导致多边谈判能力受到严重削弱。2013 年 10 月 APEC 峰会一结束，他便向 WTO 谈判委员会宣布进入倒计时阶段，争取在有限的时间内，在贸易便利化、农业和发展三个议题上达成共识，即早期收获。终于，他的努力取得了进展。

2013 年 12 月 3—7 日，WTO 第九次部长级会议在印度尼西亚巴厘岛顺利举行。会议最后就早期收获达成一致，通过了《巴厘岛一揽子协议》，被认为挽救了多哈回合。协议共分为四个方面：贸易便利化、农业、棉花（本来是三个议题，但贝宁、马里、乍得、布基纳法索非洲棉花四国集团的利益得到考虑，专门通过了一个决议）、关于发展与最不发达国家议题。后面三个议题都是以若干部长决议和宣言的方式体现，而贸易便利化方面除了部长决议之外，还通过了《贸易便利化协定》(*Agreement on Trade Facilitation*)。

《贸易便利化协定》由序言、第一部分、第二部分以及最终条款构成。

序言重申了《多哈部长会议宣言》第 27 段的任务和原则，总理事会于 2004 年 8 月 1 日通过的决议附件 D、《多哈工作计划》以及《香港部长会议宣言》第 33 段和附件 E，澄清和改进了“GATT 1994 年协定”中第 5、第 8 和第 10 条关于进一步促进货物流动、放行和清关（包括货物过境）的内容。序言认识到发展中国家成员尤其是最不发达国家的特殊需要，要在这一领域的能力建设方面加强援助，也认识到成员方有必要在贸易便利化和海关合规性方面进行有效合作。

第一部分由 13 个条文组成。首先是信息方面。第 1 条为信息的公开与可利用性，规定了各成员方要在非歧视原则下及时公布有关进出口和过境方面的所有政府信息和文件、表格，并且必须上网公布，可供查询及不断更新。成员方必须设置有关信息的咨询点，把有关信息通知 WTO 贸易便利化委员会(协定生效后 WTO 货物贸易理事会下的专门委员会)。第 2 条是关于信息形成过程的规定，要给予交易商及其他有关各方发表意见的机会，定期磋商。

其次是程序方面。第 3 条是关于事先裁定的规定。成员方当局应该对申请人提交的有关事项进行事先裁定，不予裁定应该说明理由。在我国和很多国家有“海关行政裁定”制度，指海关在货物实际进出口前，对外贸经营者提出的申请，根据海关法规，对于与实际进出口活动有关的海关事务做出的具有普遍约束力的决定。事先裁定已经超出了传统的海关行政裁定的商品归类、原产地确定、禁止进出口措施和许可证件的适用，以及包括海关估价在内的其他海关事务的海关领域范围，故采用“事先裁定”一词。第 4 条是行政复议或司法审查程序。要求立法机关保障任何人有权就相关行政决定提出行政复议，还可以进一步提出司法审查。

再次是边境机构业务的主要部分。第 5 条是其他措施，包括动植物检疫、扣押、检验程序以及公正、非歧视和透明度原则。第 6 条是进出口环节费用收取的纪律规则，包括一般纪律、特别纪律、处罚纪律。第 7 条是货物的放行和清关，主要是海关业务的规定，包括到达前的程序、电子支付问题，风险管理问题，事后审核问题，建立和公布平均放行时间问题，贸易便利化措施的授权运营商（即 AEO 制度）问题，加急装运问题，易腐货物问题等各方面业务，规定非常具体细致。

最后是关于各国边境机构之间的合作部分。第 8 条规定了国家边境机构之间的合作原则。第 9 条是海关监管下准备进口货物的移动。第 10 条是关于与进出口和过境相关的手续，要求简化手续，解决复印件与电子副本以及原件等产生的问题，采用国际标准、实行边境口岸单一窗口制度、装运前检验问题，海关经纪人（报关）、共同边境的程序和统一文件的要求、拒收货物问题，货物进出境加工暂准进口问题。第 11 条是自由过境的详细规定，包括海关担保制度。这两条都需要各国边境机构之间的紧密合作才能完成。第 12 条是海关合作，包括促进履约和合作措施、信息交换、验证、合作费用的分担等各方面的规定。第 13 条是机构安排，成立 WTO 贸易便利化委员会，各成员方也要有相应的国内贸易便利化机构负责国内协调和执行本协定。

第二部分不分条，而是直接用款加以罗列。这部分主要是关于对发展中国家乃至最不发达国家成员的特殊待遇和差别待遇的规定，主要体现了在能力建设方面对发展中国家乃至最不发达国家的支援和某些变通性规定。

（三）地位评价

多哈回合谈判旨在促进世贸组织成员削减贸易壁垒，通过更公平的贸易环境来促进全球尤其是较贫穷国家的经济发展。该回合谈判以发展命名，体现 WTO 对贸易实质性公平的追求和对发展中国家及最不发达国家利益的关切。

但不可否认的是，旧有的国际经济秩序维持并扩大了发达国家与发展中国家，特别是最不发达国家之间的经济增长差距。究其根源，与全球范围内贫富差距扩大、有效需求不足、资源没有得到充分利用、发展机会缺失有关。必须承认，发展问题既是全球经贸治理面临的共同挑战，也是需要长期应对的艰难挑战。而多哈回合正是解决发展问题的重要契机。

当前，多边贸易体制遭遇到极大的挑战。一方面，WTO 成立后，由于大量发展中国家涌入，GATT 时期由主要发达国家通过“绿屋会议”操纵整个谈判内容和进程的局面一去不返，发达国家深感在 WTO 内推动符合自身利益的议程日渐艰难，遂转而发展区域贸易体制，导致多边贸易体制缺乏前进的领导者和推动力。另一方面，较长一段时间以来，发达国家经济增速放缓，致使其内部贸易保护主义抬头，并进而导致发展议题遭受冷落。从正视多边贸易体制遇到的挑战，推动多边贸易体系继续前进的角度看，依托多哈回合来解决“规则失衡”和“发展赤字”两大目标的必要性和可行性不是削弱了，而是增强了。因此，放弃多边贸易体制，废除当前的多哈回合只能加剧全球贸易的不公平性，阻碍贸易的可持续发展。全球问题理应在全球范围解决。只有继续推进多哈回合议程，尽早实现发展授权，才是符合全球大多数人利益的正确选择。

第二章　文献综述

第一节　与区域贸易协定密切相关的研究成果

经济学领域将“区域”作为研究对象给予重点关注由来已久，最早可追溯至 Thunnen（1826）。根据韦伯的定义，区域指基于描述、分析、管理、计划或制定政策等目标而作为一个应用性整体加以考虑的一片地区。地理上相互接近的国家基于共同目标推动区域经济一体化，其雏形可追溯至 1921 年比利时与卢森堡的经济联盟。第二次世界大战以后，区域化（Regionalization）步伐陡然加快，同时区域主义（Regionalism）也相伴而生，后者指一整套超越国家主权思维，以“共同认知或共有身份”为抓手，强化与周边地区利益联结的思想体系。想要研究区域一体化对其成员的经济效应，首要任务是探寻国家间抛弃成见、意愿结成某种经济关联的背后逻辑，因而支撑本书的第一个支柱，即是区域、区域化与区域主义间的相关关系。

一、区域、区域化与区域主义的各自含义

第二次世界大战以后，尽管对区域主义普遍充满兴趣，但学界对其定义尚缺乏普遍共识。一方面，归因于研究者对“区域”的构成要素存在争议；另一方面，则归因于对“区域主义”与“区域化”这两个术语之间的区别存在混淆。

（一）区域的构成要素

区域常被定义为位于同一地理空间的国家群组，但大多数研究者则主张区域不仅指地理上接近的单一维度。然而，研究者们对究竟要增添哪些维度方可清晰划分区域充满争议。一些经典研究中，Russett（1967）将区域定义

为一个基于地理邻近、社会与文化存在同质性、有共同的政治态度与政治制度及经济相互依赖的所在；Deutsch 等（1957）在判断一组国家是否组成区域时，尤其强调在经济互动、信息交流及政治价值等多个维度上高度相关；Thompson（1973）则认为区域包括地理接近、广泛互动并且对各种社会现象存在共同认知的国家群组。

另有一些学者试图以非地理学的术语定义区域。Katzenstein（2015）强调政治实践与互动能够改变区域构成，从而认为区域是政治的产物；Solingen（1998）将区域边界视为其内部不同政治联盟基于各自核心战略进行博弈的结果，因此一旦扩展至其他地区或其内部占主导地位的政治联盟发生权力更替，则区域也需重新定义。其他非地理定义如 Risse－Kappen（1995）及 Katzenstein（2015）的研究，强调一个区域内的国家之间对共同身份的认同。

（二）区域主义与区域化的区别与联系

基于对区域构成要素的本体论争议，对区域化与区域主义两个概念的定义也争议满满。Haggard（1993）、Gamble 和 Payne（1996）、Breslin 和 Higgott（2001）、Ravenhill（2009）等认为，区域主义是一个以合作和政策协调为根本特征的政治过程，而区域化则表现为区域内贸易和投资增速超过本区域与世界其他地区相应水平的经济过程；Pempel（2005）总结出不同于前者但与之密切相关的区分标准，将区域化定义为自下而上、无意识的社会驱动过程，区域主义则是涉及制度创造过程的国家间强化合作的有意产物；Katzenstein（2006）将区域主义定义为一种制度化实践，区别于区域化是一种参与者的行动；Hurrell（1995）将区域化当作区域主义的一个特征，亦可称为“软区域主义”；Fawcett（2004）将区域主义定义为人为规定的一项政策或项目，区域化则是在区域主义之前或之后发生的若干事件；Marchand 等（1999）强调区域化所处的全球化背景，是对反全球化国家及非国家力量的反映，区域主义则关注与一个特定区域项目相关的思想萌发、身份认同与意识形态。Munakata（2006）认为区域主义以政府建立旨在促进区域经济一体化的专门机构为前提，而成员国间存在承诺程度不一问题。

总而言之，大量研究者认为区域化是由经济或社会力量驱动的过程，而区域主义则偏向一个政治过程。然而，区域主义和区域化之间的界限并非坚不可摧，而是关系密切，甚至可以说是互为条件。一方面，由个体推动的经济与其他方面的区域化进程往往在国家层面获得强化；另一方面，来自国内的与跨国的自下而上的努力导致国家经受压力，从而有意或无意地催生出区域主义。

因此，区域主义与区域化是相向发展的。Mansfield 和 Milner（1999）认为在过去两个世纪发生过四次区域主义浪潮：第一次浪潮在 19 世纪下半叶，主要发生在欧洲并与自由国际贸易体系出现有关；第二次浪潮始于“一战”之后，许多学者认为，两次世界大战期间建立的 PTA 导致各国固守“以邻为壑”的贸易政策，使世界贸易急剧下降，政治冲突加剧，故而该时期贸易安排相比早期经济更具歧视性；第三次浪潮发生在 20 世纪六七十年代；第四次浪潮发生在 20 世纪 80 年代后期并延续至今。过去 20 年中，PTA 乃至其高阶产物 RTA 已十分普遍，以至于超过一半的国际贸易基于这些安排而发生，并且几乎每个国家都参与其中。大多数学者认为，RTA 越向前发展、形势越复杂，越难简单地以自由化或歧视性进行评述。由于学界对区域主义的经济分析尚未就其福利效应达成共识，从而就其来源，很少能以完全的经济分析做出充分揭示。相反，几乎所有关于 PTA 和 RTA 来源的研究都会强调区域主义的政治经济学。

二、区域贸易协定的贸易扩大效应

RTA 提升成员间贸易自由化程度，并确保彼此享有市场准入的优待条件，同时歧视协定外第三方国家。经济学家投入大量精力以探究这种局部的自由化所带来的收益是否超过因歧视第三方而引发的成本。Viner（1950）将贸易创造型与贸易转移型关税同盟进行区分后，认为协定内的局部自由化可能导致进口国将其购买的份额从生产效率更高的协定外第三国向效率较低的协定内伙伴国进行转移。后续研究者如 Makower 和 Morton（1953）、Meade（1955）、Lipsey（1960）等也已证明，几乎不可能对 RTA 最终是趋向于贸易创造，还是贸易转移罗列任何先验条件。

除对维纳范式（Vinerian Framework）的持续深入探讨外，经济学家还着手研究 RTA 对贸易条件的影响以及促进规模经济的能力。缔结 RTA 通常会改善其成员与协定外第三国之间的贸易条件，从而能够提高其成员福利。但如 Krugman（1993）所述，这种人为扭曲也可能导致“以邻为壑”的贸易政策，以及贸易集团间或贸易集团与经济大国之间的贸易战。因此，很难就RTA对贸易条件的作用方向及程度做任何预判。同样，通过扩大获准进入的市场规模，RTA可以帮助成员国内的公司实现规模经济，从而促进成员福利，但如Bhagwati（2017）所言，只有零散的证据表明大多数RTA具有这种效应。自Tinbergen（1962）率先将引力模型应用于对外贸易分析后，学界逐渐转向实证研究。Adams（2003）和OECD（2001）全面综述了区域经济一体化的贸易创造和贸易转移效应的分析成果。

（一）贸易创造效应的实证检验

1. 总量估计

试图估算RTA对商品贸易影响的研究遵循两个方向：①对RTA的平均影响或按RTA的几种形式进行分类后完成估算；②审视个别RTA的特定影响。代表性的文献包括Baier和Bergstrand（2007），涵盖1958—2000年缔结的52个RTA，发现当两国缔结FTA 10年后贸易额大约翻1番；Baier和Bergstrand（2009）使用另一种经验方法对完全相同的样本进行估计，得到平均提升112%的类似结果；Magee（2008）认为在RTA生效10年后成员国之间的双边贸易额平均增加89%，更重要的是，发现在协议生效前4年内潜在成员之间因预期效应而增加26%的贸易额；Baier等（2008）以排除EU、EFTA和EEA后的所有RTA作为样本，发现生效10年后协定内贸易额平均提升80%~115%；Egger等（2011）的研究表明，2005年以前生效的121个RTA平均的贸易增长率为102%，尤其强调必须将外延边际增长与内涵边际增长分开计算，以防止估计结果的结构性向下有偏；其他有影响力的估计结果是Kohl（2014a），估计RTA生效10年后商品贸易平均提升125%，在Kohl（2014b）的进一步研究中，166个RTA中只有44个对贸易具有统计上显著的正向作用；Anderson和Yotov（2016）的研究涵盖1990—2002年缔结的RTA，基于部门数据证明RTA对贸易提升产生显著影响，并进一步得出结论认为如果两国初始具有高水平的最惠国（MFN）关税，RTA建立后的影响比初始具有低水平最惠国关税的两国所受影响更强；Kohl和Trojanowska（2015）参考Baier和Bergstrand（2009）的估算方法，但纳入了更多年份、国家和RTA案例，估算RTA对商品贸易平均提升113%；Limão（2016）以Baier和

Bergstend（2007）的引力模型为范式，得出 RTA 在生效 10 年后对商品贸易的提升影响为 82%；世界贸易组织（2016）以生效后 12 年为考察期，估算 RTA 对贸易平均提升 169%，即使控制不可观测“全球化影响”如技术和创新后，估计 RTA 效应仍尚余 61%；Helpman、Melit 和 Rubinstein（2008）预测了贸易两国间的正向和零贸易流量，并且允许出口公司数量在不同目的地国家间存在差异。因此，贸易摩擦对贸易流动的影响可以分解为内涵边际和外延边际，前者指的是每个出口国贸易量增加，后者指的是出口国数量增加。

2. 分类估计

最新研究试图打开 RTA“黑匣子”，不仅要确定不同形式协定对贸易的影响，还要确定这些协定中不同条款的有效性。这些研究采用的方法有两种：一种方法是据 RTA 的正式地位进行区分，最为常见；另一种方法则根据协定所包含条款的类型进行区分，研究者可根据 RTA 条款所涵盖的政策领域及其可执行性的差异来区分浅层协定与深层协定。Horn、Mavroidis 和 Sapir（2010）定义了协定条款的可执行性是指在争议解决程序中更容易成功调用的法律规定。Magee（2008）发现，RTA 在生效后 18 年间缔结关税同盟（CU）使贸易平均提升 129%，而自由贸易协定（FTA）的助力则使贸易平均增长 66%，并且在生效后 6 年内 CU 和 FTA 对贸易的影响还非常相似，但之后 CU 影响继续增大而 FTA 影响趋于平稳。换言之，CU 似乎具有更强的长期影响。Baier Bergstrand 和 Feng（2014）指出更深层 EIA 对贸易影响大于 FTA，而 FTA 又大于其他形式 RTA，无论是互惠还是非互惠的均如此。Roy（2010）将关税同盟样本拆分为欧盟和其他 CU，获得更加显著的结论：尽管欧盟的贸易提升效应十分强劲，达 117%，但是其他 CU 影响更强，达到 366%。一个可能的解释是，CARICOM 和 CACM 等关税同盟都包括欠发达经济体，同时在协议生效前施加很高的贸易壁垒，因此正如 Anderson 和 Yotov（2016）指出的，初始贸易壁垒越高，缔结 RTA 后贸易提升效应越大。Kohl 和 Trojanowskaja（2015）系统比较了六种形式的 RTA，将三种深层 RTA 即 CU、CM、EU 合并为一个变量。结果表明，从浅层到深层一体化的 RTA 的贸易效应递进。Limão（2016）也得到类似结论，估计 FTA 贸易提升效应为 70%，CU、CM、EU 的加总贸易提升效应则高达 219%，而 PTA 在统计上对贸易没有显著影响。唯一未能从浅层到深层一体化协定中发现贸易效应递进关系的是 Anderson 和 Yotov（2016），不过他们给出了递进结构不显著的可能解释：根据 WTO 分类，1990—2002 年调查期内缔结的大多数浅层一体化协议是 EIA 协议，即根据 GATS 标定的 RTA 往往与 FTA 相重叠。Soete 和 Van Hove（2017）估计了欧盟与其他经济体缔结不同类型 RTA 后的影响，发现在缔结 CU 或 CM 后 10 年考察期内欧盟与伙伴国间贸易提升 77%，在缔结 FTA 后贸易提升 42%，在缔结 PTA 后贸易提升 21%。

对于那些在贸易谈判中花费有限数量谈判“筹码”的政策制定者和谈判者来说，分析特定条款的效应可能更为重要。Matoo、Mulabdic 和 Ruta（2017）根据单个协定中包含的法律强制执行条款数量对 RTA 进行分类，据此估计不同类型协议的影响。依据分类方法，欧盟被归类为深层协定，美韩 FTA 被归类为中等深度协定，秘鲁—智利 FTA 被归类为浅层协定，结果表明，深层协定创造更多贸易，相比浅层协定额外提升 44%。其他已有研究通常致力于对深度一体化 RTA 中边境后条款与规定所造成影响的关注和探讨。Dhingra、Freeman 和 Mavroeidi（2018）发现与服务、竞争和投资相关的 RTA 条款贡献了总量货物贸易提升效应的 30%~35%。Kohl 等（2016）发现，所谓的 RTA 中的 WTO 附加条款，即 RTA 中与 WTO 交叠但在深度及目标方面更进一步，涵盖农业、服务业、国家援助、国有贸易企业、贸易防御措施、贸易数量规制、知识产权保护、投资、公共采购、SPS 和 TBT 等领域的部分条款，对协定内贸易起到促进作用，特别是在具有法律强制执行力的情况下。相比之下，所谓的 WTO 额外条款，即无法在 WTO 中找到 RTA 中类似规定的，涉及资本流动、竞争、环境和劳工标准等领域的部分条款则对双边贸易流动并不产生显著影响。Davis 和 Gift（2014）指出，申根协议对欧盟成员间货物贸易的提升效应大致为 10%~20%，换言之，缔结申根协议对解释欧盟对贸易提升影响的贡献不可忽视。Felbermayr、Gröschl 和 Steinwachs（2018）估计申根协议的影响力为 3%。

那么对于成员来说，因缔结 RTA 而导致的贸易增加与原有关税收入孰轻孰重呢？Limão（2016）控制住关税削减差异后，发现关税削减额度约占 RTA 贸易提升总影响的 1/5，其中 FTA 份额达 1/3，比低于 20%的 CU 份额略高。虽然这一测算结果并未考虑因关税规制造成的确定性增加，但仍然表明关税削减仅占其引致的 RTA 贸易提升总影响中十分有限的份额。进一步地，在

RTA 内削减关税与降低其他双边贸易成本，能够获得相似规模的贸易提升效应。然而，即使引入非关税壁垒也不能涵盖 RTA 对贸易提升的全部影响，因此进一步引入第三个影响，即贸易政策不确定性减少，尤其强调 RTA 作为贸易战保险阀的作用。以 1986 年西班牙加入欧共体为例，估算出关税削减的解释力度尚不到总影响的 40%，防止未来重新征收关税的不确定性解释了剩余 35%的效应。因此，关税消除和贸易政策的不确定性减少合并解释了贸易提升总量的 75%。

最后，大量文献也表明 RTA 成员使用共同货币能够刺激贸易，尽管影响程度存在争议。Head 和 Meyer（2014）估计共同货币使成员间贸易增加 1 倍；Santos、Silva 和 Tenreyro（2010）发现引入欧元对提升贸易几乎无影响；Frankel（2010）估计欧元在生效 5 年后使贸易提升 15%；Halvarsson 等（2014）发现，欧洲货币联盟的建立对货物贸易没有统计上的显著影响。然而，Flam 和 Nordström（2007）估计欧元的贸易提升效应为 26%；Glick（2017）发现 EMU 提升了初始成员间 40%的贸易额；Glick 和 Rose（2016）使用横跨 1948—2013 年时间序列计算，认为到目前为止，欧洲货币已将双边贸易提高了约 50%。

（二）贸易转移效应的实证检验

1. 总量检验

就总量而言，RTA 果真能促进世界贸易吗？一个重要的潜在反对意见是，贸易创造以牺牲与第三国贸易的机会为风险。换言之，缔结 RTA 可能只是将从协定外第三国的进口替换为相互进口，导致很少或没有净贸易创造。至少自 Viner（1950）之后，研究者便持续讨论 FTA 和 CU 的贸易转移效应。然而直到最近，还不存在任何精确估计贸易创造和贸易转移效应的工具。所幸的是，最新数据和统计方法的改进突破了这个困境。

Magee（2008）估计，如果作为研究对象的一对国家都是 RTA 成员，双边贸易流量将增长 89%，但没有找到贸易转移的证据；相比之下，Egger 等（2011）发现，平均而言，RTA 成员与非成员之间的贸易下降 9%，但与它们对贸易创造的估计，即与成员间增长 102%相比，贸易转移效应还是温和的；Urata 和 Okabe（2014）基于产品层面分析 RTA 对贸易的影响，认为 FTA 显示出比 CU 更强的贸易转移效应，以及多边贸易协定比双边协定具有更强的贸易创造效应，而贸易转移效应却大致相同，并且如果成员均为发达国家，则除医疗和药品外任何产品都不存在贸易转移效应，相比之下涉及发展中国家的 RTA 中一半种类的产品都存在贸易转移，并将这一结果归因于发展中国家的 MFN 关税通常高于发达国家；英国财政部（2016）的研究发现，当用引力方程拟合面向欧盟成员时，统计上不存在显著的贸易转移效应，并且与非成员相比，欧盟内部成员间贸易提升了 115%；Deme 和 Ndrianasy（2017）认为 1992—2012 年 ECOWAS 为成员创造了 101% ~ 166% 的额外贸易，总体而言，未发现对从协定外第三国进口的部分具有统计上显著的贸易转移效应，然而当根据收入水平将数据集区分为三个国家组时，ECOWAS 对协定外低收入第三国的贸易具有统计上显著的开放效应；Mattoo 等（2017）为欧盟找到了实质性的开放效应证据，称如果不成立欧盟，非成员对欧盟成员的出口将减少 30%。更具体地，深层协定比浅层协定能创造更多贸易，而且深层协定在与第三国的贸易中具有正向溢出效应，因为它们在设计或实施方面是非歧视性的。

2. 贸易条件变动检验

缔结 RTA 对成员贸易的另一个影响是开放贸易前后各国贸易条件变化。若成员贸易条件有所改善，即使可能存在贸易转移效应，净福利仍有希望为正，这一点已为很多经济学者所证明。Lipsey（1957）利用无差异曲线，Johnson（1975）利用进口商效用函数，Wonnacott 和 Wonnacott（1981）利用提供曲线都证实了上述论断的正确性。Winters 和 Chang（2000）、Chang 和 Winters（2002）分析了西班牙加入欧盟、巴西加入南方共同市场的案例，发现协定外第三国的出口价格出现下降，表示协定成员的贸易条件确实得到改善。Ossa（2014）构建了多部门 Armington 模型发现，贸易条件效应可被视为相对工资效应，因为该模型中的世界价格与不存在中间投入品模型中的工资成正比。Baier 等（2018）通过引入公司异质性对标准的 Melitz 一般均衡交易模型进行了扩展，以显示与贸易自由化相关的可变成本和固定成本的“贸易弹性”在国家层面的异质性，它内生于两国选择的双边政策和非政策的水平以及可变与固定贸易成本，在 CES 偏好及关于生产力的未截部分的 Pareto 分配等条件下，结果亦是如此。

(三) RTA提升贸易的实证检验：动态效应

以上研究只关乎RTA的静态福利效应。经济学家也致力于探讨其动态效应，最普遍的研究莫过于论证RTA是促进还是破坏多边开放。一种观点认为，RTA是多边自由化的基石。Kemp和Wan（1976）从理论上证明了各国可能协商组建一个既不损害成员也不损害第三方的RTA，并能够内生出足够强大的动力扩大这种安排，最终形成全球自由贸易体系。Krugman（1993）认为如果RTA成员以一个贸易集团而不是作为个别国家参与多边谈判，因谈判方数量减少将更容易达成各方可接受的安排。另一种针锋相对的观点则认为RTA是多边主义的绊脚石并会损害WTO的发展。以Duina（2006）和Bhagwati（2008）为代表的研究者担心RTA具有的保护主义倾向将抵消多边贸易自由化的积极效果；RTA之间的差异根深蒂固，其扩张的方式往往导致彼此冲突而不是促进多边开放；缔结RTA的努力将耗损多边协议的谈判努力与精力，并且RTA的形成降低了实施多边协议的可能性。Sousa Mayer和Zignago（2012）利用引力模型发现，发展中国家出口商进入发达市场比发达国家出口商所面临的相应困难高出50%。然而自1980年以来，这些国际市场割裂在发展中国家和发达国家市场中的所有行业都显著下降。虽然关税仍对贸易格局产生影响，但它们似乎已不能解释边界效应的重要部分。

(四) RTA提升贸易的衍生结果：新经济地理学视角

关于新经济地理的众多研究文献对于“大规模集聚的出现依赖于规模收益和运输成本的增加”这一理论十分关注，此类文献与传统分析方法的不同点在于，其结合了传统区域经济学与现代贸易理论的见解，试图为区域间贸易和国际贸易提供综合分析方法。

长期以来，国际经济学家有意无意地忽视了距离、空间和运输成本等概念。例如，Heckscher-Ohlin理论和以Helpman和Krugman（1985）为代表的新贸易理论，都不包含对这些因素的分析。但也有少部分早期研究尝试分析国家间和国家内部距离对国际贸易的作用。Ohlin（1933）在区际贸易和国际贸易理论中分析了运输成本如何影响贸易和专业化分工的相关模式，认为国际贸易理论除了与一般定位理论有关，并且作为一般定位理论的一部分之外，不能被理解的主要原因在于，商品与生产要素的流动性缺乏相关性。在接下来的数十年研究中，对距离和空间作用的阐述几乎完全是区域经济学家的领域，这一现象在近些年发生持续改变。自 1991 年保罗·克鲁格曼的《地理与贸易》出版以来，新经济地理学这一分支涌现出很多成果。

与早期区域科学的相关研究工作一样，新经济地理学涉及一个基本问题，即哪些因素影响并持续影响经济活动的地理分布。例如，为何欧洲制造业在工业革命的早期阶段集中在中部地区，如法国北部、鲁尔河谷和意大利北部等地区？为何这种空间分布长期如此？制造业活动模式近些年发生变化的原因是什么？对于美国也可以提出相应的问题，即是什么原因使其在很长一段时间里将制造业活动集中在相对较小的一个区域——五大湖与新英格兰之间制造带，然后逐渐转移到南方和西方（Hoover，1948；Fuchs，1962；Krugman，1991）。

解释经济活动地理集中的一个重要论点是，某些地区比其他地区更有第一自然优势，如优越的自然资源禀赋或河流、港口等交通设施。通常情况下，这些因素可以合理地解释某些地区特定经济活动集中的原因。然而在许多情况下，没有明显自然优势的地区也可以发展成为经济中心，这就需要调用其他参数来解释这种现象。

新经济地理学本质上是一种解释大规模集聚的出现依赖于规模收益和运输成本的增加，并强调企业与供应商之间以及企业与消费者之间联系的理论。这种分析背后的理论逻辑为，规模报酬的增加往往会促进商品的生产地域集中；当运输成本发挥作用时，在其他条件相同情况下，更具竞争力和吸引力的生产地点是那些靠近市场和供应商的地方；生产集中往往会吸引流动的生产要素，因为在生产集中的地方工人有更好的工作机会和消费机会，由此，由生产聚集吸引劳动力集中，进而导致该地区对消费品的需求增加，并使该地区对生产者更具吸引力。因此，一旦一个地区的生产份额很高，那么这种模式很可能加强自身优势，这就是所谓的主导地区的第二自然优势，也就是说，该地区对企业具有吸引力的原因并不是优越的资源禀赋，而是已经有许多其他公司在那里生产。换句话说，成功导致成功。抵抗这些强化聚集向心力的是离心力，如一个地区的生产活动集中可能推动土地租金和房价上涨，并可能导致环境问题。此外，如果固定生产要素仍然存在于周边地区，那么该区域中心的公司可能希望搬到那里，为这些地区的企业和消费者提供服务等。人口的流动和生产模式的变迁是由离心力和向心力在共同作用下的平衡导致的。

经济集聚的新经济地理模型具有以下特点和角度：首先，强调与自然禀赋无关的集中优势，因此因果循环关系的观点发挥了作用，即区域的支配地位被认为是一个自我强化的过程，这一过程可以通过一个小事件引发；其次，其分析方法具有明显的一般均衡特征，强调了不同市场之间、企业与供应商和客户之间等的互动关系，并且重视工人作为生产要素和消费者的双重作用；再次，抵抗离心力的过程削弱了有利于聚集的向心力；最后，重视分析微观基础，特别是分析中没有假设正外部性，向心力来自运输成本的相互作用、规模收益的增加和要素的流动性。

对于空间经济学而言，以上角度并没有新意，对于经济活动的地理集中具有潜在优势这一点的分析尤其如此。Marshallian（1920）在对行业内公司展开分析时已经提出该观点，并通过区分拥有更大的本地劳动力资源与采用共同的非交易投入和知识溢出优势予以证明。这一分析不依赖于一般均衡互动，在解释现实经济现象时，特别适合特定行业内公司的小规模集中。例如，解释为什么在某些商品的生产中没有特定天然优势的城市或区域，在这些商品的生产方面变得高度专业化，少数公司在一个地区的定位或多或少有着随意成分，但这一决定却可能促使其他人追随。然而 Marshallian 对不同行业间的公司存在的巨大聚集现象却无法给出合理的解释。

除 Marshallian 强调特定产业集中的外部经济外，Ohlin（1933）、Hoover（1948）等也观察到了工业集中的经济，认为不同行业企业之间的经济相互关系在塑造整体定位模式中起着重要作用，因此专业化和生产活动集中的模式将不可避免出现的原因，不仅是在相对较少的地方集中某些类型的业务活动存在优势，还包括相关生产过程的接近度以及消费者和生产者的亲密关系。

20 世纪五六十年代的文献研究中，涉及不同部门之间相互作用导致集中的第二自然优势的成果较多，这些文献旨在解释为什么某些地区比其他地区能吸引更多的生产活动和人口。因果循环关系理论在对相关机制的描述方面与新经济地理学中的分析机制类似。Hirschman（1963）的关注重点是如何最好地利用企业间的联系促进发展战略，如后向关联效应，即每次的生产活动都会引致更多企图满足该项生产活动所需的生产要素的投入；以及前向关联效应，即每种不属于相同性质的生产活动将共同满足消费者的最终需求，并将引致更多企图利用其产出作为输入的新的生产经营活动。Myrdal（1957）使用类似的论证来解释第三世界国家部分地区的持续支配地位，回波效应（Backwash Effects）加强了成功城市的主导地位，即通过诱导年轻人和更高素质、更高技能的合格工人的选择性迁移以巩固自身地位。较早的研究主要侧重于定性分析，这类文献很清楚向心力的本质，通常认为这些“力”的存在对于力量中心区域和周边区域都是有影响的。Friedmann 和 Alonso（1963）认为中心区域增长得过于迅速会产生全新的秩序问题，同时该区域也充当了吸力泵，在吸引更多动力元素的同时也造成更多静态区域。

关于离心力浓度降低倾向的观点也不是全新的，Ohlin（1933）指出运输成本、土地租金和较高的劳动力价格等因素限制了集聚的程度。Christaller（1933）试图解释德国南部城市中心分布规律的中心地位理论中，强调了规模经济作为集聚动力的来源与高租金、高工资作为反击力量的来源之间的权衡，并探讨了这种相互作用可能导致哪种地理模式的出现。Myrdal（1957）认为回波效应被扩散效应（Spread Effects）部分抵消，即地区供应中心的出现及其增长可能导致一些周边地区的增长，条件是这些地区拥有良好的资源基础。城市经济学近些年的分析模型已经较完整地解决了向心力与离心力的相互作用。Henderson（1974）将 Marshall 的经济本土化视为向心力，将城市土地租金视为离心力，这与近期的城市经济学的相关贡献一样具有可靠的微观基础，但是为方便研究仅假设了位置的外部性。虽然这种简化有助于调查外部性的后果，但不足以研究其原因。

那么对于新经济地理而言，哪些是新的呢？一些批评者特别是一些区域经济学家认为，新经济地理学的贡献非常有限。他们评价 Krugman（1991）是“新瓶装旧酒”，重申了该领域几十年来所熟悉的内容，但不知何故能够让他被更多的人关注，也许良好的营销是其重要原因之一。新经济地理学文献的一个成就，就是这些营销方面的努力提醒当前主流经济学家注意区域经济学中的一些旧的观点还是很有价值的。当然，有一些观点则认为新经济地理学的贡献超出了已有范围。

新经济地理学在一定意义上为区域经济学增添了一些内容，如区域经济学家并不经常使用的向心力和离心力分析，以及一般均衡因素考虑和微观基础等。但是，直到近些年还没有一种方法能够在一致的框架内强调所有相关观点，其主要原因是规模报酬递增对于解释聚集模式至关重要。传统的Arrow-Debreu一般均衡模型不适用于经济地理学问题，因为其依赖于凸技术集。以Krugman（1979）为基础的新经济地理学使用由Dixit和Stiglitz（1977）引入的建模框架，该框架以其应用于贸易理论而闻名。该模型为了便于处理牺牲了一般性，利用对市场垄断竞争结构的假设避免在规模收益递增的情况下与价格接受行为相关的问题，因而不会陷入战略互动的复杂性分析之中。该模型采用非常具体的函数形式描述消费者偏好表达，新经济地理学通过这种巧妙的模型设置，为宏观空间经济学的严格分析提供了迄今一直缺失的方便框架。

Krugman（1991）指出新经济地理学强调国家对现实空间的存在性与占有性，这一事实有助于更好地理解国际贸易理论。新经济地理学中的一些理念和观点对传统国际贸易理论形成有效补充，虽然Ohlin（1933）在运输成本、国家内贸易和国际贸易之间的关系等方面提出诸多重要观点，但新模型及分析方法可为全球经济一体化背景下的新时代出现的一些特别的经济问题带来新见解。近些年世界经济中最突出的趋势是区域一体化加快、制造业活动分布的根本变化以及外商直接投资快速增长等。毫无疑问，这些过程将持续一段时间，而新经济地理学的研究成果对这些经济活动和现象发生、发展的原因和后果均有所阐述。总而言之，来自新经济地理学的许多观点和理念在区域经济学和国际贸易理论的分析方法及研究成果中相对常见，然而在具体的建模方法中，一些新的元素和内容值得更仔细地讨论。

Livas-Elizondo和Krugman（1996）提出具有两个以上区域的分析框架，研究的目标是解释为什么在政府努力提倡分散式发展的情况下，世界上许多第三世界国家的大城市仍在快速发展，即解释为何一个国家经济活动的地理集中与该国贸易自由化程度之间存在负相关关系。Ades和Glaeser（1995）通过对85个国家的相关调查显示了同样的经验关系。Hanson（1994）也指出墨西哥城在国家制造业中的主导地位归因于该国的进口替代政策，以及20世纪80年代自由化政策对其他地区的影响。Livas-Elizondo和Krugman（1996）为解释这种现象使用了基本模型的修改版本，该模型继续沿用克鲁格曼模型中使用的商品、技术、市场结构和偏好等假设，但是涉及三个地区的分析：两个国内的城市带包括墨西哥城和该国其他地区，第三个地区是世界其他地区。模型假设劳动力要素在国内地区之间完全自由流动，但在国内地区与世界其他地区之间不能自由流动；国内货物运输和进口贸易受冰山成本的影响，但是有两种不同的成本参数，一种适用于国内运输，另一种适用于进口贸易，其中第二种参数包括贸易壁垒以及普通运输成本；世界其他地区提供的制造业产品的种类数量和比例是外生的。该模型依据区域建模，以捕获由于土地租金和生产聚集所产生的通勤成本导致的离心力。随后，作者研究了国际运输成本如何影响和决定国内制造业的分布与分配。如果贸易壁垒等成本非常高，则国际贸易不会发生。在这种情况下，如果存在产业集聚，则该区域将成为该国唯一的消费品制造商聚集地。由于积极的外部性这一现象通常带来一些优势，即制造商可以为本地工人提供比周边更便宜的商品，并且当地的消费需求更高，贸易壁垒显著降低了此类向心力的重要性，即随着该国经济越来越依赖国际市场，当地需求就不那么重要了。在制造业增加和集聚的地区，其土地租金和通勤成本通常很高，因此低土地租金和低通勤成本吸引了公司到其他地区进行生产，因为它们可以因此支付较低的工资进而降低成本。数据模拟结果表明，在非常低的国际运输成本条件下，只有分散均衡是可持续的，而对于中间范围的国际运输成本将存在多个稳定均衡；在两个区域的聚集和分散均衡之间，制造业在各区域均匀分布的情况是可能存在的。从这个意义上分析可知，正如经验证据所表明的，贸易自由化倾向于打破经济地理集中。

Henderson（1996）和 Isserman（1996）并不认同上述观点，认为这一结论的得出可能基于一些关键假设的过分简化，如现实世界的经济政治中心通常不仅有制造中心，还有政府中心、金融中心等。考虑到这一现实情况，只要是中心区域就可能受益于贸易自由化。此外，他们认为农产品的非贸易性特点很重要，如果放宽这一假设则周边地区可能受到农产品进口的影响，贸易自由化就可能削弱这些地区的经济力量。最后，如果将国内两个地区之间的距离与国内地区和世界其他地区的距离平等对待，则可能产生误导，例如贸易自由化后，北墨西哥大部分地区的经济发展与该地区到美国的距离相对于墨西哥中心到美国的距离更近的事实有关。尽管存在一些质疑，但 Livas-Elizondo 和 Krugman 的论文表明，贸易自由化与一个国家的内部经济地理分布之间的关系是值得深入研究的。

在迄今所处理的模型中，聚集产生的主要原因是公司受益于靠近劳动力要素，反之亦然，即劳动力要素的流动加强了该地区的初始优势。然而，许多传统的区域经济学文献则强调不同公司之间的纵向联系：上游公司从与客户的紧密关系中受益，下游公司从与供应商的密切连接中受益。新经济地理学文献中近些年的研究侧重于公司间的纵向联系，相关成果发展迅速。相关分析虽然最初与 Krugman 的研究方法一样强调运输成本，但随着分析的深入和展开，该领域大多数经济学家发现这种存在于公司间的纵向联系要发挥作用并不依赖于劳动力要素的流动，而与相关区域是否是不同国家的一部分的问题相关。

Venables（1996）的研究具有一定的开创性，对降低贸易成本对经济地理的影响进行了重点处理。研究以多种方式修改了 Krugman 模型，最重要的是同时考虑了两个属于上下游关系的垄断竞争行业，并同时假设没有劳动力要素流动。在两个其他条件都相同的区域中，制造业集中于其中一个区域进行生产和销售可能导致上游公司由于许多下游公司集聚在该位置而受益，因为它们可以更方便、成本更低地为客户服务；下游公司由于与许多上游公司合作而受益，因为这将导致其投入成本降低。在这种情况下，产业整合对产业聚集所产生的可能性影响结果为非单一的。通过论证发现，随着运输成本从高到低，逐渐减少集聚变得更有可能。随着运输成本的进一步下降，周边地区的工资下降将导致其在世界贸易总销售额中的份额有所增加，从而减弱产业进一步在区域集中的趋势。

Krugman 和 Venables（1995）使用类似模型解决以下难题：在 20 世纪六七十年代，全球化进程被视为加深了南北之间的差异，而最近一些年则出现了相反的观点，认为全球化进程伤害了富国的利益，并且这一认知已经变得更加普遍。已有的相关研究显示，这两种观点都有可能是正确的。在全球化早期阶段，当贸易成本低于临界值时，世界经济形成核心—外围结构。最近一些年所经历的贸易成本的进一步下降，则意味着地理上的接近度变得越来越不重要，生产成本却越来越重要，这将有利于外围区域的发展，并减少核心区域与外围区域之间的差异。

Krugman 和 Venables（1996）使用 Venables 模型变形来分析产业整合及地

区整合的加剧，是否会使各国产业结构更趋于相似。模型涉及的两个垄断竞争的行业不再是明确的上下游关系，相反，每个行业都会产生一个可用于消费和作为中间产品再投入生产的输出；各行业在某种程度上都依赖于其他行业作为供应商，但其自身也使用行业自己生产的中间产品作为投入。这种产业内联系被认为比产业间联系更加重要，通过来自同一行业的投入品份额高于来自其他行业投入品的份额予以表征。模型假设劳动力要素在国际不能自由流动，但可以在国家内不同部门间自由流动，并且向提供更高实际工资的部门转移。在这种情况下，运输成本越高，两国的产业结构越趋同。为降低运输成本，更强的行业内关联将导致生产专业化以及生产区域集中，每个行业的公司都将集中在两个地点之一。

这些观点虽然引起众多学者和政策制定者的关注，但是在现实中所得到的证据并不明显。Krugman 和 Venables 提供的现实世界的证据支撑非常有限，他们认为美国显然比欧洲一体化程度更高，并拥有更专业化的产业结构。Molle（1997）表明，针对某些行业分类和专业化分工的定义，欧洲的区域间专业化程度在过去几十年中一直在下降。假设欧洲在这一时期更加融合，一体化程度更高，则这一现实似乎很难与 Krugman 和 Venables 的结果相协调。因此，在这种情况下所得到的经验证据的结果似乎是不明确的。

Puga 和 Venables（1996）使用基于后向关联和前向关联的论证来解释亚洲国家的产业扩散。Markusen 和 Venables（1996）将经济地理模型与多国早期活动模型相结合用于相关分析，通过这些方法修正对多国经济活动的原因和后果的分析，因为对跨国公司的大多数合理解释和研究主要依赖于贸易成本的存在。简而言之，依赖于企业间的垂直关联而非劳动力要素的自由流动的新经济地理模型的变体，为更好地理解国际经济学中的一些重要问题提供了一些新的思路和方法。

理论层面，在具有代表性的静态模型中，Krugman 和 Venables（1990）试图解释当允许区域贸易发生时，经济发达地区与欠发达地区经济活动空间的变动。他们认为，企业的区位分布最终由聚集力和分散力的相对大小决定，而子区域间的贸易程度又是其中关键的决定变量：当一体化程度较低时，经济系统内生的分散力大于聚集力，各地区经济活动保持对称分布状态；当一体化程度达到某一临界水平时，聚集力将超过分散力，进而导致经济活动聚集。Krugman（1991）还通过修改假设证明了，当允许生产要素在两个完全相同的区域间发生流动时，凭借产生的自强化效用，最终也能出现经济活动的集聚现象。

在动态模型方面，Baldwin（1999）利用资本创造模型（Constructed Capital Model）放开生产要素外生给定限制，认为经济增长通过资本创造完成，经济活动集聚因贸易成本下降发生。与新古典增长理论的“收敛假说”不同，该理论的经济含义为发达地区与落后地区经济增长的缺口不会消失。其后，很多学者对资本创造过程进行了修改微观机制的描述，形成全域溢出模型（Global Spillover Model）和局部溢出模型（Local Spillover Model）并开始考虑知识溢出的程度及变化，肯定并强调了扩大知识溢出政策的作用，认为它可以引致经济活动的分散分布。

三、区域贸易协定的经济增长效应

尽管具有重要意义，但 RTA 的增长效应未得到研究者的足够重视，很少有研究贸易和增长的文献发掘这一影响。Baldwin 和 Venables（1995）认为 RIA（Regional Integration Area）的潜在增长效应本应是政策制定者最为关心的因素，但在学术文献中所受到的关注却相对较少。即使在少有的现存关于区域安排，如 RTA 能否促进经济增长的文献中，意见也不统一，一直兼有肯定与怀疑两种观点。

专注于 RTA 成员国的经济增长核算与增长收敛的典型文献包括：Brada 和 Mendez（1988）分析了 1951—1977 年 CACM、LAFTA、EAC、EFTA、EEC 及 CMEA 这 6 个 RTA 对经济增长的影响，发现 LAFTA、CMEA 的回归系数显著为正，EFTA 显著为负，其余三个则不显著。其后，研究者取得了一些进展，通常在跨国研究中对有限数量的 RTA 使用虚拟变量，多数文献如 Brada 和 Mendez（1988），Henrekson、Torstensson 和 Torstensson（1997）等发现 RTA 经济增长效果并不显著。Vamvakidis（1999）指出，新兴南北型 RTA 对经济增长可能具有正向作用，因为相对于南南型 RTA 来说，南北型 RTA 以更开放和自由的世界环境为前提，更容易获得发达国家的技术溢出效应。Berthelon（2004）以涵盖 70 个 RTA 的样本对原先的研究实现了改进，将 RTA 内成员国规模构成不同纳入考量，从而对北北型、南南型和南北型协定的不对称增长影响分别做了研究。Badinger（2005）构建了一个包含加权平均关税和贸易成本的一体化指数来衡量 RTA，并发现 RTA（所引致的开放性）对经济增长产生相当大的影响。该指数还将 GATT 成员资格以及欧盟 15 个成员不断深化欧洲一体化的几个步骤一并纳入考虑，以考虑其持续实施效果。因对较小的 RTA 覆盖率和测量存在困难，这些论文均提供了混合证据，并且未能提供有关 RTA 增长效应的综合观点。Baldwin 和 Seghezza（1996）发现欧盟作为 RTA 具有温和的正向增长效应。Henrekson、Torstensson 和 Torstensson（1997）研究表明，欧盟成员间在跨国增长回归当中具有显著的正系数，但其重要性并不总是大的，取决于经验模型的具体形式。Sachs 和 Warner（1995）构建了一个基于五个保护维度的涉及开放的虚拟变量，包括关税和非关税壁垒、黑市溢价以及国家在经济中的调节作用，并利用这一指数拟合发现了开放经济体的平均增长率比封闭经济体高 1.5%，无条件的一体化仅适用于开放经济体，并且还有证据表明，经济只有在经历严重危机后才会自由化。Bruno 和 Easterly（1996）也提出类似证据。Alesina 和 Drazen（1991）为这一典型事实提供了理论基础，其模型表明经济危机可以阻止经济集团间的消耗战，这些经济集团将推迟自由化以避免其机会成本。Barro 和 Sala-I-Martin（1995）发现一国实行贸易规制，尤其是针对资本、货物和中间投入品的关税保护措施，对其自身经济增长存在负面影响，有证据表明关税高的国家比关税低的国家经济增长慢，但当对资本货物和中间投入使用非关税壁垒指数时，贸易规制则没有重大影响。

综合以上观点，RTA 能否显著影响成员经济增长取决于以下两个关键要素：一是 RTA 内部的局部开放能否为成员带来持续的内生增长动力；二是成员间是否存在某种特异性，从而形成有效互补。

第二节　内生增长理论与跨国技术扩散相关研究成果

在当代经济增长研究中，以下三个具有差异又彼此相关的问题成为核心议题：世界经济增长、国家经济增长和跨国收入水平发散。其中，世界经济增长理论试图对追溯至工业革命时期以来的世界经济人均收入持续性增长做出解释。

一、内生增长理论范式与分析框架的发展

近30年来，随着新经济增长理论的兴起，内生技术进步与报酬递增思想占据主流，可细分为三条路径：①Romer（1986，1990）的报酬递增内生增长理论；②Lucas（1988）的人力资本积累理论；③垄断竞争与R&D理论，如Grossman和Helpman（1991）的横向创新模型，以及Aghion和Howitt（1992）的纵向创新模型。三种范式虽然细节各异，但一个重要的共通点是，虽假设产品生产与知识生产在部门结构上彼此分离，却服从统一的资源约束。因此，技术进步及其所引致的经济增长从来都不是外生的，其副产品是本国对资源的有效配置。

Arrow（1962）建立了最早使用“外部性”概念来解释经济增长源泉的模型。由于对以Solow模型、Ramsey-Cass-Koopmans模型为代表的新古典增长理论将技术进步视为外生变量的简化处理并不满意，Arrow借鉴Kaldor（1957）将技术进步视为资本积累副产品的观点，认为技术进步是经济系统内生的。Arrow假定，技术进步或生产率提升均是资本积累的派生产品，即私人新增投资对全社会具有溢出效应。不仅私人厂商可借此通过投资积累知识经验从而提高劳动生产率，社会中其他厂商也能通过“干中学”提高相同的劳动生产率。据此，Arrow将技术进步视为由经济系统决定而非外界给定的内生变量。该模型的核心特点为，由于假定存在知识积累的全域溢出，因此私人分散决策导致的投资速度小于社会最优投资速度，即当不存在政府规制时，分散决策均衡是一种次优均衡，均衡的经济增长率低于最优增长率，如果政府存在完全信息，则可以推出合意政策提高经济增长率，达到帕累托最优。因此Arrow模型被赋予了很强的政策含义。

与Arrow不同，Shell（1967）将知识视为与消费品同质的商品，并且技术进步是一种合乎个体意愿进行的生产过程，从而将技术内生化。Shell认为知识存量由R&D部门产出，R&D部门生产知识的动力是探索未知的好奇心和政府经费的支出，而非以最大化利润为目标。在该模型中，单个厂商的生产技术具有规模报酬不变特征，而全社会经济则具有规模收益递增特征。因

此，在 Shell（1973）及其后发展的 Griliches（1979）局部均衡模型中，知识积累的研发支出从准租金中获得补偿。

另一个具有代表性的内生增长模型是 Uzawa（1965）两部门模型。Uzawa 假定经济中存在一个致力于人力资本积累的教育部门，从而将外生的技术进步内生化。在 Uzawa 模型中尽管不存在规模报酬递增特征，也不存在任何外部性假定，但由于在人力资本积累函数中采取线性的规模报酬不变技术设定，并且所有要素存量都能增加而不存在任何固定数量限制，所以经济将最终实现稳态增长。

Romer（1986）沿着 Arrow 的分析思路，考察内生的技术积累对经济增长的作用。在 Romer 模型中，内生技术进步是经济增长的唯一源泉。模型假定新知识是追逐利润厂商进行投资决策的引致产物，但知识不等同于普通商品的原因在于其具有正向的全域溢出效应，这使任何厂商的新知识研发都能提高全社会的生产率。正是由于溢出效应，资本要素边际生产率才不会因固定数量生产要素的限制而无限降低，于是 India 条件不再成立。据此框架，Romer 认为知识溢出对于解释经济增长不可或缺。

1990 年，Romer 在构建规模报酬递增的经济增长模型方面做出了贡献，1994 年，作者又试图据此对各国增长率的差异给出解释。新古典增长模型对各国的技术水平外生给定相同的假设，认为收入较低国家的经济增长率将高于收入较高国家的经济增长率，即出现经济增长收敛现象。比如，1960 年菲律宾人均收入为美国同等时期水平的1/10，假设两国劳动份额都为 0.6，则美国要获得等同于菲律宾的经济增长率，其储蓄率必须为后者的 30 倍，这显然无法与现实对照。Romer 认为，唯有抛弃新古典增长理论中关于外生技术的假设，根据美国、菲律宾两国技术进步率的不同来解释增长率差异才是合理的。知识溢出所造成的外部性降低了私人的投资意愿，因为此时私人收益率低于全社会收益率，如果不引入政府干预而完全寄希望于分散决策均衡，则增长率低于最优增长率。Romer 模型的政策含义为，政府能够向研发厂商提供补贴以提高其研发动力，这些政策将有希望提高经济增长率和社会福利水平。

Romer（1990）模型强调的是知识溢出及其外部性。而在 Lucas 的人力资本溢出模型中，全社会范围内的外部性由人力资本溢出效应引致，其大小可以全社会的人力资本平均水平指代。Lucas（1988）认为，人力资本的溢出效应可以解释为向周围人进行学习，从而一个拥有较高水平人力资本的经济个体对其周围的人会产生更多外部溢出，进而提升群体生产率，但其并不因此获得补偿。

除假定存在全域范围的人力资本产生的外部性外，Lucas 模型在其他细节上与 Uzawa（1965）模型极其相似，故合称 Uzawa-Lucas 模型。例如，Lucas 模型也像 Uzawa 模型一样认为经济产出与消费品和物质资本生产部门以及人力资本积累部门有关。人力资本积累部门的生产技术被假定为与该部门人力资本投入的规模呈线性关系；物质资本生产部门则在人力资本外部性的影响下，呈现规模报酬递增特征。而且，Lucas 模型也像 Uzawa 模型一样允许经济实现无限增长，不过物质资本生产呈现出规模报酬递增，物质资本与人力资本之间的比率将不断提高，固定数量的简单劳动要素的报酬也将递增。

正因为人力资本的外部性，Lucas 模型同样预测分散决策均衡是一种社会次优解，因为人力资本投资因缺乏足够激励而低于最优水平。根据该模型，Lucas 解释了现实情况中存在的资本要素和劳动要素由发展中国家向发达国家流动的典型现象。根据模型，人力资本积累水平越高，发达国家资本边际产出与简单劳动者报酬越高，从而物质资本生产的收益递增将诱使资本和工人流向发达国家。归因于相同逻辑，一国内部的资本要素和劳动要素也均向经济发达区域转移，从而使一国资本要素和人口要素最终可能集聚至一些核心城市群。

Lucas 模型已经由许多经济学家从多个方面进行了扩展。Rebelo（1991）、King 和 Rebelo（1990）放松了 Lucas 模型中关于人力资本积累部门内线性的生产函数假定，从而构建了一个不存在人力资本外部效应的内生增长框架。Romer（1990）则利用 Lucas 模型框架考察垄断竞争市场结构下的技术进步和经济增长。

Romer 认为技术进步是增长的最终源泉，Lucas 则强调增长动力来自人力资本外部效应。与以上两个模型不同的是，Barro（1990）认为政府是驱动经济增长的决定性力量。他发展了关于政府影响经济增长率的两个模型，即公共产品模型与壅塞模型，它们分别注重于描述政府活动的不同侧面。在公共产品模型中，Barro 假定政府是公共产品的提供者，从而使政府产品具有非竞争性和非排他性等特性。政府活动亦具有溢出效应，对于私人厂商而言，相当于提供了一种外部经济的源泉，并助力全域经济实现平衡增长。

Stocky（1988）以 Arrow“干中学”思想为基础，建立了一个在完全竞争市场结构下的内生增长模型。在该模型中，“干中学”是经济增长引擎，私人厂商在生产中积累知识进而降低商品生产成本。经济增长并不体现在商品数量的增加上，而是体现在商品质量的提高上。由于消费者总是更偏好于优质商品，因此随着时间推移更优质的商品不断被研发并生产出来，而较低质商品因逐渐遭到淘汰而消失，从而使该模型表现出熊彼特强调的“创造性破坏”过程。

由于 Stocky 模型并未引入动态一般均衡分析框架，从而无法求解私人竞争均衡增长率。但在本质思想上，Stocky 模型与 Romer 模型及 Lucas 模型相类似。基于“干中学”效应，知识进步及其表现出的外部性是经济增长的最终源泉，分散均衡再次被归咎于外部性，仅能实现社会次优增长。如果经济中存在一个“拒绝学习”部门以致技术停滞，那么经济可能处于“增长陷阱”状态，此时的技术进步率与增长率归零。为使经济实现长效增长，政府需提供干预以突破“增长陷阱”。

Dixit 和 Stiglitz（1977）考察垄断竞争市场结构下产品多样化对社会福利的影响，并提出一种独特的效用函数，称为 D-S 效用函数，其核心特征为假定消费者存在多样化偏好。Ethier（1982）将 D-S 效用函数重新解释为一种生产函数，认为新投入品的引进能提高厂商的生产率，而对产品多样化的唯一限制是新产品所耗费的固定成本的存在，使产品的无限多样化受到限制。

Dixit 和 Stiglitz（1977）垄断竞争框架很快渗透增长理论领域。Romer（1990）据此着重分析了技术的特征。他认为，技术或知识作为一种商品，既不完全等同于竞争性物品，也与公共产品存在差异。非竞争性与部分排他性共同准确地刻画出技术或知识特性。一方面，非竞争性表现为厂商或经济个体使用技术的同时并不妨碍他人使用，从而复制技术可被视为零成本；另一方面，部分排他性确保 R&D 厂商能够从技术创新中受益，从而保证创新的连续性。此外，Romer 将人力资本定义为对学年教育、职业培训的累积效应。该定义与 Lucas 的定义均具有较窄的外延，从而实现对人力资本与知识技术进行区别研究。

Romer（1990）模型分析了中间投入品品类的增加引起内生增长，Grossman 和 Helpman（1991）则致力于消费品品类增加对经济增长的作用，因此学界将其视为对 Romer 的知识驱动模型的补充，且与 Romer 模型在形式上多有交叠。Grossman 和 Helpman（1991）也是一个两部门模型，包括 R&D 部门和最终消费品部门。R&D 部门致力于消费品的创新设计，生产技术是关于劳动要素和已有知识存量的二阶齐次函数。最终消费品部门通过购买 R&D 部门创新设计而获得生产特权，并利用规模报酬不变的生产技术进行生产。由于假定任何一种最终消费品均由专利持有者特许生产，从而使生产者拥有市场势力，并通过使产品定价超过边际成本的定价策略获得利润，以支付购买专利的费用。在需求端，该模型假定消费者具有多样化偏好，效用函数为 D-S 型。消费品品类的增加虽然并不至于使单个品类的最终消费品厂商的规模报酬递增，却导致代表性消费者瞬时效用（Grossman 和 Helpman 所定义的多样化消费指数）的增加。因此，全社会最终消费品品类的增加引致两种外部性：一是创新设计所体现的知识积累使 R&D 部门研发成本降低，等价于生产率提高；二是消费多样化使消费者效用提高。

在 Grossman 和 Helpman 内生增长模型中，知识积累及其外部性对于保证经济持续增长而言不可或缺。类似地，Young（1993）也构建了一个用创新和“干中学”解释经济增长的模型。该模型中，创新也表现为消费品品类增加，“干中学”则体现出创新有限的溢出效应。封闭经济存在一条平衡增长路径，其中增长率取决于创新和“干中学”中哪一种效应引致了类似于木桶原理的“短边约束”。如果创新成本过高，则较低的创新速度成为经济增长的约束，经济增长率取决于创新速度，而“干中学”并不影响最终经济增长率。相反，如果创新成本较低，则经济增长率取决于“干中学”的速度，而不取决于创新速度。

那么，发展中国家的技术进步能否依赖独立的科技研究或教育？经验表明，发展中国家企业所采取的生产技术大多并不落后，基本上不需要很多的独立开发和复杂的培训过程。那么这些技术积累来源于何处？研究表明，依靠对发达国家进行模仿，通过学习来分享国际技术外溢，与科技资本投资或人力资本投资相比无疑是成本最低廉的方式。这便引出对技术扩散与技术学习的研究。

二、跨国技术扩散及其增长效应的理论与实证研究

（一）技术扩散的理论文献

在内生增长模型中，技术是R&D部门的产出，从而技术扩散等价为R&D跨国溢出，这种现象既普遍又重要并已成为学界共识。Romer（1990）认为R&D溢出是内生增长动力的主要来源。在经典的技术扩散模型中，发展中国家经济的增长依赖于对发达国家新技术的采纳和应用。但关键问题在于：贸易开放是否会引起各国经济水平趋于收敛？Grossman和Helpman（1991）、Peter Howitt（2000）及Rivera-Batiz和Romer（1991）就这一问题提出了多样化的模型和分析框架。因此，更好地理解可得技术的变革对理解某些欠发达国家迎头赶上富国的可能性十分重要。

（二）跨国技术扩散的传导渠道

研究人员已找出支持技术扩散的多种途径。Long和Summers（1991）证明设备投资与长期增长之间显著正相关。Jones（1994）和Lee（1995）强调设备进口对增长率的正向刺激作用。基于这些发现，许多增长理论对开放贸易持乐观态度。Long和Wong（1997）提出技术进步、国际贸易与要素积累是经济增长中的互补品，从而使物质资本积累不再被认为是增长的源泉，而是增长的结果。Chuang（1998）假定一国的进出口均可引致技术学习，并建立了一个两国间追赶模型，试图表明学习和技术外溢可以成为经济增长引擎，促使各国之间经济收敛。Dodzin和Vamvakids（1999）发展的模型提供了从进口机器设备中学习新技术并驱动经济增长的完整理论机制。设备价格差异反映贸易政策扭曲，限制资本品的进口和维持过高的设备价格都将抑制技术进步。Benhabib和Spiegel（2002）以Nelson-Phelps技术扩散的追赶模型为基础，构建了一个嵌套两种形式的关于TFP增长的非线性范式，对1960—1995年27个国家（包括20个发展中国家和7个发达国家）的TFP增长进行拟合，认为技术溢出效应从领导者流向追随者，流动速度取决于教育水平。还有很多实证文献集中研究教育水平是否加速技术扩散并导致经济增长，或者教育是否直接或通过促进技术使用来作为生产要素。Welch（1975）、Bartel和Lichtenberg（1987）及Foster和Rosenzweig（1995）研究了人力资本在促进

东道国吸收外来技术方面的作用。

（三）跨国技术扩散程度的影响因素

第一，开放程度，与本书主题契合，这里特指贸易开放程度。在承认开放贸易对技术扩散存在影响的内生增长理论文献中，始终存在两种观点。Grossman 和 Helpman（1991）构建的模仿创新模型考察了贸易可能影响长期创新和增长的多种渠道，其中发达国家与发展中国家间的缺口始终存在。Stokey（1991）、Young（1991）均认为自由贸易对发展中国家有损害，发达国家的经济增长和技术进步是以强化发展中国家的低技术生产模式为代价的。Matsuyama（1992）认为开放贸易至少会强化发展中国家原有比较优势，使之专业化生产低技术含量产品。但也有大量文献支持开放贸易与经济增长显著正相关。Kornai（1992）、Sachs（1995）等发现，类似进口替代的工业化策略会在开始实施后 10~20 年，对少数产业部门起到较大推动作用，但过后很快陷入低效率困境。Dollar（1992）、Ben - David（1993，1998a，1998b）、Frankel 和 Romer（1999）均表明各国开放程度与人均收入国际收敛正相关。Coe 和 Helpman（1995，1997）也支持贸易对技术进步的刺激作用，发现国外 R&D 可能通过与贸易相关的技术知识扩散来提高国内生产力。贸易通过规模经济、技术溢出和消除不同国家 R&D 冗余等途径增加创新。Coe、Helpman 和 Hoffmaister（1997）发现，研发资源有限的发展中国家可以通过与其累积研发活动中拥有大量知识的较发达国家进行贸易来提高生产率。Vamvakidis（1996）获得的证据表明，市场规模对于封闭经济体的增长非常重要，而大型国际市场的准入则促进了开放经济体的经济增长。

Vamvakidis（1997）估计了国际贸易对 1870—1990 年的样本中个体国家增长的影响，发现自由贸易和增长仅在 20 世纪七八十年代存在正相关关系。Dollar（1992）在研究过程中以实际汇率修正了跨国技术开放指数，并以此确定一个国家是向外还是向内。根据对 95 个发展中国家的估计，发现外向型国家增长更快。Edwards（1992）构建开放性指数估算国际贸易对增长的影响，表明开放与增长之间存在正相关关系。Levine 和 Renelt（1992）检验了过去专注于灵敏度分析的文献所提出的增长决定因素的稳健性，发现开放国际贸易通过投资间接影响增长，如果各国贸易壁垒较低，则投资更多，因此增长更快。该结果在不同的范式和不同的开放性指标下始终稳健。Ben-David

(1993)表明，开放经济具有趋同现象，欧盟内部实现了成员一体化。这是经济学文献中关于增长的一个众所周知的令人困惑的难题，现实并未经历新古典增长模型所预测的趋同阶段。总的来说，世界经济的增长更多地取决于分歧而不是趋同。

第二，模仿成本，影响模仿成本的关键因素在于专利的保护力度。许多模型通过明确引入模仿成本来消除垄断租金对创新活动的影响并借此研究模仿的作用。Grossman 和 Helpman（1991）的研究表明，更严厉的专利保护能有效支持发达国家创新，但也提高了劳动力成本较低的发展中国家的模仿成本。Aghion、Harris 和 Vickers（1997）提出了一种跨越式模型，企业可以通过承担适当成本来追赶并超越竞争对手。为构建带有技术扩散的一般均衡的多国模型，Barro 和 Sala-Martin（1995，1997）假设领先国家的技术创新成本相对于模仿成本较低，而跟随国家则恰好相反。Park（2007）研究了知识产权、创新与国际技术转移之间的关系，发现发展中国家的创新活动对国内知识产权保护力度的增强只存在较弱反应，可能归因于时间滞后。因此，更好地理解这种滞后的来源和结构将是有用的。发展中国家对知识产权保护的增强至少在中等水平及以上带来潜在收益，似乎有可能吸引来自发达国家技术转让的流入。Eeckhout 和 Jovanovic（2002）构建了一个模型，模仿者只能获得滞后技术，这种隐含的模仿成本意味着创新者发现始终保持领先地位是其最佳选择。如果技术扩散要在经济增长中发挥作用，那么必须存在一些模仿成本和某些创新优势。因此在 Nelson-Phelps 模型的基础上，必须有适当的市场结构和经济均衡，以便在技术传播面前维持其创新活动。

（四）技术选择的适宜性与技术学习的成本

无疑，跨国技术扩散与技术学习对发展中国家十分重要。几乎大多数论文都承认发达国家对发展中国家存在技术外溢，但为什么不少发展中国家相较于发达国家却日益贫困化呢？这说明技术外溢过程中必定存在一些外生约束。主流内生增长理论虽然认识到学习的重要性，却忽略了技术结构选择并非是随意的，而是隐藏着对经济系统的内生性要求。许多模型单纯强调技术外溢而忽视了模仿成本，或者说忽视了模仿成本本应具有的内生性。基于对此问题的考虑，Atkinson 和 Stiglitz（1969）首次提出适宜技术（Appropriate Technology）概念，即地区（内）化的“干中学”（Localized Learning by

Doing)，厂商能否实现“干中学”将受到特定投入要素组合的制约。Diwan 和 Rodrick（1991）在一个南北贸易模型中重新强调了适宜技术的关键制约。Caselli 和 Coleman（2000）估计了世界各国的技术前沿，认为通常的跨国增长分析中发达国家与欠发达国家之间的 TFP 差异，是由于禀赋结构差异导致采取了不同的技术结构所引起的。

（五）对技术扩散现实存在证据的实证检验

对产业内溢出效应最早的统计分析包括 Caves（1974）对澳大利亚的研究、Globerman（1979）对加拿大的研究以及 Blomstrom 和 Persson（1983）对墨西哥的研究，都得出溢出效应在总体上显著的结论，尽管他们无法说出溢出效应是如何发生的。其后的一些研究也得出类似结果。Blomstrom 和 Wolff（1994）质疑 1965—1982 年墨西哥制造业吸收的 R&D 溢出是否足以帮助墨西哥的公司收敛至美国生产力水平，但有一点是肯定的：外国经济活动的存在似乎对本国生产率的增长产生显著的积极影响。Nadiri（1991）研究了 1968—1988 年美国将工厂和设备直接投资至法国、德国、日本和英国制造业后对其产生的影响并得出类似结论，美国跨国公司资本存量增加似乎刺激了上述四国对国内工厂和设备的新投资，支持 FDI 对东道国制造业 TFP 的增长也有积极影响。Basu 和 Weil（1998）提出一个发展中国家模仿的技术障碍源于南北国家间禀赋比例的显著差异的模型，认为可能出现“一体化俱乐部”。Acemoglu（2002）的后续研究表明，这种禀赋差异可能无法提供最适当的模仿机会，因其并未将技术变革引向有效的成本节约。然而，技术可能在“一体化俱乐部”间流动，模仿成本而非专利保护租金维持着俱乐部内的创新活动。

在试图衡量国际溢出效应的不同方法中，大多数采取国际 R&D 溢出回归，如 Keller（2002）。Branstetter（2001）等研究者以上述方法为基础发展出一种变体，即以专利数取代 TFP 估计值作为被解释变量。Peri（2002）提出了一种混合方法，将本地区的专利与其他地区的专利联系起来，后者以研发支出为基础。这种基本方法有两种替代的衍生方法以实现概括和简化。在第一种方法中，特定的技术扩散渠道被添加到分析中，最著名的研究范式莫过于 Coe 和 Helpman（1995）分析了本国通过从外国进口建立起的国内生产率与该国 R&D 之间的关系。对国际研发溢出效应进行回归的第二种方法是将生产率与外国研发相关联，而不是与其他外国活动的衡量相关联。Aitken 和 Harrison（1999）研究了 FDI 与本国国内企业生产率的相关性，即所谓的 FDI 的溢出回归。

第三节 北美自由贸易区对墨西哥经济效应的相关研究成果

过去 25 年间，NAFTA 也对墨西哥的经济增长绩效产生了有利影响。这一结论获得广泛的经验证实，特别表现在缔结 NAFTA 后墨西哥平均投资增长率的急剧上升上。随着协定生效，出口和投资对 GDP 增长的贡献急剧增加，墨西哥的经济增长动态也因此发生巨变。

尽管有这些好处，但墨西哥的 NAFTA 经验也使西半球其他国家的政策制定者得到了重要的教训，向他们提出了挑战。这些经验表明，自由贸易协定以及货物和金融市场的全球化，或区域一体化的更广泛趋势固然带来了巨大好处，然而与此同时，墨西哥近年来开始面临越来越大的竞争压力，包括来自亚洲和拉丁美洲其他国家的竞争压力，而来自美国的需求已大幅下滑。鉴于以中国为代表的新兴市场国家融入世界经济趋势增强，以及西半球贸易壁垒降低的势头未停，这些竞争压力不太可能在短时期消退。对于墨西哥而言，最近这些趋势强调了推进结构性改革的重要性，以保证本国经济对这些不断增强的竞争压力有灵活的应对能力。同样，NAFTA 还表明各国应尽早利用自由贸易安排可能带来的贸易和资本流动增加，并确保进行必要的结构改革，以维持这些协议的潜在收益及稳定性。

这些政策信息与新近对 NAFTA 的研究中所包含的信息密切相关。例如，Lederman、Maloney 和 Serven（2003）得出结论，NAFTA 为墨西哥经济带来巨大利益，但墨西哥仍需实施一系列结构性改革，以缩小与其先进合作伙伴间的收入差距。Tornell、Westermann 和 Martinez（2003）将墨西哥经济增长绩效与 20 世纪 80 年代初即开放贸易和金融流动的其他几个新兴市场国家的经济增长绩效进行比较发现，虽然 NAFTA 对出口和 FDI 流动产生了重大而有利的影响，但倘若进一步采取结构性改革，则墨西哥的增长绩效可能会更可观。

首先，作为NAFTA中唯一的发展中国家，墨西哥的国内政治和经济会考虑推动NAFTA向前发展。Whalley（1998）认为墨西哥决策者的中心目标是确保协定有助于墨西哥经济改革计划的永久性；Tornell和Esquivel（1997）的结论是NAFTA是确保墨西哥国内改革进程持续性的承诺；DeLong和Robinson（1996）认为该协定正式将墨西哥国内经济改革与国际经济联系起来，并使墨西哥的未来政府不太可能放弃改革。其次，墨西哥还寄希望于其NAFTA成员身份能够提高外界对其改革进程的信任，并改善对其经济风险的评估，以增加外国资本的流入。Hufbauer、Schott和Wong（2003）强调了NAFTA争端解决程序在确保墨西哥作为成员认真执行各项改革议程上的重要性。此外，NAFTA的争端解决程序还被视为墨西哥获得制度合法性以吸引外国投资的有力工具。

一、对NAFTA贸易提升效应的检验

（一）对总量提升效应的实证研究

专注于NAFTA对墨西哥贸易影响的研究者多使用引力模型，发现NAFTA虽然促进了墨西哥对外贸易的适度增长，却没有遭受贸易转移的痛苦。Gould（1998）对1980—1996年墨西哥贸易进行研究后得出的结论称，虽然NAFTA在1994—1996年将墨西哥与美国间的贸易总额提升16%，但墨西哥对美国出口所受的影响却很小，此外NAFTA被视为非贸易转移协定，即贸易扩张并非以牺牲协定外第三国为代价。Krueger（1999）基于1987—1997年的年度数据，利用引力模型分析NAFTA对墨西哥贸易绩效的影响发现，自NAFTA生效以来，墨西哥贸易增长的大部分份额是由协定外其他因素所驱动的，包括墨西哥在1986年加入GATT后施行的单边自由化措施，以及1994年墨西哥比索的崩溃。Krueger（1999，2000）还利用1990—1996年的分类数据研究了墨西哥与其在NAFTA的伙伴国，以及与世界其他地区贸易在数量上和模式上的变化，发现墨西哥对美国的出口增幅最大，并将此结果解释为NAFTA不是贸易转移型RTA的证据。Lederman、Maloney和Serven（2003）也利用引力模型进行分析，认为NAFTA对成员间的贸易流动没有产生重大影响，因此也没有

引起贸易转移。

Bair、Bergstrand 和 Vidal（2007）估算 NAFTA 对贸易影响时，并未发现统计学上显著的提升作用，但也指出由于仅有 1994—2000 年 NAFTA 成立之初的数据，他们的研究并没有包含 NAFTA 的全部潜在影响。虽然 Eicher 和 Henn（2011）也声称未发现 NAFTA 的显著影响，但 Hannan（2014）的研究却发现 NAFTA 在生效 10 年内使美国、加拿大、墨西哥之间的贸易平均增加 79%。Kohl（2014）使用多种计量方法，并使数据集中包含更多国家，得出 NAFTA 将成员贸易增加 88% 的结论。如上所述，当检查个别协定的有效性时，结果往往在统计显著性和非显著性之间波动很大。这解释了为什么不同学者研究 NAFTA 的影响时统计上并不一致。

当研究者采用出口和进口需求方程组时会发现，NAFTA 对墨西哥向美国出口的增长有显著促进作用。例如，美国国际贸易委员会（1997）使用 1989—1996 年的月度系列汇总数据估算出口和进口需求函数时发现，NAFTA 使 1994 年墨西哥对美国（以及美国对墨西哥）的出口增加了 1.0%（1.3%），1995 年增加了 5.7%（3.8%），1996 年增加了 6.4%（3.3%）。美国国会预算办公室（2003）采用类似方法对 1969—2001 年的季度总数据进行拟合，发现 NAFTA 使美国从墨西哥的进口量提升了 8%，并使 2001 年美国对墨西哥的出口提升了至少 11%。

（二）对分类提升效应即贸易性质与模式转变效应的实证研究

当一些研究者使用部门序列数据进行估计时发现，NAFTA 的贸易提升影响更显著。Romalis（2002）利用 1980—2000 年分部门数据研究了美国对 NAFTA 伙伴国提供的关税优惠对不同行业的特异性影响，发现 1993 年以来，美国从墨西哥进口的增幅中有 25%～50%归因于墨西哥作为 NAFTA 成员享受的相关优惠待遇所推动，并且 NAFTA 相对于其他经济体优势最大的产品中，归属于墨西哥出口部分的增长速度远快于墨西哥其他商品出口。此外，这些商品占美国需求的很大一部分，意味着 NAFTA 产生了可观的贸易转移。Romalis 认为他的研究结果与 Krueger 的研究结果不同的原因在于，他使用更长和更多的分解时间序列，能够更准确地分析关税优惠对贸易流量的影响。

在贸易性质和贸易模式上，Hummels、Ishii 和 Yi（2001）专注于加工贸易研究，发现自 1979 年以来，垂直专业化在墨西哥出口增长中发挥了重要作用，同时以大部分生产分布于墨西哥北部边境、自美国进口投入品并对其组装处理后再出口美国的 Maquiladora 公司为例，此类公司专门从事电子、汽车零件和服装行业的制造。20 世纪 80 年代初，墨西哥加工贸易企业大幅度增长，占墨西哥出口额的比重从 1980 年的 15%上升到 2001 年的约 50%。Clark、Fullerton 和 Burdorf（2001）发现 NAFTA 生效后许多制造业种类在墨西哥和美国之间的产业内贸易流量大幅增加。

Agama 和 McDaniel（2002）使用 1983—2001 年美国向墨西哥提供的随时间变化的关税优惠数据估计关税优惠每增加 1%，墨西哥对美国出口量增长约 4%，同时美国对墨西哥出口增长约 6%，由此证明了 NAFTA 对该协定内贸易流量增长的积极影响。其他研究如 USITC（1997），Burfisher、Robinson 和 Theyfelder（2001），Fuako、Okubo 和 Sterm（2002）关注 NAFTA 对特定部门贸易的影响发现，NAFTA 导致纺织品和服装行业的贸易转移。还有研究者将 CGE 模型引入 NAFTA 对贸易流动影响的分析。与使用历史时序数据的计量经济学方法的事后研究不同，CGE 模型是利用各种模拟方法来分析特定基准年的校准模型的事前研究。例如，CBO（2003）研究估计，NAFTA 对墨西哥向美国出口的长期影响区间在 3%～16%。Kouparitsas（1998）抛弃了静态模型，通过构建一个动态模型发现 NAFTA 使墨西哥与其他 NAFTA 伙伴国间的贸易流量增长约 20%。

二、对 NAFTA 资本加速效应的检验

研究表明，NAFTA 成员资格显著影响进入墨西哥的 FDI。Cuevas、Messmacher 和 Werner（2002）使用 1980—1999 年 45 个国家的面板数据分析 NAFTA 成员对 FDI 流动的影响，发现墨西哥参与 NAFTA 导致 FDI 增加约 70%。Waldkirch（2003）研究 1980—1998 年来自 11 个国家的数据发现，NAFTA 导致 FDI 流量增加 40%，认为 NAFTA 对 FDI 流入墨西哥的影响归因于垂直专业化增加，以及协定对墨西哥自由化和改革计划承诺的影响。Anderson 和 Pereira（2003）报告说，1993 年墨西哥 FDI 流入总值水平与份额存在统计上显著的结构性突破，并认为与墨西哥的 NAFTA 成员资格有关。Blomstrom 和 Kokko（1997）认为自 20 世纪 80 年代中期以来，外国跨国公司即增加了对

墨西哥的投资，以回应缔结 NAFTA 的预期以及对 FDI 各种障碍的放宽态度。包括墨西哥在内的新兴市场国家在经济上面临的主要政策挑战是，建立稳定的宏观经济环境。许多文献指出宏观经济不稳定性或称波动性与经济增长之间负相关（Ramey & Ramey，1995）。NAFTA 成员资格可能通过几个渠道帮助墨西哥建立和维持稳定的经济环境。

三、对 NAFTA 经济周期联动效应的检验

新近研究无法在更强的经济关联和宏观经济波动间建立明确的实证关系。Buch、Dopke 和 Pierdzioch（2002）否定经济相互依赖程度的增加与国内宏观经济波动间关系显著，但其他一些研究如 Easterly、Islam 和 Stiglitz（2001），Kose、Prasad 和 Terrones（2003）发现贸易开放程度提高导致产出波动性增加，这尤其适用于发展中国家。虽然贸易开放增加了新兴市场经济体的产出、收入和消费的波动性，但它减少了相对波动性。消费关联意味着提高了消费风险分担的可能性。他们还证明，金融一体化的增加与消费相对波动性的上升有关，但仅发现一定程度的门槛效应。

一些研究表明，贸易关联导致商业周期同步性更强。例如，Frankel 和 Rose（1998）、Clark 和 van Wincoop（2001）、Kose 和 Yi（2003）等使用跨国或跨区域面板回归的结果表明，在工业化国家，相互之间的贸易会更多地表现出更高程度的商业竞争。Calderon、Chong 和 Stein（2002）发现贸易密集度对商业周期联动的影响是积极的，但在包括工业化国家和发展中国家的样本中则都较小。Calderon（2003）证明如果两国签订了 FTA，则贸易密集度将对国家间商业周期的相关性产生更大影响。

最近的实证研究还表明，更强的金融联系可能导致更高的跨国产出和消费相关性。Kose、Prasad 和 Terrones（2003）研究了金融联系增强对个别国家总量（产出、消费和投资）与 G7 国家总量波动之间相关性的影响。他们报告说，对资本流动更加开放的国家与 G7 国家总量商业周期的相关性更高。Imbs（2003）还发现，金融一体化对产出和消费中商业周期波动的共同作用具有积极影响。

四、对 NAFTA 经济增长效应的检验

包括 Sachs 和 Warner（1995）、Frankel 和 Romer（1999）以及 Dollar 和 Kraay（2003）在内的大量实证结果表明，开放贸易对经济增长存在直接的积极意义。其他一些研究包括 Levine 和 Renelt（1992）、Baldwin 和 Seghezza（1998）以及 USITC（2003）建议研究贸易开放与增长之间的间接联系，关注增加贸易关联对生产率和投资增长的积极影响。

理论上存在各种直接和间接渠道，使资本流动增加可以通过这些渠道促进发展中国家经济增长。Levine（1996）发现直接渠道包括增加国内储蓄、更优化的全球风险配置以降低资本成本、国内金融部门发展以及技术知识转让，间接渠道与促进专业化和诱导相关，是为了实施更好的经济政策（Gourinchas & Jeanne，2003）。

然而，现有实证研究无法在金融一体化与经济增长间建立明确联系。Prasad 等（2003）回顾了几项实证研究，得出的结论是大多数研究发现金融一体化对经济增长没有影响或产生混合效应。例如，Edison 等（2002）采用回归模型来控制可能的反向因果关系，即金融一体化与增长之间任何观察到的关联都可能来自快速增长的经济体，而且更多的机制可能选择放开资本账户。他们的结论是，金融一体化对经济增长不存在显著的影响。然而，包括 Borenzstein、De Gregorio 和 Lee（1998）在内的一些研究发现，FDI 流量（而不是其他资本流动）往往与投资和产出增长正相关。

第四节　对已有文献与研究成果的简要述评

现有经济一体化理论主要包括关税同盟理论、大市场理论、工业偏好理论、协议性分工理论、综合发展战略理论等。其中，前四个理论主要适用于解释发展水平相近的工业化国家之间的经济一体化，而只有综合发展战略理论主要用于解释发展中国家之间所进行的经济一体化。由此不难看出，既有一体化理论对于经济发展水平相差较大的国家建立的经济一体化现象解释乏力。理论上，发展滞后与现实情况快速演变间的沟壑渐显：自 20 世纪 80 年

代末特别是 90 年代以来，世界经济的一个引人注目的特点就是发达国家与发展中国家之间超越了经济水平发展差距较大的障碍，组成了新型一体化组织，多以 RTA 的形式出现。然而，南北型区域经济一体化要带来巨大收益还需要满足很多条件，而且并不是所有发展中国家都有机会进行南北合作，在这些方面既有的理论与实证研究尚嫌单薄。本书以现存的区域贸易协定为对象，致力于研究在特定协定框架影响下，不同发展阶段的成员间协调增长的典型成功案例，借以探寻其背后的重要经验。

Krueger（1997）指出，学界关于贸易政策和经济发展的相关性研究，无论从侧重角度还是从基本结论方面，都随时间推移而不断变化，并显著改变着对世界经济运行的预测。学界普遍认为，贸易政策是进行经济发展政策总体设计的核心单元：通过外向型的贸易制度和对一体化的激励，发展中国家的增长前景是可预期的。

在经济一体化研究早期，学界普遍认为，为促进经济发展，贸易政策应以进口替代为基础进行制定。但过去几十年中，立足开放战略的国家增长速度远超高度贸易保护国家。此外，一些实施进口替代政策的国家在 20 世纪八九十年代经历了严重的经济危机和经济崩溃。这些典型事实促使学者试图解释其内在原因，极大地丰富了相关理论文献。关于贸易开放、区域经济合作与增长关系的实证文献也为这种转变做出重大贡献。大多数研究都集中在贸易促进经济增长的两条主要渠道，即技术和投资上。这部分文献称，可以通过开放贸易影响技术进步，并最终促进经济增长。Levine 和 Renelt（1992）、Baldwin 和 Seghezza（1996）及 Wacziarg（1998）的经验证据也支持了开放贸易通过刺激技术进步而促进经济增长的基本论点。不过，部分经济学家仍认为投资是唯一对经济增长产生促进作用的渠道，即开放贸易对经济增长并无强劲影响。综合已有研究，贸易和投资对促进经济增长都很重要，但很难凭经验解释投资和技术的影响，因为大多数投资都采用了新技术，而大多数新技术也都会带来更多投资。然而可以发现，现存关于开放与增长的理论文献并没有真正区分是通过多边贸易还是通过 RTA 进行区域一体化或局部自由化这两种选择的绩效差异问题。虽然大部分研究认为国家只开放了与少数邻国的贸易，同时仍扭曲并干预与世界其他国家的贸易，但无法解释区域一体化潮流的存在与持续。

近年来，在经济增长理论与国际经济学相互交叉的理论地带形成了大量讨论，无论是从论题数量还是从质量来看，都是相当活跃的。这主要得益于20世纪八九十年代出现的新增长理论、新贸易理论等突破了新古典框架理论体系的贡献。在这些新理论框架下，选取的研究对象也逐渐由宏观经济体转向微观的经济个体，使其能够在细节上建构起整个与现实相贴近的理论世界，并进行深入探讨。但问题在于，现存以及正在进行的理论创新无法对世界经济新近出现的发展趋势进行有效解释，尤其在当前区域集团化的总体趋势下，在大国间的博弈过程及对成员经济增长的影响机制层面，尚未形成较为成熟的理论体系。本书立足于这些世界经济发展的新状况，试图以技术扩散为研究主线，对不同学科的理论侧重点进行综合和再平衡。

学界现存关于 NAFTA 对墨西哥经济效应的文献，大多关注以下两条线索：①对墨西哥进出口贸易的扩大效应，包括总量提升以及对贸易性质和贸易模式的转换，并由此渗透对墨西哥产业结构和产业布局等的研究领域。②对墨西哥经济周期的联动效应，主要致力于对墨西哥消费、投资等短期变量的波动原因的剖析，以及作为一个整体的 NAFTA 能够缓解墨西哥由于国内风险冲击所导致的经济波动的幅度。但整体上却忽略了经济学中一个由来已久的主题——更紧密的经济联系对墨西哥经济的长期效应如何，尤其对墨西哥长期增长的驱动力，即技术研发与进步的关注不多。本书认为，发展中国家选择现代化路径时虽然可以暂时依赖发达国家的荫庇，但终究不是长久之计，最终还是要积蓄国家实力并发展成熟的自我研发机构。那么通过缔结 RTA 等利用与发达国家间经济联结的机会并努力为自身创新服务，就是本书关注的重点所在。

第三章 区域贸易协定的发展历程与现实特征

第一节 世界范围内 RTA 发展现状概述

为避免混淆，首先将区域贸易协定按不同形式进行划分，以区分如下重要概念：①Preferential Trading Arrangement（PTA）即“贸易优惠安排”，是指旨在降低成员间关税水平，而对外来进口品保留歧视性高关税所签订的协议；②Free Trade Agreement（FTA）即“自由贸易协定”，是指旨在免除成员间一切关税，而对外来进口品保留歧视性高关税所签订的协定；③Custom Union（CU）即“关税同盟”，是指旨在对内免除关税（FTA），而对外来进口品征收一致关税（Common External Tariff，CTE）所建立的联盟；④Unilateral Trade Liberalization（UTL）即“单边贸易自由化”，是指一国单方面、无歧视性地削减对外来进口品的贸易壁垒。其中 PTA 与 FTA 都允许成员依照本国实际情况对外部世界的类似进口商品施加不同水平关税。

自 20 世纪 80 年代中后期以来，由于欧共体（Economic Community，EC）取得成功的示范效应、乌拉圭回合谈判低效而引发的普遍失望，以及美国在 FTA 事务上重燃热忱等一系列重要因素的刺激作用，区域主义重新盛行，区域一体化（Regional Integration）热潮再次回归。根据 WTO 统计数据，截至 2018 年底，全世界已履行通告（Notification）义务并处于生效（in Force）状态的区域贸易协定数量已达 310 个，其中涉及三大洲及以上的协定有 5 个。当扣除“扩员通告”（Accession of）后，拥有独立名称的区域贸易协定尚余 292 个，且在地理上分布并不均衡（见表 3-1）。对相关数据进行分类整理，可以管窥如下重要特征：

表 3-1　扣除“扩员通告”后区域贸易协定在各地区的分布

	欧洲	非洲	亚洲	南美	中美	北美	大洋洲	三大洲及以上
欧洲	35	14	49	6	3	4	0	
非洲		8	8	2	0	1	0	
亚洲			54	15	6	11	15	
南美				7	12	11	2	
中美					8	8	0	
北美						2	1	
大洋洲							5	
三大洲及以上								5

资料来源：WTO 数据库。

一、数量分析

数量上，亚洲和欧洲参与区域贸易协定建设最为活跃，分别缔结协定达162个和112个，伙伴国分别来自6个大洲和5个大洲，并且亚、欧两洲也是与本洲伙伴国缔结区域贸易数量最多的地区，分别缔结协定达54个和35个；美洲的南美、北美和中美处于中间梯队，分别缔结协定59个、41个和39个，伙伴国分别来自6个大洲、6个大洲和4个大洲；非洲和大洋洲参与建设的区域贸易协定数量最少，分别为36个和25个，伙伴国分别来自5个大洲和4个大洲，这或许是因为非洲经济处于较低发展阶段，而大洋洲国家数量最少以及地理位置较为特殊。

形式上，现存区域贸易协定中，自由贸易协定（FTA）的数量最多，达252个，占据最大比重（86.3%）；经济一体化协定（EIA）（近似看作基于GATS的服务自由贸易协定）占据次席，共151个；其他形式的RTA还包括关税同盟（CU）（共17个），以及局部自由协定（PSA）（共22个）。其中，实现货物与贸易（Goods and Services）两个领域开放的协定达149个，占据近五成的比重，几乎都是以“GATT Art. XXIV & GATS Art. V”条款履行通报义务，剩余7个则以“Enabling Clause & GATS Art. V”条款履行通报义务，显示各国对外开放积极度的提升；仅开放货物领域的协定可按通报条款细分为“GATT Art. XXIV”下的105个和“Enabling Clause”下的43个，后者是 GATT 专为欠发达国家准备的例外条款；唯一仅以单一的“GATS Art. V”条款履行通报义务的是欧洲经济区（European Economic Area，EEA）。

二、趋势分析

趋势上，以 20 世纪 80 年代中期为分水岭，前后两个阶段特征各异。自“二战”后至 20 世纪 80 年代中期以前，全球范围内的区域贸易协定建设处在稳健、扎实推进的常态化阶段，以各种形式缔结的 RTA 仅有 16 个，主要在亚、非、拉第三世界的新独立国家间缔结；自 20 世纪 80 年代中期开始，各国区域经济合作热情不断提升，新缔结 RTA 数量呈现爆发式增长态势，20 世纪最后 10 年间共生效 60 个，21 世纪第一个 10 年间共生效 125 个，2011—2018 年共生效 88 个（见图 3-1）。

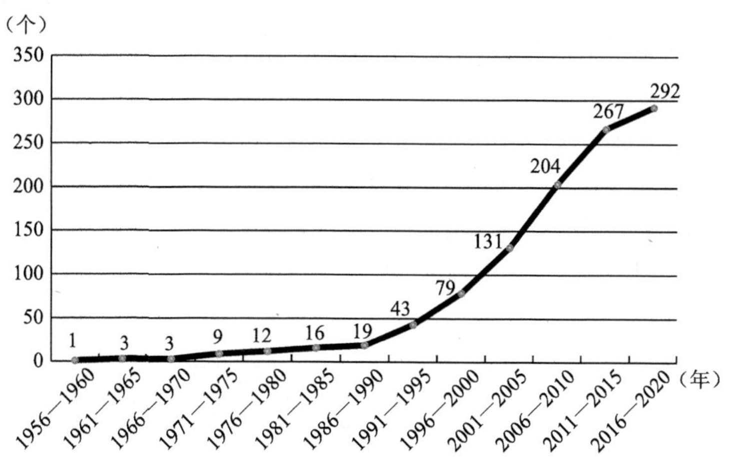

图 3-1　世界范围内 RTA 发展趋势

资料来源：根据 WTO 数据库数据自行整理而得。

形式上，在 2007 年美国次贷危机引发全球经济危机之后，全球范围内的区域贸易协定数量增幅明显上扬，共生效 128 个，占据现存 RTA 比重超过 45%，表明自金融危机后各国对战后建立的以美国为核心的多边贸易体制的疑虑在加深，更加偏好于两手准备，在继续推动多边自由化的基础之上，更加重视通过缔结区域贸易协定，以巩固区域内经济联结与经济周期关联度，从而降低世界经济周期对单一国家或地区造成影响的风险。

三、国别分析

从当前 RTA 建设的主导力量来看，世界主要发达国家和大型经济体承担了重要“推手”任务。截至 2018 年底，世界主要发达国家参与缔结的 RTA 共 164 个，占据比重超过 56%；而亚、非、拉低收入国家缔结的南南型 RTA 共 60 个，比重降至不足 21%；其他南南型 RTA 共 69 个，主要分布在亚洲与东部欧洲（主要为独联体国家，26 个）、拉丁美洲与中美洲（12 个）以及东欧内部（8 个）和中美洲内部（8 个）。

在形式上，发达国家或大型经济体偏好缔结 FTA，而缔结的 PSA 和 CU 的案例相对较少，这或许归因于 FTA 的自由化水平较高，同时又不要求成员让渡过多主权；在伙伴国选择上，美国（USA）、欧盟（EU）、欧洲自由贸易联盟（EFTA）与日本（JPN）四大经济体或发达国家参与缔结的 RTA 近百个，在现存 RTA 中占据比重为 34%。其中，完全由发达国家组成的北北型 RTA 仅 19 个，而由发达国家与发展中国家缔结的南北型 RTA 共 79 个，占据上述四个大型经济体或主要发达国家参与 RTA 的 80%以上，并且这些南北型 RTA 缔结的时期大多为 20 世纪 90 年代中期之后，反映出进入 21 世纪后，发达国家参与的 RTA 以南北型为主（见图 3-2）。

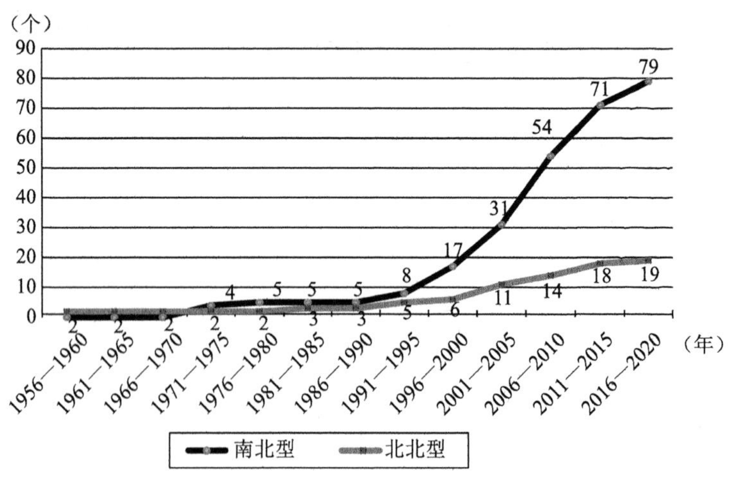

图 3-2 世界部分发达国家与经济体参与的南北型和北北型 RTA

资料来源：根据 WTO 数据库数据自行整理而得。

第二节 本轮区域贸易协定热潮的驱动力

实际上，世界各国对双边或多边贸易自由化的兴趣由来已久，至少可追溯至19世纪。以1860年英法协议为开端，19世纪下半叶的欧洲已着手试行自由开放的贸易体制。英法协议因包含无条件的最惠国（MFN）条款，不仅免除当任一缔约国决定对协议外第三国削减关税时，受累于重新谈判的成本与风险，还保证两国在进入彼此国内市场时享有平等机会。但在执行过程中，英国对法国的关税削减自动延伸至其他国家，而法国则通过双重关税手段将减税对象仅限于英国。此种冲击迅速在世界贸易体制中引发连锁反应，欧洲其他各国纷纷急于寻求与法国达成类似协议，以确保在法国市场上以优惠关税税率销售本国商品的权利与便利。

进入20世纪，历史见证了区域主义大爆发。第二次世界大战过后，尤其是50年代，几乎就在各国参与多边贸易自由化谈判、携手重建贸易规则的同时，以西欧自由贸易安排为引领的区域化浪潮迅速蔓延至拉美、非洲和中东地区，在60年代涌现出很多面向发展中国家的区域贸易安排，反观发达国家在这一阶段却鲜有动作。然而在该轮区域一体化浪潮中，也只有西欧取得了真正意义上的成功，并且这一成功还是建立在多边贸易自由化谈判进程取得重大胜利的背景之下。相比之下，主要由发展中国家参与缔结的南南型贸易协定无论就区域一体化尝试，还是加快本国工业化进程等目标而言都归于失败。究其原因，大体归于以下几点：

首先，在南南型RTA之下，成员国间协商一致的削减贸易壁垒的决议或举措常受各种因素影响而被迫推迟，很大程度上归因于缺乏强制的执行机制。例如，缺乏“正面”清单或对有资格享受优惠关税的产品范围、限制性原产地规则含糊不清是其普遍现象。并且，在那些实施区域一体化相对成功的南南型RTA案例中，如中美洲共同市场（Central America Common Market，CACM），由于遭遇20世纪80年代的宏观经济困难，导致各成员再度重拾配额管制，使自由化进程严重倒退。

其次，那些旨在建立高级别的关税同盟（CU）的南南型RTA，通常难以真正有效地执行共同对外关税（Common External Tariff，CET），这归因于成员经常借口自身发展落后等要求免除或缓征外部关税，如以从该协议外国家获得“必要”进口为借口。这引致成员间存在“囚徒困境”（Prisoner's Dilemma），从而严重伤害了共同关税承诺以及关税同盟的可信度。

再次，共同决策部门对区域内的工业规划失败。由于无法设计出令人满意的补偿机制以确保成员间公平分配，使成员间经济摩擦频繁。例如，乌干达、肯尼亚、坦桑尼亚等发展中国家曾于 1967 年成立东非共同体（East African Community，EAC），但由于各成员国内经济发展水平的差距，具体来说，肯尼亚工业基础尚强，而乌干达工业基础相对薄弱，引致经济收益不均、工业区位集聚等一系列问题，使成员间产生严重矛盾，最终导致 1977 年该组织解体。

最后，许多南南型 RTA 在完成了关税削减与非关税贸易壁垒消除等初级一体化任务后，对后续的发展愿景无明确规划，从而导致允许更自由的区域内要素流动等更深层一体化努力实施不到位，使进一步一体化缺乏后劲及必要的制度激励。如西非国家经济共同体（Economic Community of West African States，ECOWAS）、海湾合作委员会（Gulf Cooperation Council，GCC）等均存在上述问题。

许多学者认为，造成大多数南南型 RTA 失败的最重要原因是，难以设计出令人满意的补偿计划以团结福利受损的成员，而发展中国家间协调解决赔偿问题的必要性远大于发达国家，这一点在各发展中成员间进行协定谈判时表现得尤为突出。一般来说，发达国家对经济活动的重新定位并不十分敏感，因为其区域内贸易的增加主要源于产业内贸易的增加，而且发达国家间的多元化产品结构能最小地降低损失。而在发展中国家间则不同，区域内贸易的任何增加几乎都来自产业间贸易的增加，从而当一个成员在某种产品品类上的出口增加时，很容易损害其他成员同质产品的出口，针对这些产业成员间的补偿往往需要更多的协调努力，否则将导致代表出口部门利益的政治势力左右决策者对 RTA 的看法，从而令 RTA 的稳定性遭受打击。

20 世纪 60 年代各大洲 RTA 特征汇总见表 3-2。

表 3-2　20 世纪 60 年代各地区 RTA 特征汇总

	非洲	拉丁美洲	欧洲	亚洲
主要目标	通过实施“进口替代工业化”战略实现平衡发展；获取合理的净收益份额	通过实施“进口替代工业化”战略实现平衡发展；获取合理的净收益份额	共同市场；为欧洲政治联盟创造条件	缓解政治压力；扩大本地区在国际市场份额
贸易方向	内向型	内向型	多边自由化	外向型
实现机制	谈判达成一体化	谈判达成一体化	谈判达成一体化	市场引领一体化
区域内贸易自由化实施方案	产品的国家清单与共同清单实现自由化；产业导向性	产品的国家清单与共同清单实现自由化；产业导向性	全面减少贸易障碍；对例外情况的规定的相互调和	单边贸易自由化
非成员国家待遇	合作并实施区域进口替代产业化	实施区域进口替代产业化	基于谈判的自由主义及共同对外关税	合作并坚持市场导向型的自由主义
成员国家待遇	对最不发达国家施行优惠	对最不发达国家施行优惠	最惠国待遇原则	不存在优惠对待
机构框架	不存在超国家机构	不存在超国家机构	超国家机构	不适合

第三节　“新区域主义”浪潮下区域贸易安排的基本特征

与旧式区域主义及其掀起的区域一体化浪潮相比，20 世纪 80 年代中后期至今的“新区域主义”，突破了传统意义上的国际政治中关于南北政经关系边界的视域分野，涌现出大量发展中国家与发达国家间寻求合作从而共同构建区域贸易集团的新案例。此等情势在旧区域主义时期完全无法想象，因为当时发展中国家阵营秉持相互减让关税、组建区域贸易集团的宗旨，即帮助成员在相当程度上与全球经济体系相隔离，减少南北国家群体之间的经济互动，从而避免来自发达国家的“剪刀差”剥削。到 20 世纪 90 年代情况则恰好相反，发展中国家不再因可能依附于世界经济体系、丧失独立性而将其视为“洪水猛兽”，相反则担忧被抛离出世界经济体系的“快车道”。因为经济全球化已成为客观的、不可逆转的趋势，如果不能积极面对、接受、参与并利用它，则必然落后于世界经济增长共同体的整体步伐。因此，对于发展中国家来说，能够抛开成见，努力以一种全新面貌携手发达国家共谋发展，可以说是“非凡一跃”。

从实践经验来看，“新区域主义”的基本特征主要表现为以下五点：

一、综合性

旧式区域主义以两个超级大国主导的两大阵营之间的冷战为背景，其机构设置通常表现为区域政府间组织，并以单纬度的经济、政治或安全为核心诉求。比如，致力于经济目标的区域组织主要包括资本主义阵营的欧洲经济共同体（European Economic Community，EEC）、欧洲自由贸易联盟（European Free Trade Association，EFTA）和经济互助委员会（Comecon）以及发展中国家间缔结的各种贸易优惠协定等；而致力于政治和安全目标的区域组织主要包括美洲国家组织（Organization of American States，OAS）、非洲统一组织（Organisation of African Unity，OAU）、东南亚国家联盟（Association of Southeast Asian Nations，ASEAN）等。其中，一些发展中国家间组成的南南型 RTA 曾尝试推动区域内经济合作，但收效甚微，实质上仅退化为一个政治或安全组织。

然而，新区域主义明显表现出综合性。一方面，一些目标与功能原本相对单一的区域政府组织开始涉足政治、经济、社会、环境、文化等多维度、多议题领域，并日益成为区域问题协商中不可或缺的力量。例如，1993 年欧共体（European Community，EC）过渡至欧盟（European Union，EU）后，即着手推行共同外交与安全政策、宏观经济政策与社会及文化政策；东盟亦于近年启动 FTA 和投资区等区域经济建设。另一方面，市场或行业协会、非政府组织开始积极加入“新区域主义”的实践。以 ASEAN 十国为例，自 20 世纪 90 年代以来各种“自然经济区”（亦称“增长三角”）蓬勃发展，代表着一种市场驱动的、自发的、跨国家的“微区域主义”，已被视为东南亚区域主义实践的重要表现和实现区域一体化的有益尝试。

二、区域间性

与旧式区域主义基本局限于一个特定的地理区域之内不同，新区域主义表现为一种超越传统地理范围，以多层次区域间关系为特征，跨大陆或大洋的“区域间主义”（Inter-regionalism）。它主要衍生出三种形式，包括区域集团间关联、跨区域贸易安排以及区域集团与单个国家间混合安排。组织相对松散的包括亚太经济合作组织（Asia-Pacific Economic Cooperation，APEC）、欧亚经济联盟（Eurasian Economic Union，EAEU）等；组织相对严密的包括欧盟—非加太国家经济联合伙伴协定（EU-CARIFORUM States EPA Economic Partnership Agreement），即《科托努协定》，以及尚处于谈判进程的美洲自由贸易区（Free Trade Area of the Americas，FTAA）等。

以《科托努协定》（*Cotonou Agreement*，2000）为例，它规定欧盟—非加太国家经济联合伙伴协定有五大支柱，即政治对话、广泛参与、发展战略、经贸合作和金融合作，并明确规定该协定要以基于一体化与发展，消除贫困和边缘化作为宗旨；将经贸合作提升至发展战略的整体框架内；将包括经济、社会、文化、环境和制度等维度的区域一体化作为实现战略工具；双方的合作接触方法包括政府接触和非政府接触。更重要的是，“区域间主义”创造了一种发达国家与发展中国家之间紧密合作的南北型区域主义模式，成为全球化背景下“新区域主义”发展的主要动力源泉。比如，2019 年 2 月新近达成的全面与进步跨太平洋伙伴关系协定（Comprehensive Progressive Trans-Pacific Partnership，CPTPP），前身仅是四个在贸易流量与经济规模等方面并不十分出众的国家——文莱、智利、新西兰与新加坡在 2005 年缔结的“跨太平洋战略经济伙伴关系协定”（Trans-Pacific Strategic Economic Partnership，TPSEP），其后在美国高调介入后又吸引了澳大利亚、日本、越南等国，不但其经济规模和贸易流量在全球经济中举足轻重，而且各成员在经济体系、产业结构上的互补性也使该协定活力十足。虽然美国政府在其后否决加入该协定，但作为一个跨大洲、南北型 RTA，它在未来能够释放的能量仍然可期。

三、开放性

旧式区域主义无论是经济领域、政治领域还是安全领域，都明显表现出一种封闭特征。在经济领域，主要表现为 EC 共同关税政策、经互会内部排他性合作、发展中国家实施出口替代战略等与关贸总协定多边贸易规则间无法调和的矛盾；在安全领域，主要表现为北约、华约和东南亚集体条约组织等相互对峙的军事同盟。而"新区域主义"则凸显出开放性特征,"新区域主义"浪潮下的区域经济一体化也更清晰地显露出开放包容的倾向,最重要的特征是承认并尊重多样性。例如,亚太经合组织(Asia-Pacific Economic Cooperation, APEC)的重要精神之一即包容与开放,其内核为与西方国家崇尚个人主义价值观存在本质差异的亚洲国家价值观及文化传统,在区域合作中即体现为更加强调以协商共建的方式解决问题,亦有希望对全球化总体进程产生越来越大的影响。

另外,当前主流的区域一体化进程并非致力于闲置或废除多边自由贸易体系,而是与世界贸易组织下多边贸易自由化进程趋向一致。例如,在以欧盟主导的欧洲—地中海自由贸易区(European Union-Mediterranean Free Trade Area, EMFTA)中,已明确规定应该尊重 GATT 已达成的谈判成果,并依照有关协定逐步实现贸易自由化;作为成员的欧盟非常强调所有协定内的所有伙伴国都能成为 WTO 成员的愿景,并把助力所有地中海伙伴国最终加入 WTO 当作推动该区域机制的重要组成部分。在安全方面开始出现一种全新的、开放的区域安全机制——"合作安全",即"一种广泛意义上的合作,在涵盖范畴上多维交错,在实践原则上渐进发展;是尽力包容的而非绝对排斥的;偏好多边主义胜于双边主义;要求但也不拒绝创立正式的制度。此外,强调在多边基础上形成对话的习惯"。因此,"新区域主义"亦被称为"开放的区域主义"(Open Regionalism)。

四、主体性

在旧式区域主义阶段,区域贸易集团中的强势成员在区域事务中,乃至国际舞台上均拥有较大主动权,甚至主导协定走向。而作为一个整体的区域却难以形成有效合力,反而沦落成被动客体。这主要归因于该阶段下区域成员目标单一、黏合力缺乏。但在"新区域主义"所处的条件和背景下,一些成熟区域日益以一个"统一的行为主体"的精神面貌,在国际事务中崭露头角。例如,欧盟不仅在协调国际政治、服务世界事务中发挥重要影响,也在发展区域经济、探索治理模式中获得显著成果。这是由于对其三根支柱"欧洲各大共同体""共同外交与安全政策"及"刑事领域警务与司法合作"的捍卫与完善,传统强势国家如德国、法国虽拥有较高声望,但在协调处理欧盟事务时亦须遵循民主议程。东盟也由于在“东盟地区论坛”、东亚“10+3”等一系列合作机制中担当关键角色，已被参与合作的各方公认为是这些重要的区域和跨区域合作机制建设的引领者。这些都表明，区域主体已成为推动“新区域主义”纵深发展的主角。

这些新情况均意味着，这些区域实体或一体化组织已经开始有意识地探寻在价值观、政治信仰和行为规则等方面的深层共识，并对其加以彰显和保护。能够通过制定并维护连续有信的区域政策来确保外界对自身稳定性的良好预期，并适时运用政策工具，具有国际谈判能力，拥有决策进程的合法性等。

五、趋同性

与旧式区域主义中明显表现为西欧紧密的一体化（强制度建设）和发展中国家间松散的区域合作（弱制度化）两种泾渭分明的发展道路不同，“新区域主义”的发展进程日益走上趋同化或称为标准化路径。在宏观上，当前区域主义大多显示出从创建自由贸易区开始，经由关税同盟、共同市场、货币同盟，最后到经济共同体乃至政治共同体的连续发展轨迹。现实的情况表明，在原已存在松散的区域合作或缺乏实质性区域合作的区域内部，自由贸易区（有时包括关税同盟和共同市场）已如雨后春笋般迅速崛起。而在先期经历了自由贸易区发展的区域，“后自由贸易区”建设已成为新兴的各种“区域间主义”的核心支柱和发展先锋，如欧洲—地中海自由贸易区、欧盟—非加太互惠贸易区、美洲自由贸易区、APEC 自由贸易区等。一些日臻成熟的一体化区域已开始从自由贸易区走向关税同盟或者共同市场，如南非发展共同体、南方共同市场等；或者从后两者走向经济与货币同盟，如欧盟和西非国家经济共同体等。“区域共同体”建设开始成为许多区域近期和长期的目标，如“东盟共同体”计划、“东亚共同体”设想；一些区域组织开始用“共同体”来命名，如加勒比共同体、安第斯共同体等。在微观上，主要关注安全的区域集团也逐渐从冷战背景下以权力政治为工具、以军事安全为核心的“均势”、军事联盟等传统的模式走出，并加入“综合安全”和“共同安全”等新的安全观念主导下的“合作安全”新机制；一些区域开始形成或走向以区域一体化建设为核心保障的“安全共同体”，如欧盟和“东盟安全共同体”计划等。“安全共同体”已成为安全区域主义实践所追求的根本目标。总之，这些区域主义总体上显示出一种日趋一致的发展轨迹。

另外，新近兴起的区域协定表明了一个重要信号，即世界贸易体系可能分割为围绕欧盟、美国与东亚地区“三位一体”地建立起三个贸易集团。对某些研究者来说，这种发展正朝着减少碎片化的世界贸易体系迈进，而对其他研究者来说，这是对多边主义的巨大威胁。后一种观点认为，区域主义分散了谈判者和政治家在关贸总协定谈判中达成协议的重任，并替代了多边主义而非对其进行补充。

第四节　对“新”“旧”区域主义及 RTA 发展策略的简要概述

在评估这一“新区域主义”浪潮时，人们必须首先认识到：当前的区域一体化所面临的条件相比 20 世纪 60 年代已天差地别。当前的世界贸易不仅享有更多自由，而且发展中国家对如何参与区域经济一体化的看法已大有改观，并表现为已做了初步的战略调整。20 世纪 60 年代，成立 77 国集团是试图对发达国家的出口品完全关闭本国市场，以实现进口替代工业化（Import Substitution Industrialization，ISI）的发展目标。而如今，大多数发展中国家不但独立地推行实质性的单边贸易自由化（Unilateral Trade Liberalization，UTL），还在积极申请 WTO 成员资格以参与多边贸易自由化谈判。因而，在本轮区域化热潮中，发展中国家正在寻求与大型发达国家连接在一起，以确保对其优势市场的准入。因此，当前的区域一体化具有不同的面貌。在某些情况下，它更多地表现为南北型变体而不是上一轮一体化潮流中的北北型和南南型。这从其成员的名单中便可清楚看出。

另外，区域一体化的重要着力点也已悄然改变。首先，工业化国家（如澳新更紧密关系协定、欧盟、欧洲自由贸易联盟，以及新签订的美加墨三国协定）之间新建的一体化安排已超越了作为 GATT 谈判目标的商品贸易自由化的范畴，因其包含一些服务和投资自由化、技术和监管标准（如根据 EC—1992 实施的促进竞争政策），以及海关手续/报关单和政府采购政策等丰富议题。其次，拉丁美洲国家最近签署的美洲企业倡议（Enterprise for the Americas Initiative，EAI）可视为迈向半球自由贸易协定的步骤，它与过去的拉美国家签订的一体化安排截然不同，因为它们是外向的而不是内向的。这些举措超越了对已有贸易倡议的复兴或扩展，因为几乎所有参与者都独立地执行了显著的单边贸易自由化。新的区域贸易倡议中的成员往往兼有发达国家和发展中国家，导致南北型集团方案不是传统的北北型或是南南型模式。

为了预测主要结论，本书认为必须谨慎地判断“新区域主义”浪潮的存在性。首先，与目前拉丁美洲部分地区（如南方共同市场）以及非洲和亚洲各地发展中国家对缔结 RTA 方面重燃兴趣相比，一体化的利益可能很少，也或许成本很高，除非这些贸易安排包含大量的单边贸易自由化。其次，对于包含发展中国家——包括前东欧国家——与大型发达国家作为成员的贸易安排，很可能存在经常被狭隘的经济评估所忽视的其他好处。其重要影响包括追赶效应，导致更大规模技术转让和更快人力资本累积发展的相关合作。收益也来自对欠发达成员实施更加合理的宏观经济政策，以及为达成协议或加入成员所进行的改革韧性的信心增加。再次，发达国家最近采取的举措解决了在关贸总协定多边进程中未得到有效处理的问题（如政府采购政策，标准和竞争政策等）。最后，真正的危险是，贸易集团可能变成内向型而不是外向型的，这会对游离于各贸易集团之外的发展中国家造成困难局面，因为它们实际上会被拒绝准入自由市场。这种担忧的长期存在，在很大程度上解释了最近发展中国家为确保顺利进入其发达伙伴国市场而做出的努力。

在和平发展作为主流基调的今天，区域一体化安排尤其是本书重点研究的 RTA，更加以经济目标作为联结各成员的核心要义。因此，当缔结 RTA 之后，不同成员的短期和长期的福利变动将直接影响着 RTA 成功的可能性，以及长远发展的可能性。在之后的章节中将主要致力于对此的研究，尤其重点发掘南北型 RTA 蓬勃兴起的背后逻辑。

第四章　区域贸易协定的经济效应：静态分析

形如自由贸易协定或关税同盟等区域贸易安排将如何影响协定内成员间的经济活动分布？由此引致的各成员间损益是否存在差距，还是总有国家受损同时也总有国家获益？成员间人均实际收入将趋于收敛还是发散？一方面，在以西欧发达国家为创始国的欧共体，经不断东扩吸纳其他欧洲国家所组建的欧盟中，发生的情况是各成员间明显趋于经济增长收敛，表现为相对低收入国家成功缩小与高收入核心国家在人均收入等方面的差距。另一方面，在由发展中国家缔结的诸如东非共同市场、中美洲共同市场和西非经济共同体等区域贸易安排中，却表现出不同成员经济绩效显著趋异现象。它们的差别在何处呢？

为回答上述问题，本章拟循序渐进地展开两个步骤的研究工作，它们既相互关联又各有侧重。

首先，将展示区域贸易协定中不同成员相对于彼此，以及外部国家的比较优势差别，是如何为哪些国家获益、哪些国家失败提供预测依据的。在RTA下，若某成员的比较优势与世界平均水平存在最大差距，其遭受贸易转移影响的风险通常亦最大。因此，如果在一组低收入国家之间缔结RTA，则最低收入成员最有可能因贸易转移而遭受实际收入损失。相反，如果RTA成员包含一个高收入国家（相对于其他成员和世界平均水平），那么低收入成员将可能趋向于其高收入伙伴国发生收敛。

其次，将重点放在对区域内生的集聚力及其重要性的分析上，这往往会导致经济活动向中心空间聚集以及周边地区塌陷，即不同成员的产业结构可能因缔结RTA而发生系统性调整。本书认为，这些力量将导致出现大量经济活动向中心聚集趋势，并且这种趋势在低收入国家缔结的RTA中比在高收入国家缔结的 RTA 中显著更强。这将成为发展中国家缔结 RTA 后，收入水平趋于发散的另一重要原因。

应特别注意的是，本章以静态框架作为分析起点，与全书主题即“技术扩散与发展中国家经济增长”并非毫无关联，而是作为该主题的必要理论准备而存在。毕竟，区域贸易协定本身不会形成能够主动推动技术在成员间扩散这一进程的任何机制，它的直接作用仅是为区域内的产品设置外生的差异化竞争条件，以影响各成员专业化分工形式与贸易模式，从而可能以成员贸易对外部进口品形成替代。正是由于贸易模式的调整，并且如果技术扩散以贸易交换为重要渠道，RTA 内成员可能更容易从来自其他伙伴国的进口品中获得隐含技术因素，并接受机会成本，放弃那些隐含在外部进口品中的技术因素所内含的潜在收益，这势必会对本就在研发投入上处于比较劣势的发展中国家的长期发展产生重要影响。

第一节　区域贸易协定的福利损益分析：Vinerian 框架

缔结 RTA 是否必定引致福利提升？答案为并非绝对。Viner（1950）的经典分析得出结论：上述问题的答案取决于贸易创造与贸易转移这两种效应的相对大小。

本节从一个经典的局部均衡模型进入分析。考虑一个两产品 X 和 Y，三国家 A 、B 、C 的贸易模型（见图 4-1）。C 国代表外部世界并对产品完全弹性供给，从而提供基准的相对比价 P；A 、B 两国在经济规模上相对于 C 国属小国，从而是价格接受者。初始时，B 、C 两国无关税，A 国对 B 、C 两国施以非歧视性关税 t（以 X 为计价物）。从而，初始均衡下存在两种可能的贸易模式：A 、B 两国进口同种产品或进口不同种产品。

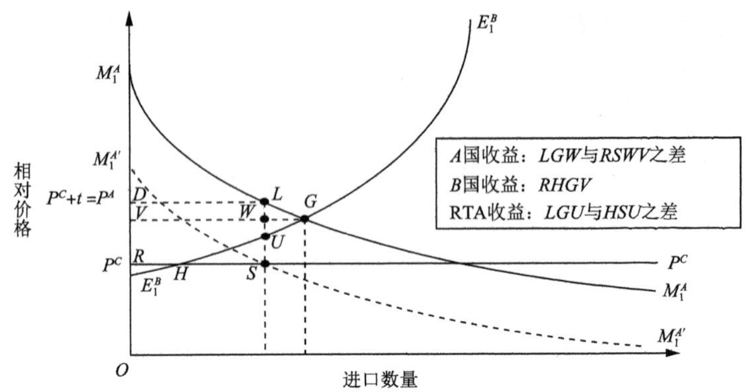

图 4-1　RTA 的经济效应：A、B 两国相互取消关税的情况

一、缔结 RTA 前的各国贸易情况

如果初始均衡下 A、B 两国进口同种产品，它们将统一从 C 国进口，就是说两国内部必不发生贸易。其原因为：不失一般性，如果 A、B 两国同时进口 Y，则两国在自给自足经济（Autarky Economics）下对 Y 的国内定价均高于世界价格 P；由于 C 国完全弹性供给，初始均衡下作为其自由贸易伙伴的 B 国国内定价必然也为 P，而 A 国国内定价为 $P+t$；如果 A、B 两国发生贸易，则 A 国必定出口 X 而进口 Y，因 A 国的 Y 对 B 国而言太贵；但 A 国国内 X 的相对比价降至 $1/(P+t)$，而 B 国国内 X 的相对比价为 $1/P > 1/(P+t)$，将对 A 国的 X 产生无限需求，从而一定是不均衡的。

类似地，如果 A、B 两国同时进口 X，则两国在自给自足经济下对 X 的国内定价均高于世界价格 $1/P$；由于 C 国产品完全弹性供给，初始均衡下作为其自由贸易伙伴的 B 国国内定价必然也为 $1/P$，而 A 国国内价格为 $(1+t)/P$；如果 A、B 两国发生贸易，则 A 国必定出口 Y 而进口 X，因 A 国的 X 对 B 国而言太贵，但 A 国国内 Y 的相对比价已降至 $P/(1+t)$，而 B 国 Y 的相对比价为 $P > P/(1+t)$，将对 A 国的 Y 产生无限需求，从而一定是不均衡的。

进一步，即使两国间缔结 RTA 后 A 国对 B 国施加的关税取消，但由于 A、B 两国本就不发生贸易，而是均从 C 国进口同种商品，则 RTA 完全无效。因此，要使 RTA 建立后对贸易有影响，那么前提是初始条件下 A、B 两国的贸易模式必须不同。当 A、B 两国进口不同种产品时，两国间才存在发生贸易的可能性。不失一般性，假设 A 国进口 Y 而 B 国出口 Y 。$M_1^A M_1^A$ 线代表 A 国以进口品价格为自变量的进口需求曲线，相应地，$M_1^{A'} M_1^{A'}$ 线代表 A 国以 B 、C 两国国内价格（不含关税）为自变量的进口需求曲线，二者之差为关税 t 。此外，$E_1^B E_1^B$ 线代表 B 国的出口供给曲线。在非歧视性关税 t 下，A 国的均衡进口量为 $DL = RS$ ，其中 B 国贡献 RH 。

二、缔结 RTA 后的各国贸易情况

当 A 、B 两国间缔结 RTA 后，A 国免除 B 国关税，而 RTA 的总福利损益取决于贸易创造与贸易转移这两种效应的相对大小。在新均衡下，A 国进口量扩张至 VG 并完全由 B 国供给。因此，B 国的福利损益取决于两方面：一是贸易条件改善；二是贸易规模扩大。从而，RTA 对 B 国福利的影响为正，总结为“贸易创造”效应。与此对应，A 国的福利损益也取决于两方面：一是贸易条件恶化（等价于关税收入损失）；二是国际价格与国内价格的扭曲得以纠正，导致消费者剩余增加。从而，正向作用与负向作用交织使 RTA 对 A 国福利的影响含混不清，其中因贸易条件恶化所造成的负向作用总结为“贸易转移”效应。

应注意到，图 4-1 的例子较为极端，因为在该模型的设定下，A 、B 两国缔结 RTA 后 C 国出口完全消失。如果要描述更一般的情形，则在 RTA 缔结后应并不妨碍 C 国保留部分出口。考虑一种情况：B 国的出口供给曲线 $E_1^B E_1^B$ 更加陡峭，与 A 国需求曲线 $M_1^A M_1^A$ 相交于 L 点左侧，RTA 建立后 A 国的国内价格仍为 P^A ，而且进口量仍为 DL ，B 国贸易条件虽有改善但出口增长十分有限，而 A 国由于自 B 国进口部分的贸易条件恶化，从而 RTA 的总福利损益为负的可能性更大。

三、福利提升型 RTA 的实现途径

那么，在保证外部世界（ C 国）福利至少不致恶化的前提下，能否设计出无论成员特性如何总能绝对获益的 RTA 范式？Kemp 和 Wan（1976）的分析表明，上述目标是有机会实现的（见图 4-2）。假设初始时 A 国对 B 、C 两国施加进口数量限制 GH ，并引导本国消费者对固定配额进行价格竞争，从而

在初始均衡下，A 国国内价格为 $G > P^C$ 点，此时 B 国贡献 GL，C 国贡献 LH。

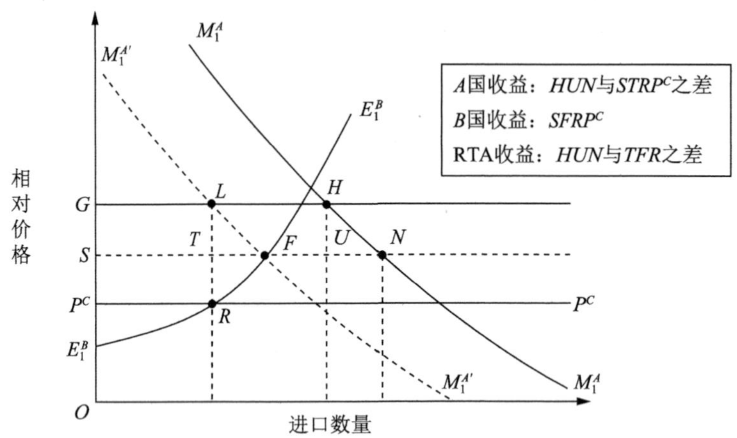

图 4-2　RTA 的经济效应：A、B 两国解除固定配额的情况

当建立 RTA 后，A 国免除对 B 国的数量管制，但仍保留对 C 国的管制，从而 A 国对 B 国的进口需求可以 $M_1^{A'}M_1^{A'}$ 线表示；新均衡下，A 国进口增至 SN，B 国贡献 SF。因此，B 国的福利损益取决于两方面：一是贸易条件改善；二是贸易规模扩大。A 国的福利损益也取决于两方面：一是面向 B 国出口部分的贸易条件恶化；二是国际价格与国内价格的扭曲有所缓解，从而消费者剩余因贸易规模提升而扩大。最终，虽然 A 国的福利损益仍不明确，但 B 国的福利提升可完全覆盖 A 国损失的部分，从而 RTA 内部的总体福利提升，并且外部世界不因此受损。

四、经典 Vinerian 框架呈现的经济学含义

以上两个范例表明，虽然两国缔结 RTA 后福利效应并不明确，但尚可根据现有结果总结出几条重要结论：①初始均衡下的非歧视关税 t 越高或数量管制越严，曲线 $M_1^AM_1^A$ 与 $E_1^BE_1^B$ 的交点就越有可能落在 L 点右侧，从而 RTA 的福利越有可能改善；②当 RTA 缔结后，对外部世界施以关税 t 越低或管制越松，则表现为 L 点越靠右，外部世界价格被低估产品的出口越不易被取代；③外部世界对 RTA 施加的关税越高，表现为 P^CP^C 线及 P^AP^A 线向上平移，FTA 的收益越大或受损越小；④A、B 两国越具有互补性，表现为 $M_1^AM_1^A$ 曲线

与 $E_1^B E_1^B$ 彼此分离程度越大，其交点越容易落在 L 点右侧，从而 RTA 福利结果越可能为正。

其中，前三条结论为“贸易自由化引致福利增益”的古典论点提供了支持。如果初始均衡下多边贸易自由化越彻底，则旨在局部自由化的 RTA 缔结后的效果及必要性就越会打折扣；如果缔结 RTA 后对关税削减的幅度越大，则成员所面临的国内价格与国际价格的扭曲因缓解而得到的额外好处就越可能超过其贸易条件的恶化程度；但如果缔结 RTA 后相对于多边世界的自由化程度越高，则越有能力阻止与外部世界发生经济互动，结果是使协定内成员贸易模式发生改变，而这种改变的结果或许将使成员丧失对更有效率进口品选择的自由。这一点给了人们非常重要的提示：如果发展中国家接受发达国家技术扩散或溢出的主要渠道是开放贸易，那么发展中国家间缔结南南型 RTA 带来的一个潜在风险是可能拒绝来自发达国家的效率更高的进口品及其背后更富有技术含量的生产方式，即技术。

第四条“互补性”结论亦具有重要启示意义，成为本书立论之本。

首先，可以借此结论管窥兴起于 20 世纪 60 年代的旧式区域主义浪潮。在此期间南南型 RTA 尝试鲜有成功，或许关键原因在于低收入成员间往往在产业结构上较为相似，从而在比较优势上相差无几，缔结 RTA 后排斥了来自外部世界更具效率的进口品，导致“贸易转移”效应大于“贸易创造”效应。与之对照，同时期由西欧发达国家创始的以欧洲经济共同体（European Economic Community，EEC）为代表的北北型贸易安排却大多成功，部分归因于高收入成员在产业结构上具有多样性，从而 RTA 缔结后关税及非关税壁垒削减对贸易的刺激不仅表现为产业间贸易的增长，还表现为产业内贸易的增长、跨国竞争与研发创新等。

其次，“互补性”还与国际经济学中另一高频术语“比较优势”具有十分类似的含义。自 Ricardo（1817）以来，国际经济学家始终将比较优势作为影响国家间贸易模式以及产业全球分布的重要因素，而对其作用机理的研究以及背后源泉的挖掘努力从未停息过。一般认为，主流学界主要遵循如下两条支线对比较优势进行研究，它们各自反映了对国家间生产效率差异的具体假定：①技术机会差异；②要素禀赋差异。因此，既然本书旨在探讨区域贸易协定对特定一方参与者——后发国家，即发展中国家福利的影响，则始终脱逃不出比较优势的分析范畴，本书亦将该重要概念贯穿始终。进一步地，针对现存理论对两种源泉的分析难以调和的缺点，本书试图进行综合考量。

第二节 RTA与基于技术条件差异的比较优势：Ricardian模型

仍然考虑一个两产品 X 和 Y，三国家 A、B、O（外部世界）的贸易模型（见图4-3）。延续上一节假设：A、B 两国的经济规模相对于外部世界国小，从而为价格接受者，以 X 为计价物，Y 的世界价格固定为 p_0；供给方面，三国均获得 X 和 Y 的生产技术，但 A、B 两国在 Y 生产上相对于外部世界处于比较劣势，从而有 $p_0 < p_B < p_A$，既反映各国以自有禀赋为基础的线性的生产可能性曲线，又表示各国在自给自足经济下均衡的国内价格；需求方面，A、B 两国消费者服从一致位似偏好（即在商品相对价格保持不变的情况下，收入预算的改变将导致消费者仍选择原有的商品消费结构），从而收入—消费曲线为直线，表现为对产品 X 和 Y 不变比例的消费组合；初始均衡下，三国对所有商品征收非歧视性从价关税 t，任何进口 Y 的国家国内价格为 $p_0(1+t)$，并有 $p_B < p_0(1+t) < p_A$。

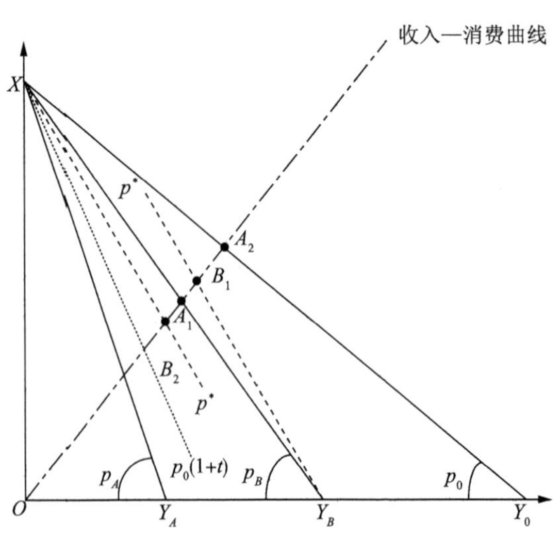

图4-3 Ricardian模型下RTA的经济效应

一、缔结 RTA 前各国的贸易情况

在上述假设的支持下，初始均衡下有如下重要结论：

1. B 国不会向外部世界或 A 国进口任何商品，将维持自给自足经济

（1）若均衡下 B 国进口 Y 出口 X，由于外部世界完全弹性供给，则 B 国国内价格一定为 $p_0(1+t)$；进口者本可节省为换取 1 单位 Y 而支付给外国 $p_0(1+t)$ 单位 X 所需资源，以本国技术生产 Y 获得原先进口量的 $p_0(1+t)/p_B>1$ 倍，使本国在 X 消费不变基础上 Y 数量增加，因此进口 Y 的机会成本太高而绝不是均衡。

（2）若均衡下 B 国进口 X 出口 Y，由于外部世界以低价 p_0 完全弹性供给，B 国只可能以不高于 A 国国内价格 $p_0(1+t)$ 向其出口 Y 但实际仅获得 p_0；出口者本可节省为换取 p_0 单位 X 而支付给外国该单位 Y 所需资源，以本国技术生产 X 获得原先进口量的 $p_B/p_0>1$ 倍，使本国在 Y 消费不变基础上 X 数量增加，因此进口 X 的机会成本太高而绝不是均衡。

2. A 国会向外部世界进口 Y 出口 X

假设 A 国与外界不发生贸易，即维持 A 国自给自足并承受国内价格 p_A，则外部世界以任何 $p_A>p>p_0(1+t)$ 的价格 p 倾销使 p_A 无法维持，或者 A 国 1 单位 Y 的所有者本可节省生产该单位产品所需资源，并以本国技术生产 p_A 单位 X，与外部世界进行贸易即可获得 $p_A/p_0(1+t)>1$ 单位 Y，从而绝不是均衡的。因此如果 A 国要达到均衡，则一定是以进口 Y 为前提，此时国内价格为 $p_0(1+t)$。更重要的是，由于该模型中生产可能性曲线的线性特征，A 国必须将所有资源全部用于 X 生产（完全专业化地生产 X）并出口 Y，从而通过与国外贸易使 A 国的生产可能性曲线（或称商品交换曲线）“再造”为 p_0，而非 $p_0(1+t)$。

综上，初始均衡下 B 国福利不及 A 国（$OA_1<OA_2$），原因在于其无法利用自身在 X 生产上的比较优势与外部世界发生贸易，从而无法享受外部世界在 Y 生产上的更高效率。换言之，征收关税引致 B 国国内价格与国际价格之间的扭曲，从而导致低效率。反观 A 国，由于在 X 生产上具有足够的比较优势，可将对 Y 的需求完全诉诸更有效率的贸易，从而征收关税并未导致 A 国

福利发生损失。

二、缔结 RTA 后各国的贸易情况

与上一节结论相符，正是由于初始均衡下 A 、B 两国贸易模式不同，两国间建立 RTA 才有可能发挥效力。当缔结 RTA 后，A 、B 两国相互免除关税，但保留对外部世界的关税，从而共同价格 p^* 需满足 $p_B \leqslant p^* \leqslant p_0(1+t)$ 。证明过程如下：

（1）如果新均衡下有 $p^* \leqslant p_B < p_0(1+t)$ ，则 A 国将以全部资源用于 X 生产（完全专业化地生产 X ）并从 B 国进口 Y，从而 A 国国内的生产可能性曲线（或称商品交换曲线）“再造”为 p^* 。上式又可分为 $p^* < p_B$ 和 $p^* = p_B$ 两种情况。

1）如果 $p^* < p_B < p_A$ ，A 、B 两国都将以全部资源用于 X 生产（完全专业化地生产 X ）并进口 Y，从而只有 RTA 内部贸易时市场无法出清，而引出外部世界时，$p^* < p_0(1+t)$ 导致外部世界完全无 Y 供给，从而绝不是均衡的。

2）如果 $p^* = p_B$ 且贸易仅在 RTA 成员间发生，则初始不存在贸易的 B 国必须在其线性的生产可能性曲线 XY_B 上找到与自给自足经济下均衡时效用水平（也在生产可能性曲线上）相等的另一均衡。那么，生产可能性曲线是否可与同一条无差异曲线拥有超过一个切点？如果偏好严格凸时，答案即否。当偏好非严格凸时，只有当无差异曲线为斜率绝对值为 p_B 的直线，即平行于 B 国生产可能性曲线时，新均衡才有存在的可能。如果进一步引入外部世界，由于均衡下 $p_0(1+t)/p^* > 1$，进口 Y 的机会成本太高，所以 A 、B 两国均不与外部世界发生贸易。因此，均衡价格保持在 $p^* = p_B$ 当且仅当无差异曲线为斜率绝对值为 p_B 的直线，此时自给自足无法满足，贸易在成员间发生。

（2）如果新均衡下有 $p^* \geqslant p_0(1+t)$ ，亦可细分为 $p^* > p_0(1+t)$ 或 $p^* = p_0(1+t)$ 两种情况。

1）如果 $p^* > p_0(1+t)$ ，A 、B 两国的 X 所有者将对 Y 的需求完全诉诸进口（完全专业化生产 X ），导致 RTA 内价格 p^* 将因外部世界倾销而无法维持，从而绝不是均衡的。

2）如果 $p^* = p_0(1+t)$ ，若没有 B 国，则 A 国与外部世界的贸易情况上

文已做讨论，A 国将所有资源投入 X 生产（完全专业化生产 X）并进口 Y，并"再造"其生产可能性曲线（或称商品交换曲线）为 p_0。但由于 RTA 伙伴 B 国及其生产技术 $p_B < p^*$ 的引入，B 国将所有资源投入 Y 生产（完全专业化生产 Y）并进口 X。若贸易伙伴为外部世界，B 国的 Y 出口者获得 p_0 而非 $p^* = p_0(1+t)$，这将促使其将贸易向 A 国转移。竞争作用促使 B 国的 Y 出口者定价 p 并满足 $p_B < p \leqslant p^* = p_0(1+t)$，只需略低于 $p_0(1+t)$ 便可完全替代外部世界贸易。从而均衡价格保持在 $p^* = p_0(1+t)$ 是可能的。

综上，若 A、B 两国缔结 RTA 后存在均衡 p^*，则必有 $p_B \leqslant p^* \leqslant p_0(1+t)$。特殊地，如果均衡在 $p_B < p^* < p_0(1+t)$ 下获得，则一定有如下结果：B 国专业化生产 Y 并进口 X，A 国专业化生产 X 并进口 Y，外部世界出口被完全替代。

三、区域贸易协定在 Ricardian 模型下呈现的经济学含义

以上论证过程表明，在基于技术条件差异的比较优势基础上，A、B 两国缔结 RTA 将引致贸易创造效应，获益者为 B 国（消费从 A_1 到 B_1）。归因为 B 国出口 Y 时：①贸易条件改善，即 $p^* > p_B$；②贸易规模扩大。尽管该均衡下 B 国以 Y 为专业化的生产结构，以及衍生的贸易模式与潜在的多边自由贸易下以 X 为专业化的生产结构与贸易模式方向相反，但上述两方面的收益仍旧存在。同时，A、B 两国缔结 RTA 将引致贸易转移效应，受损者为 A 国（消费从 A_2 到 B_2）。归因为 A 国出口 X 时：①贸易条件恶化，即 $1/p^* < 1/p_0$；②价格扭曲纠正导致贸易规模扩大。由于后一种正向效应不能覆盖前一种负向效应，从而 A 国的福利变化为负，这归因于它将贸易转移至更为低效的伙伴 B 国。

上述论证过程引发一个重要的提示：当缔结 RTA 后，在比较优势方面与世界平均水平相差最为悬殊的"极端"成员最有可能受损，而与世界平均水平仅有温和差异的"中等"国家则更有希望获益，这是因为"中等"国家在与"极端"国家及外部世界贸易时产品替代性不大，因此不太容易受到贸易转移的负向影响。

第三节 RTA与基于禀赋结构差异的比较优势：Heckscher-Ohlin模型

作为关于比较优势来源的一种假说，上述Ricardian模型能够清楚揭示出，存在技术机会差异的成员间缔结区域贸易协定后，引致的贸易转移与贸易创造效应及其福利影响。但该模型的结论囿于极端，尤其是区域贸易协定建立后，成员以完全专业化的生产结构与贸易模式进行呈现，俨然建立起“独立王国”，而外部世界反被完全排除在外，这些特征与现实经验并不相符。

此外，上述模型仅有能力解释当成员以技术条件为基础，表现出比较优势位于世界平均水平同一侧时的情形，即专注于南南型或北北型协定，对当前“新区域主义”浪潮下流行的、发达国家与发展中国家间建立的南北型RTA解释无力。究其原因，在于Ricardian模型对可贸易产品X与Y的假定过于抽象，认为不同国家生产的同类型产品完全同质，从而抽象掉了国家特性以及厂商的产品定价权。因此，必须对上述模型做进一步扩展，建立一个各国都不至于完全专业化的一般模型，并将国家间比较优势源泉的考察重点由技术机会转移至禀赋结构。

本节构建的模型是对Heckscher-Ohlin模型（Heckscher，1919；Ohlin，1933）相关要点的概括。考虑一个两产品X和Y，三国家A、B、外部世界，两要素S和U的贸易模型，其中要素S为熟练劳动，而要素U为非熟练劳动。假设：①外部世界相对于A、B两国规模很大，并且两种要素的禀赋数量相同；②A、B两国的要素禀赋不但彼此不同，与外部世界也存在差异，这些禀赋在结构上的差异构成各国比较优势；③不同国家的相同行业拥有一致的生产技术，而不同行业间在使用两种要素上拥有相异密集程度；④尤其重要的是，各国消费者对来自不同原产地的同类型产品保有多样性偏好。设立最后一个假设的目的在于，使小国产品价格不再像Ricardo模型中那样，完全由外部世界同质产品的完全弹性供给决定，从而在维持各行业生产技术的规模报酬不变（一阶齐次生产函数）、产品市场完全竞争结构等新古典特征的同时，允许不同国家在禀赋报酬上存在差异，从而在均衡下采取不同的技术范式选择，即维护生产过程的非标准性。

一、缔结 RTA 后 Heckscher-Ohlin 模型中个体的经济行为

在本模型中，各国消费者对不同原产地产品的多样性偏好统一以阿明顿假设（Armington Assumption）进行刻画，即基于不变替代弹性（Constant Elasticity Substitution，CES）型内层效用函数对来自不同原产地的同类型产品进行选择，并将产品差异化程度设置为最低水平，即将需求替代弹性参数设为 $\sigma=50$。为便于求解，将 Cobb-Douglas 形式引入外层效用函数和生产函数并作为框架，而且刻意在生产与消费两方面引入对称性。假设：①两个行业要素密集度恰好对调，并令要素产出弹性 $\lambda=0.25$；②消费者在两行业上支出份额完全相同，即令参数 $\alpha=0.5$。从而分别探讨一般均衡下消费者与厂商两部门行为的必要条件。

（一）消费者部门

假设效用函数为

$$u_i=(M_i^k)^{\beta}(M_i^j)^{1-\beta}\quad i=0,\ A,\ B;\ k,\ j=x,\ y,\ k\neq j;\ \beta=0.5 \tag{4-1}$$

其中，M_i^x、M_i^y 分别表示 i 国消费者对来自三个国家的 X、Y 两类型产品的综合消费指数，并有

$$M_i^k=[(q_{0i}^k)^{\rho}+(q_{Ai}^k)^{\rho}+(q_{Bi}^k)^{\rho}]^{1/\rho}\quad i=0,\ A,\ B$$

$$k=x,\ y;\ \rho=\frac{\sigma-1}{\sigma};\ \sigma=50 \tag{4-2}$$

其中，q_{ji}^k 表示在 $j(j=0,\ A,\ B)$ 国生产并出口至 i 国消费的 k 种类产品数量。从而可将直接效用函数 $u_i=u(M_i^x,\ M_i^y)$ 改写成支出函数 $e_i=e(G_i^x,\ G_i^y,\ u_i)$ 形式。目标函数为

$$\begin{aligned}&\min e_i=\sum_{k=x,\ y}G_i^kM_i^k\\&\text{s.t. } u_i=(M_i^x)^{1/2}(M_i^y)^{1/2}\end{aligned} \tag{4-3}$$

为求解上式中静态最优化问题，构建拉氏方程（Lagrange Function）得

$$\Psi(M_i^x,\ M_i^y,\ \lambda)=\sum_{k=x,\ y}G_i^kM_i^k+\lambda[u_i-(M_i^x)^{1/2}(M_i^y)^{1/2}] \tag{4-4}$$

则有数项一阶必要条件（First Order Condition），分别为

$$\frac{\partial \Psi(M_i^x, M_i^y, \lambda)}{\partial M_i^x} = 0 \rightarrow G_i^x = \lambda \left(\frac{M_i^y}{M_i^x}\right)^{1/2} \tag{4-5a}$$

$$\frac{\partial \Psi(M_i^x, M_i^y, \lambda)}{\partial M_i^y} = 0 \rightarrow G_i^y = \lambda \left(\frac{M_i^y}{M_i^x}\right)^{-1/2} \tag{4-5b}$$

$$\frac{\partial \Psi(M_i^x, M_i^y, \lambda)}{\partial \lambda} = 0 \rightarrow u_i = (M_i^x)^{1/2} (M_i^y)^{1/2} \tag{4-5c}$$

则有

$$\frac{G_i^x}{G_i^y} = \frac{M_i^y}{M_i^x} \rightarrow M_i^x = \frac{G_i^y M_i^y}{G_i^x},\ M_i^y = \frac{G_i^x M_i^x}{G_i^y} \tag{4-6}$$

写作希克斯需求函数（Hicks Demand Function）形式，得到

$$M_i^x = \frac{(u_i)^2}{M_i^y} = \frac{(u_i)^2 G_i^y}{G_i^x M_i^x} \rightarrow M_i^x = u_i \cdot \left(\frac{G_i^y}{G_i^x}\right)^{1/2} \tag{4-7}$$

整理，得到

$$M_i^y = \frac{(u_i)^2}{M_i^x} = \frac{(u_i)^2 G_i^x}{G_i^y M_i^y} \rightarrow M_i^y = u_i \cdot \left(\frac{G_i^x}{G_i^y}\right)^{1/2} \tag{4-8}$$

从而有

$$e_i = \sum_{k=x,\ y} G_i^k M_i^k = 2u_i \cdot (G_i^x G_i^y)^{1/2} \cdot i = 0,\ A,\ B \tag{4-9}$$

其中，G_i^k 表示 i 国消费者面对的 k 产品的综合价格指数。由 CES 效用函数特征，可知价格指数 G_i^k 表示为

$$G_i^k = \left[(p_i^k)^{1-\sigma} + (tp_j^k)^{1-\sigma} + (Tp_0^k)^{1-\sigma}\right]^{\frac{1}{1-\sigma}}$$

$$i = 0,\ A,\ B;\ k = x,\ y;\ \sigma = 50 \tag{4-10}$$

其中，p_i^k 表示 i 国 k 种类产品的离岸价格，并且由于完全竞争的市场结构，它等于单位成本 c_i^k；t 表示区域贸易协定内部关税水平，T 表示 RTA 外部的关税水平，初始时参数 $t = T = 1.3$，而缔结 RTA 后参数变为 $t = 1$，$T = 1.3$。

（二）厂商部门

由前述假设，两部门生产函数分别为

$$q_i^x = A^x (u_i^x)^{\lambda} (s_i^x)^{1-\lambda} \quad i = 0,\ A,\ B;\ \lambda = 0.25 \tag{4-11a}$$

$$q_i^y = A^y (u_i^y)^{1-\lambda} (s_i^y)^{\lambda} \quad i = 0,\ A,\ B;\ \lambda = 0.25 \tag{4-11b}$$

其中，q_i^k 表示 i 国 $k(k=x, y)$ 产品的总产量，u_i^k、s_i^k 分别表示 i 国生产该类型产品耗用的非熟练劳动与熟练劳动数量，A^k 为 k 产品技术参数。从而由 C-D 函数特征，对不同种类产品单位做必要调整后，总能将离岸价 p_i^k 或单位成本 c_i^k 写作

$$p_i^k = c_i^k = (w_i)^{\lambda}(v_i)^{1-\lambda} \quad i=0, A, B; k=x, y; \lambda=0.25 \tag{4-12}$$

其中，w_i、v_i 分别表示 i 国要素 U 和 S 的单位报酬。

由谢泼德引理（Shephard Lemma，实质为包络定理），得到

$$S_i = \frac{\partial c^x}{\partial v_i} \cdot q_i^x + \frac{\partial c^y}{\partial v_i} \cdot q_i^y$$

$$U_i = \frac{\partial c^x}{\partial w_i} \cdot q_i^x + \frac{\partial c^y}{\partial w_i} \cdot q_i^y$$

$$i=0, A, B \tag{4-13}$$

特殊地，对于具有相同数量禀赋 $S_i^0 = U_i^0$ 的外部世界 0，有

$$(1-\lambda)\left(\frac{w_0}{v_0}\right)^{\lambda} \cdot q_0^x + \lambda\left(\frac{w_0}{v_0}\right)^{1-\lambda} \cdot q_0^y = \lambda\left(\frac{w_0}{v_0}\right)^{\lambda-1} \cdot q_0^x + (1-\lambda)\left(\frac{w_0}{v_0}\right)^{-\lambda} \cdot q_0^y \tag{4-14}$$

整理，得到

$$\left[(1-\lambda)\left(\frac{w_0}{v_0}\right)^{\lambda} - \lambda\left(\frac{w_0}{v_0}\right)^{\lambda-1}\right] \cdot q_0^x = \left[(1-\lambda)\left(\frac{w_0}{v_0}\right)^{-\lambda} - \lambda\left(\frac{w_0}{v_0}\right)^{1-\lambda}\right] \cdot q_0^y \tag{4-15}$$

从而

$$\frac{q_0^x}{q_0^y} = \frac{\left[(1-\lambda)\left(\frac{w_0}{v_0}\right)^{-\lambda} - \lambda\left(\frac{w_0}{v_0}\right)^{1-\lambda}\right]}{\left[(1-\lambda)\left(\frac{w_0}{v_0}\right)^{\lambda} - \lambda\left(\frac{w_0}{v_0}\right)^{\lambda-1}\right]} \tag{4-16}$$

另外，由于假设各国消费者在两行业上支出的份额完全相等，并且外部世界（0）相对于 A、B 两国非常大，可近似认为其不同种产品的国内价格等于消费物价 $p_0^k = G_0^k$，并且不同种产品消费量近似等于国内产量，从而有 $p_0^x q_0^x =$

$p_0^y q_0^y$。又由于两种产品遵循完全竞争的市场结构，不同种产品价格等于生产成本，即

$$p_0^x = c_0^x,\ p_0^y = c_0^y \tag{4-17}$$

从而有

$$\frac{q_0^x}{q_0^y} = \frac{c_0^y}{c_0^x} = \left(\frac{w_0}{v_0}\right)^{1-2\lambda} \tag{4-18}$$

将式（4-16）与式（4-18）联立，得到

$$(1-\lambda)\left(\frac{w_0}{v_0}\right)^{-\lambda} - \lambda\left(\frac{w_0}{v_0}\right)^{1-\lambda} = \left[(1-\lambda)\left(\frac{w_0}{v_0}\right)^{\lambda} - \lambda\left(\frac{w_0}{v_0}\right)^{\lambda-1}\right]\cdot\left(\frac{w_0}{v_0}\right)^{1-2\lambda} \tag{4-19}$$

从而有

$$(1-\lambda)\left(\frac{w_0}{v_0}\right)^{-\lambda} - \lambda\left(\frac{w_0}{v_0}\right)^{1-\lambda} = (1-\lambda)\left(\frac{w_0}{v_0}\right)^{1-\lambda} - \lambda\left(\frac{w_0}{v_0}\right)^{-\lambda} \tag{4-20}$$

整理，得

$$\left(\frac{w_0}{v_0}\right)^{-\lambda} = \left(\frac{w_0}{v_0}\right)^{1-\lambda} \rightarrow w_0 = v_0 \tag{4-21}$$

从而有

$$c_0^x = c_0^y \rightarrow \frac{c_0^x}{c_0^y} = 1 \Leftrightarrow \frac{p_0^x}{p_0^y} = 1 \tag{4-22}$$

从而，在缔结 RTA 前后的两个均衡下，外部世界（0）的 X 与 Y 产品之间相对比，价格始终恒定为 1。以外部世界的产品 X 为计价物，可将式（4-10）改写为

$$G_i^k = \left[(p_i^k)^{1-\sigma} + (tp_j^k)^{1-\sigma} + T^{1-\sigma}\right]^{\frac{1}{1-\sigma}}$$
$$i = 0,\ A,\ B;\ k = x,\ y;\ \sigma = 50 \tag{4-23}$$

（三）均衡条件

当产品市场与要素同时出清时，要求 i 国收入分配为

$$m_i = w_i U_i + v_i S_i + p_j^x q_{ji}^x (t-1) + p_j^y q_{ji}^y (t-1) + q_{0i}^x (T-1) + q_{0i}^y (T-1) \tag{4-24}$$

这是因为，首先

$$A_1 = w_iU_i + v_iS_i - (p_j^x q_{ji}^x + p_j^y q_{ji}^y + q_{0i}^x + q_{0i}^y) \tag{4-25}$$

其中，A_1 表示 i 国将本国产品以不变的贸易条件（Terms of Trade）与其他国发生贸易后，本国消费的剩余数量。

其次，以外国产品在 i 国的到岸价表示的部分为

$$A_2 = p_j^x q_{ji}^x t + p_j^y q_{ji}^y t + q_{0i}^x T + q_{0i}^y T \tag{4-26}$$

其中，A_2 表示以本国价格体系为基础的外国商品价值，因此 i 国的总收入应等于

$$m_i = w_iU_i + v_iS_i + p_j^x q_{ji}^x(t-1) + p_j^y q_{ji}^y(t-1) + q_{0i}^x(T-1) + q_{0i}^y(T-1) \tag{4-27}$$

从而有

$$m_i = A_1 + A_2 \tag{4-28}$$

得证。

二、缔结 RTA 后 Heckscher-Ohlin 模型下的数值模拟结果

在初始均衡下，无论原产地还是产品类型如何，A、B 两国的所有进口品都面临相同关税，从而 A、B 两国的国内均衡产出、要素报酬比率与特定贸易模式，一同反映了这些关税和各国要素丰度比例的差异。关键问题在于：当 A、B 两国建立区域贸易协定后彼此取消关税，但依然保留对外部世界的关税时，相对于彼此以及外部世界的固有禀赋结构，特征将如何决定最终的均衡结果。

具体地，本书运用数值模拟方法，并将分析结果以图 4-4—图 4-6 进行呈现。其中，轴线度量 A、B 两国生产要素丰度比，后者表示与外部世界单位 1 的禀赋结构之间的差异程度。从而在图 4-4 和图 4-5 中，令 $S_i + U_i = 1(i = A, B)$。各国相对于外部世界的要素丰度取决于 S_i/U_i 大于还是小于 1，而区域贸易协议成员 A、B 两国间的要素丰度以向右上倾斜的对角线进行衡量：在对角线上方，B 国在熟练劳动要素 S 上相对 A 国更加丰裕，反之亦然。最后，轮廓线 00 表示能确保区域贸易协定建立前后的福利结果相同，即无变化的 A、B 两国禀赋结构的可行集合。

（一）实验1：两国效用变化比例的横向比较

图4-4揭示出缔结区域贸易协定后，A 国效用的变化比例减去 B 国效用的变化比例的轮廓线。其中，标记为00的粗体实线为零轮廓线，并且整个平面呈现鞍形。当 A 国变化优于 B 国变化时标记为“+”，而当 A 国变化劣于 B 国变化时则标记为“-”。

首先，考虑 A、B 两国落在外部世界禀赋结构同一侧的情形可以分为两种情况：在左下象限，A、B 两国相比外部世界均在非熟练劳动要素 U 上相对丰裕，而当且仅当 A 国相比 B 国在非熟练劳动要素 U 上更加丰裕时，$S_B/U_B > S_A/U_A$，如在对角线上方 A 点，A 国相对于 B 国的境遇更差；在右上象限，A、B 两国相比外部世界均在熟练劳动要素 S 上相对丰裕，而当且仅当 A 国相比 B 国在熟练劳动要素 S 上更加丰裕时，$S_A/U_A > S_B/U_B$，如在对角线下方 B 点，A 国相对于 B 国更受损失。上述两种情况的共同之处在于，与世界平均水平相比，禀赋结构更“极端”的国家（A 国）总是遭受较坏结果，原因是其贸易模式发生改变，本由外部世界进口的份额被大量转移至禀赋结构“中间”国家（B 国）。这一贸易模式的转变若从区域贸易协定内部的比较优势这一视角来看是合理的，但放至全世界却是低效率的。该结论与之前 Ricardian 模型的预测结果一致。

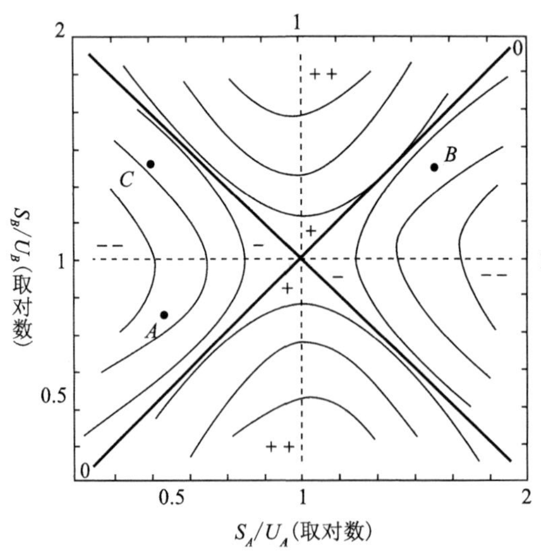

图4-4　H-O模型下区域贸易协定的经济效应：相对效用变化

其次，考虑 A 、B 两国落在外部世界禀赋结构不同侧的情形。沿着向右下方倾斜的对角线将找到另一条零轮廓线 00，在该线上 A 、B 两国相比外部世界为 1 的禀赋结构在偏离程度上相互对称，从而在缔结区域贸易协定后将经历相同比例的福利变化。在该条零轮廓线以下，禀赋结构更接近于世界平均水平的国家相对获益。例如，在点 B 处，S_A/U_A 与 1 之间的水平距离大于 S_B/U_B 与 1 之间的垂直距离，从而 A 国是相对受损的一方。直观的原因为，尽管 A 国的区域贸易协定伙伴 B 国相对于世界平均水平来说，在熟练劳动要素 U 上相对丰裕，但 A 、B 两国作为一个整体的 RTA 内部，仍因 A 国拖累而保持在非熟练劳动要素 U 上相对稀缺。从而，A 国经历贸易转移，对非熟练劳动要素 U 相对密集的产品的采购，从外部世界转移到协定伙伴 B 国，接受低效率的生产技术。

那么，以上结论在多大程度上有效？是否依赖于某些特殊设定？通过替换不同参数组进行深入分析，本书发现如果生产过程仅耗用两种要素，则平面图通常确定为鞍形；另外，无论参数组具体如何选择，自原点向右上方倾斜的对角线 00 始终是零轮廓线，因为沿着该线 A 、B 两国要素禀赋结构始终相同。然而第二条零轮廓线却不必然是直线，也不必然总向下倾斜。具体来说，图 4-4 中第二条零轮廓线重合于向右下方倾斜的对角线，仅是对生产和消费间对称性假设的结果。

（二）实验 2：一国效用变化比例的纵向比较

本书以 A 国为对象进行单个国家研究。图 4-5 揭示出缔结区域贸易协定后，A 国效用变化比例的轮廓线。与图 4-4 中相对效用分析的结果十分类似，该平面图也呈鞍形。而不同点在于，零轮廓线 00 不再与向右上方倾斜的对角线相重合，而是沿着该对角线在 A 、B 两国禀赋结构完全相同的条件下，仍有较为微小的福利提升，这一新特征归因于两国消费者的多样性偏好得到更好的满足。但图 4-5 呈现的结论与图 4-4 大体相同：A 国相对 B 国损失的区域一般也是绝对损失区域。因此，如果 A 国继续保持比其区域贸易协定内伙伴 B 国更极端的不同于外部世界的禀赋结构，则 A 国仍会因此而遭遇贸易转移，导致福利损失。

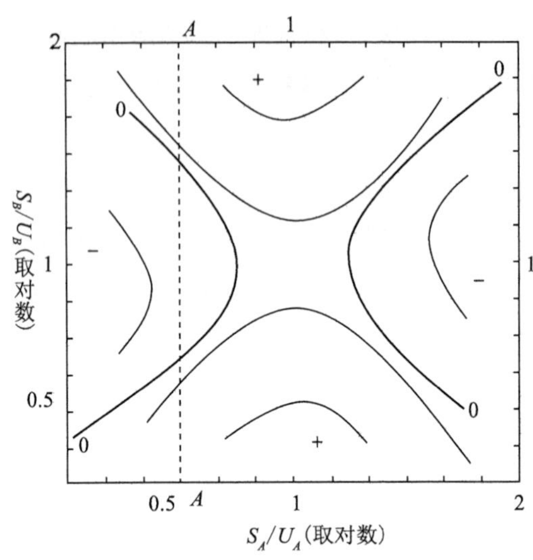

图 4-5　H-O 模型下 RTA 的经济效应：*A* 国的绝对效用变化

另外，当 *A* 国以特定禀赋结构为基础时，其 RTA 伙伴 *B* 国的禀赋结构变化将如何影响 *A* 国福利？图 4-5 中的 *AA* 线将 *A* 国禀赋结构固定在非熟练劳动 U_A 相对丰裕的某个配置点，通过沿 *AA* 线上下滑动为 *B* 国选择不同的配置点进行考察，可获得 *A* 国自身福利的变化结果。当考察点由下向上不断滑动时，表示其伙伴 *B* 国由非熟练劳动 U_B 相对丰裕向世界平均水平的方向过渡，并继续过渡至熟练劳动 S_B 相对丰裕的总过程。在此过程中，*A* 国先是表现为福利恶化，表示逐渐沦为要素禀赋结构"极端"国家后，遭受贸易转移效应；然后表现为福利提升，表示因伙伴 *B* 国逐渐替代自身成为要素禀赋结构"极端"国家后，因 RTA 内贸易量增加而获得贸易创造效应。

（三）实验 3：一国人均收入对其福利变化比例的影响研究

为探索缔结 RTA 的成员间人均收入高低差异对福利变化的影响，重新设定 S_i 与 U_i 之间的关系（见图 4-6）。具体地，将 *A*、*B* 两国的非熟练劳动要素禀赋数量固定至 $U_i = \overline{U}_i = A, B$，并拨出其中 $S_i/\overline{S}$ 部分，使其不但拥有 1 单位非熟练劳动 U 还拥有 $\overline{S}$ 单位熟练劳动 S，而另外 $1 - S_i/\overline{S}$ 部分只拥有 1 单位非熟练劳动 U。因此，拥有越高 $S_i/\overline{S}$ 比例的 i 国 S_i/U_i 越高，从而其国内人均收入越高，国民越富有。这里存在的潜在问题是：在缔结 RTA 后的均衡下，*A*、*B* 两国的要素禀赋报酬可能不相同，但消费者的需求是由 CES 效用函数来呈现对称性的。因此，拥有更多 S_i 的国家与其伙伴国相比，总能获得更多收入（以效用衡量）。例如，当 i 国由 $S_i/U_i=0.5$ 移动至 $S_i/U_i=2$ 时提高了熟练劳动的禀赋，并近乎使人均收入翻倍。

该设定下，数值模拟结果传递三个信息：一是由两个低收入国家缔结 RTA 将使二者的实际收入趋于发散。考虑图 4-6 中 A 点，它表示 A 国熟练劳动要素 S_A 以及人均收入均不及 B 国，从而当 A、B 两国间缔结区域贸易协定后，A 国福利恶化。B 国福利并未直观标注在图 4-6 中，但可通过讨论其对称点 A' 的福利状况进行类比（向右平移），显示中等低收入国家因与极端低收入国家缔结 RTA 而获得福利改善，从而与极端低收入国家之间在经济发展上的差距越发拉大。

二是由两个高收入国家缔结 RTA 将使二者的实际收入趋于收敛。考虑图 4-6 中 B 点，它表示 A 国的熟练劳动 S_A 以及人均收入超过 B 国，从而当 A、B 两国间缔结区域贸易协定后，A 国福利恶化。同样地，B 国福利并未直观标注在图 4-6 中，但可通过讨论其对称点 B' 的福利状况进行类比（向左平移），显示中等高收入国家因缔结 RTA 而获得福利改善，从而与极端高收入国家差距趋于收敛。

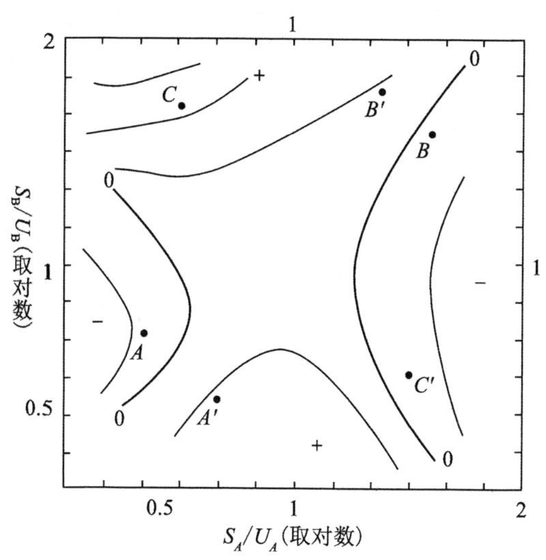

图 4-6　H-O 模型下 RTA 的经济效应：低收入国家的绝对效用变化

三是人均收入较低的发展中国家与人均收入较高的发达国家间缔结

RTA，将如何影响两国福利水平的相对变化呢？考虑图 4-6 中 C 点，表示 A 国的熟练劳动 S_A 以及人均收入远不及 B 国，从而当 A、B 两国间缔结 RTA 后，A 国福利改善。同样地，B 国福利并未直观标注在图 4-6 中，但可通过讨论其对称点 C' 的福利状况进行类比（向右平移），显示发达国家因与发展中国家建立 RTA 而导致福利恶化，从而发展中国家与发达国家在静态福利状况（实际收入）上趋于收敛。

三、 区域贸易协定在 Heckscher-Ohlin 模型下呈现的经济学含义

综合以上三个实验的各自结果，得到主要结论：理论上，有理由认为低收入特征的发展中国家间缔结区域贸易协定，可能导致成员间实际收入水平（或福利水平）趋于发散，其中中等低收入国家可能受益，但以牺牲极端低收入国家的福利为代价。但是，包含有高收入发达成员的区域贸易协定，更有可能导致成员间的实际收入水平趋于收敛。从这个角度说，南北型协定可能比南南型协定能更好地服务于低收入发展中国家。

造成这种结果的原因在于南北型协定拥有两大优势：一大优势为贸易创造效应更大而贸易转移效应更小，因其作为一个整体表现出熟练劳动要素 S 丰度高于世界平均水平，从而相对于与外部世界贸易，RTA 内贸易能使发展中国家获得更有效率的产品；另一大优势为贸易条件的改善，因为发达国家的高收入意味着对发展中国家产品的高需求，从而缔结 RTA 后贸易更集中于伙伴国内，使发展中国家完全可以利用其禀赋结构优势生产合适产品，并获得更大程度的市场定价权，从而对其贸易条件改善有所裨益。上述结论还表明：一个中等低收入发展中国家应力避与一个更接近世界平均水平的国家缔结区域贸易协定，以防止贸易转移的扩大化。

本书已在最早由乌干达、肯尼亚和坦桑尼亚三国于 1967 年缔结的东非共同体（East African Community，EAC）案例中，讨论过低收入国家缔结的南南型 RTA 类案例。而高收入国家的北北型 RTA 类案例可能是同属于欧盟的法国和葡萄牙。由于法国相对富足，即拥有更高人均收入，那么与从外部世界进口非熟练劳动 U 密集的产品相比较，它从在同类产品上相对法国具有比较优势但劣于外部世界的葡萄牙进口更经济；1980 年欧共体纳入葡萄牙，导致法

国遭受贸易转移，但对于中等高收入国家葡萄牙而言，缔结协定导致它的贸易条件改善，引发贸易创造效应，从而自法国进口的 S 密集型产品增加，而且法国 S 密集型产品价格低于世界价格。因此，在这种由高收入国家间缔结的 RTA 中，表现出高收入国家遭受贸易转移，低收入国家经历贸易创造，从而经济趋于收敛的现象。

第四节　RTA 与基于空间分布的集聚现象：中心—外围模型

当然，比较优势的国别差异并不是缔结区域贸易协定后，经济活动重新分布，以及贸易模式发生调整的唯一推动因素。随着内向型经济的发展，“累积因果关系”机制将开始生效，导致经济活动空间聚集（或集聚），并不断扩大具有领先优势区位的优势，形成“自增强”循环。现实中，经济活动的空间集聚普遍存在，如城市的兴起和繁荣便是因企业、工人和消费者能够通过在地理上的彼此靠近而受益来自发完成的。特定类型的活动经常聚集在一起发生，最引人注目的例子是美国硅谷的半导体产业、好莱坞的电影工业以及华尔街的投资银行业等。聚集也发生在许多制造业之中，如美国底特律地区汽车制造业、中国珠三角加工贸易产业集群、日本的消费电子产业集群等。

本书对经济活动集聚的分析以“向心力”和“离心力”为起点，前者可看作鼓励工商企业彼此靠近的所有因素，后者可看作鼓励它们相对扩散的所有隐私，并且两种力的平衡结果决定了经济集聚。问题是，缔结区域贸易协定后，成员资格是否会打破这种均衡，促进经济活动以其他模式集中或分散。

向心力通常分为三组：①知识溢出或其他有益的技术外部性，使公司有吸引力并彼此靠近。提出该理念的经济学家马歇尔的原话是：“交易的奥秘不再神秘，而是在空中游荡……”②劳动力市场汇集效应，鼓励企业落户在可以从当地劳动技能中受益的区位，也许可以通过将熟练劳动力吸引至远离现有企业的地方这种方式建构这种优势。③买卖双方之间“关联”，当其他条件相同时，厂商希望明确客户所在位置，而客户希望靠近供应商。这些联系就是 Hirschman（1958）提出的“后向”（即需求关联）和“前向”（即供应关联)。它们在不同厂商区位决策之间建立了正相关关系，这可能产生累积因果关系过程，从而形成经济活动聚集。

向心力或称凝聚力既可以表现在总体水平上，也可以发生在狭义水平上。例如，全社会总需求产生后向联系，将所有公司吸引到市场规模巨大的区位。某些集聚力能影响广泛的商业活动，如基本工业劳动技能的提供，或获得金融和电信等商业服务。相比之下，其他向心力在空间上更加集中。影响特定技术的知识溢出，或高度专业化投入的可用性可能在狭义的行业层面发生。在这种情况下，向心力作用于狭义界定的聚集部门，而不是整个制造业的集群。

构成离心力并促使经济活动分散的因素，包括拥堵、污染或其他可能与经济活动集中有关的外部因素。对不可移动要素的竞争将阻止集聚，因为在经济活动中心区位的要素价格，如土地价格以及劳动力价格都会大幅提升。此外，位于经济活动中心以外的消费者需求也是离心力之源，地理上分散的消费者将鼓励生产者趋于分散，特别是在贸易壁垒或运输成本较高的情况下更是如此。那么，区域贸易协定成员资格如何颠覆向心力与离心力之间的平衡？成员资格是否会导致或扩大经济活动集聚？如果可能，是否会扩大伙伴国之间的收入差距？

通过减少国家间贸易壁垒，RTA 成员更容易也更倾向于凭借少数原产地或工业基地包揽全部成员消费者需求。这表明，尽管随后工业活动的重新定位可能以几种不同的方式展开并发展，但力量的平衡更可能倾向于集聚。

一种合理的可能是特定部门在空间上更加集中，如果向心力是在非常狭义的部门层面而非在总量经济层面起作用，该情况就很可能发生。例如，美国工业的空间集中度远高于欧洲，这种集聚甚至主导了人口和制造业的整体分布。这表明欧洲区域一体化可能导致部门层面集聚，如德国获得工程制造业生产集聚，英国的经济集聚则在金融服务行业产生，等等。这种情况的潜在可能性在欧洲确实引发了一些担忧，尽管对它的经验证据到目前为止尚相当薄弱。如果确实发生了这种情况，它将产生相当大的调整成本，因为不同地点的产业结构发生变化，但总体收益却因为从空间集聚里获得真正效率。这种部门层面的集聚不一定引致区域一体化协定成员间不平等增加，每个国家或地区都可能吸引某些行业或经济活动集聚。

并非每个规模相对较小的部门均统一聚集在不同位置，另一种可能是整个制造业集聚在少数几个地方，而那些相对劣势的地区则呈现去工业化后的工业经济“塌陷”。在这种情况下，它可能导致 RTA 成员间收入水平产生发散。那么哪种情况可能引致上述结果？第一，当整个制造业只占经济一小部分时更有可能发生。其原因为：在一个或少数几个区位安置整个制造业不太可能避免要素供应限制，并可能导致固定数量要素（如土地）的价格上涨。第二，当部门间前后向关联广泛，而非由哪个部门所专有时更有可能发生。这更可能发生在早期发展阶段，因为此时一个国家的工业基础设施，包括运输条件、通信条件、金融市场，以及其他商业服务尚处于相对薄弱与不均衡的初级状态。第三，与优惠的贸易自由化 FTA 相比，一般化的进口自由化更有可能发生。这是因为自由贸易协定本质上更具内向性，加强了协定中厂商之间的联系，从而增添一种向心力。

这些论点表明，区域贸易协定的成员资格使一地区更有可能引致集聚。对于发达的工业化国家而言，这更有可能出现在部门层面，在这种情况下并不必然导致人均收入水平趋异；但对于工业部门较不发达的发展中国家而言，集聚更有可能发生在整个工业层面，在这种情况下促进收入水平趋异的可能性更大。

本书期望，本节讨论的影响经济活动集聚的各种力量能够与前一节中对比较优势的论证实现相互关联。在南南型 RTA 中，两者作用很可能获得叠加增强。例如，从属东非共同体（East African Community，EAC）的肯尼亚首都内罗毕，以及从属西非经济共同体（Economic Community of West African States，ECOWAS）的科特迪瓦经济首都阿比让与塞内加尔首都达喀尔均吸引了区域内制造业集聚，因此这些区位开始发展辅助性的商业网络，从而将制造业锁定在该地区。外国直接投资倾向于在相对较少的几处集群地，这一过程可能进一步加速集聚。然后，集聚强化了比较优势差异。在跨越多样化的要素禀赋比例的南北型 RTA 中，可能更多地表现为分散力。例如，在欧洲各国进行区位选择的公司可能希望获得位于法国的集聚效益，但要素价格的差异会激励它们落户葡萄牙。

第五节 关税歧视、比较优势与生产效率

本章采用静态分析框架，阐明的重要观点为，区域贸易协定的利益分配效应可能直接与成员比较优势相关，无论是相对于彼此还是外部世界都是如此。这引出了一个强有力的结论，即低收入国家之间缔结区域贸易协定往往导致收入水平趋异，而高收入水平国家之间缔结协定将导致趋同。另外，集聚力可能放大低收入国家之间自由贸易协定的趋异力量。分析表明，发展中国家可能从高收入国家的区域贸易协定中获得更多收益，这些国家与其他高收入成员的融合前景更好。

但应注意，本章专注于对比较优势这种基础机制的分析。为突出重点从而探得简明结论，将各国间除禀赋结构或技术条件以外的其他差异，包括政策立场、技术流动、外国直接投资和集聚力等可能的影响机制一并抽象化，而这些机制无疑对确定区域贸易协定的最终福利效应至关重要。尤为重要的是，聚集力可能导致制造业因关税联盟而聚集，在发展中国家间这种力量可能更为强大，将加强本书所提出的收入发散论点。如果制造业从一个小基地开始，并且包括商业服务、电信和运输等在内的基础设施等制造业辅助活动的分布很薄弱，那么制造业聚集在几个地方发展的可能性就相对较大。这表明，尤其是对发展中国家而言，本书分析可能低估了区域贸易协定可能导致的收入发散程度。探索国家间其他差异，如初始关税税率等是如何影响结果的，将成为本书后面部分以及笔者未来工作的目标之一。

当然，本章分析过程也并未涵盖可能推动区域贸易协定伙伴国之间收入水平趋同或趋异的所有因素，而南北型区域贸易协定尤其可能产生额外的趋同力量。例如，一国可能将缔结该协议视作对外宣称的一种锁定经济改革的承诺机制。这似乎发生在北美自由贸易协定中的墨西哥以及欧盟与东欧国家之间的协议中。此外，缔结区域贸易协定还可能促进从高收入国家向低收入国家的技术扩散。虽然技术转让机制尚未完全探明，但作为一项重要研究工作，主流观点为开放贸易促进了这一机制的进行。例如，Coe 和 Helpman（1995）以及 Coe、Helpman 和 Hoffmaister（1997）构建了每个发达工业化国

家的总量知识资本指数，并假设贸易伙伴国可以获得的一国知识存量与来自该国的进口产品数量成比例。他们发现，获取外国知识在统计上能够显著解释经合组织（OECD）国家和发展中国家的全要素生产率（TFP）。因此，区域贸易协定可能通过其对贸易的影响而促进技术转让。同样，自由贸易协定通常促进外国直接投资，这是技术扩散的另一个可能来源。对上述主题的思考可能有助于强化南北型区域贸易协定促进成员收入水平趋同的论点。

由于世界形势与生产条件的急剧演变，许多社会经济活动较之以往经验，不论是从规模上还是从形式上均已有重大改变。反映在世界经济体系上，无论是国际经济的运行机制，还是经贸合作的现实细节变化速度都可称日新月异。因此，固守静态框架与陈旧方法论来考察国家间在生产条件上的互补性，无益于对当前诸多新问题进行合理解释。一个显著的例子是，先发国家在技术研发与积累方面成就斐然、优势巨大，可能归因于其完备的现代工业制造体系及成熟的技术商业转化机制等技术优势，也可能归因于其优秀的教育体制所培养的充裕人才储备或人力禀赋。纵然如此，当前作为全球化先锋的跨国公司，在落户新的 R&D 机构时却越发将目光聚焦于后发国家，尤其是与母国存在如区域贸易协定等合作关系的后发国家，并且纷纷致力于 R&D 本土化尝试，这一新情况无法以静态的比较优势进行解释，需引入动态框架。从而，“动态比较优势”是下文亟待挖掘的目标。

第五章　区域贸易协定的经济效应：动态分析

本章将视角转向动态，唯有如此才能处理经济增长问题。经典的增长理论指出，由于生产过程表现出要素边际报酬递减，除非存在技术进步，否则人均收入增速最终会降为零。相比新古典增长模型假设技术外生，20 世纪 90 年代前后兴起的内生增长理论，将技术研发或人力资本积累等作为经济系统的一个组成部分，从而突破了边际报酬递减的掣肘。但基础的内生增长模型都立足于封闭经济体，若假设国家间对彼此开放某些领域，将带给分析过程哪些全新视角？特殊地，当成员旨在达到某种程度的局部自由化而相互缔结区域贸易协定时，相比全面的自由开放又存在哪些不同特征，并将如何影响发展中国家经济的增长？

第一节　RTA 与基于贸易开放的技术扩散：Romerian 模型

大多数经济学家认为，不同国家间提高经济一体化程度往往会提升长期的世界经济增长率。如果要他们给出确切的证据，他们将列举东亚、欧洲和北美的例子，认为假如设置一个阻止地区内所有的商品、理念和人员流动的障碍，这些地区的增长前景将永久性地降低。然而，任何研究都很难提供一个已有经济数据支持的严格模型来证明这一观点的正确性。

无论如何，这类增长模型的一些基本构成要素是明确的。Rosenberg（1980）对历史的分析表明，理念的传播在现代经济生活中极为重要。一方面，那些继承了亚当·斯密对钉子工厂的非凡洞见的研究人员，始终强调固定成本和市场范围的潜在重要性。另一方面，使用具有马歇尔外部性的模型来解决报酬递增问题的贸易理论，也有悠久传统。其后，学界发展出具有固定成本和国际专业化的静态模型，如 Dixit 和 Norman（1980）、Ethier（1982）、Krugman（1979，1981）以及 Lancaster（1980）等，这些模型更接近斯密对贸易收益来源（绝对收益）的描述。另外，还发展出如 Grossman 和 Helpman（1989a）以固定成本和差异化产品为特征的动态贸易模型，其结论为：当稳态时经济体的产量趋于固定。

较近期的内生增长模型利用这些观点来研究贸易对长期增长率的影响，其理论模型如 Dinopoulos、Oehmke 和 Segerstrom（1990），Feenstra（1990），Grossman 和 Helpman（1989，1990），Krugman（1990），Lucas（1988），Romer（1990），Segerstrom、Anant 和 Dinopoulos（1990）以及 Young（1990）等。Backus、Kehoe 和 Kehoe（1991）在理论模型基础上挖掘跨国经验证据。这些模型区分了一次性收益，即水平效应与增长率永久变化，也就是增长效应，这对于经济一体化引致的各种收益进行排序十分重要。当使用新古典增长模型来量化一体化效应时，通常收益很小；但如果运用内生增长模型重新估计，会发现一体化对增长的提升效应比预想中更加重要。

然而，到目前为止的既有文献证明，在最一般的模型设定下研究贸易规制的增长效应非常复杂。Grossman 和 Helpman（1989，1990）特别明确地指出，对上述议题尚无法得出普遍适用的结论。有些模型预测，贸易规制将降低全球增长率，但另有一些模型却表明，贸易规制可能加快全球增长速度。

一、开放经济下 Romerian 模型的研究重点与核心假设

为对前述关于“发达国家之间贸易开放确实促进世界增长”的猜想提供一些证明，本节缩小了关注重点。首先，放弃构建具有不同禀赋和技术条件的国家间贸易的一般模型，只专注于经济一体化的规模效应，此举也是为了抽象化多部门贸易模型引致的其他“比较优势”效应。因此，本模型暂时回避了发展中国家与发达国家之间的贸易可能对全球增长率产生影响等问题。

但应注意的是，虽然模型研究对象指向发达国家，但其结论对发展中国家亦存在相当程度的适用性及理论意义。虽然发展中国家并未形成完整的工业化体系及成熟的 R&D 部门，但只要存在一定程度的制造业分工，就一定对

中间投入品存在引致需求。当开放贸易后，来自外国的进口品中所包含的技术因素，同样可能通过这一渠道扩散至发展中国家，并影响其长期的经济增长绩效。

在对经济一体化与世界增长议题的早期分析阶段，如何对“理念”进行理论化处理对模型结论显然具有决定性影响。现有的许多模型规定，理念流动不能与贸易流分开。其他一些模型中，无论贸易制度如何，理念流动都受国家边界的外生制约。在这两种情况下，经济一体化仅指贸易网络中的商品流动。但本书考虑的是对一体化的更广泛定义，即它对交流网络中的理念流动产生影响。

理念流动值得受到与商品流通相当的关注，因为公共政策影响国际信息交流且力度不逊于商品流通。例如，政府资助语言培训和出国留学，税收政策直接影响外国公司的员工激励，移民和签证政策直接限制人员流动，电信网络由政府监管机构运营或控制。一些政府限制 FDI 的行为可能对国际理念传播产生严重负面影响。另有一些政府将获取商业和技术信息作为情报机构的高度优先任务。

尽管理念流动是本模型唯一考虑的因素，但应该明确，商品流动和理念流动并不是经济一体化的唯一结果。在对名义变量和金融市场运作等所做的一些假设下，一体化程度还将取决于货币和制度安排。本书考虑的增长模型尚嫌简单，以至于无法考虑这些影响。还应注意，经济一体化并非政治一体化的同义词。加拿大安大略省温莎市的公司可能更紧密地融入美国市场，而不是邻近的魁北克省市场。此外，完全经济一体化的概念也并不意味着德国统一时，公民身份差别随即取消。

二、开放经济下 Romerian 模型的基本设定

（一）制造业部门

假设制造业部门从事最终消费品生产及已发明资本品生产两种经济活动，并假设这两种产品服从相同生产技术，并借鉴 Romer（1990）的建模形式，即制造品生产是熟练劳动 H 、非熟练劳动 L ，以及一组差异性资本品 x_i 的函数。

$$Y(H, L, x) = H^{\alpha}L^{\beta}\int_{0}^{A}x_i^{1-\alpha-\beta} \tag{5-1}$$

其中，x_i 表示投入生产的第 i 种资本品数量；A 表示资本品的种类数。从而，技术进步可被描述为持续的研发投入导致资本品种类 A 不断增加。

由定义可知，对于所有未发明资本品种类 $i > A$ 均有 $x_i = 0$。既然两种生产活动服从相同技术，则最终消费品与任何种类资本品之间的相对比价固定，此为消费者均衡的必要条件。为简便起见，选择合适单位将最终产出与资本品的相对比价标准化为1，从而已有资本品总存量 $K = \int_{0}^{A}x_i\mathrm{d}i$ 能像总产出那样获得良好定义。

经价格调整后，额外生产 1 单位资本品即以放弃 1 单位消费品为代价。当然，这并不表示消费品能够无成本地转化为资本品。而是说，生产 1 单位消费品的投入恰好足够生产 1 单位资本品。

从而，制造业部门的产出/投入分配至两个去向，即

$$Y = C + \dot{K} \tag{5-2}$$

为保证分散决策的均衡结果，关于经济部门结构设定存在多个相互等价的假设。例如，资本品 j 的专利持有者可以兼顾多种经济活动，包括生产并出售 j 资本品；或者专利持有者可设立特许专营许可证，将专利出租给制造业者并收取租金费用。不过，形式上将生产决策与专利持有者的垄断定价决策相分离，有助于分析问题。因此本模型假设：专利持有者将生产权外包给相互分离从而彼此竞争的制造业厂商，并获取租金报酬而非售卖专利。因此，生产过程分为以下三个步骤：

第一步，大量制造业厂商相互竞争，向专利持有者租用资本品，并雇用非熟练劳动 L 与熟练劳动 H 生产制造品。各厂商既能提供最终消费品，也能依照合同为专利持有者生产特定种类的资本品，由于服从一阶齐次形式生产函数，各厂商均是价格接受者，从而超额利润为零。

第二步，专利持有者以利润最大化的垄断租金率向制造业厂商出租资本品，并受专利法严格保护，有效禁止任何未获得特许的制造业厂商进行生产。

第三步，专利可在国内交易并令其定价为 P_A，它应等于各时期垄断租金减去边际成本后的流量折现值。

（二）R&D部门

除制造业生产外，还存在第三种经济活动，即R&D，从事开发新种类资本品设计方案，由此与制造业竞争有限的要素资源。为简化分析，本模型考虑关于R&D部门细节设定的两种范式，它们具有差异性特征，并且均无法取代对方而完整描述R&D活动。本书使用这两种范式进行分析，有助于分隔经济一体化对各国长期经济增长可能产生的不同影响，并发掘其背后的确切意义。假如仅从一种模型中含混地得出结论，就很可能产生误导。

三、对R&D部门的第一种设定

关于R&D部门进行新资本品设计方案研发的第一种范式假设为：只需投入熟练劳动与现存知识即可进行研发活动。

$$\dot{A} = \delta H_A A \tag{5-3}$$

其中，H_A 表示投入R&D部门的熟练劳动要素存量。A 是对现存资本品设计方案的计量，有助于减少R&D活动的要素投入。由于新设计方案研发建立在已有知识上，将该R&D过程称为“知识驱动型”R&D范式。显然，该范式在R&D部门和制造业部门间引入了显著的要素密集度差异：在R&D部门，无论非熟练劳动还是物质资本均无价值。正因此等差异，必须设置两部门模型。

基于以上条件，稳态增长解可由两个关于经济增长率与利率的线性方程给出。第一个条件来自生产过程（供给侧），显示利率水平随经济增长率升高而递减。

$$r_{technology} = (\delta H - g)/\Lambda \tag{5-4}$$

其中，$\Lambda = \dfrac{\alpha}{(\alpha + \beta)(1 - \alpha - \beta)}$。

证明过程如下：由于制造业生产技术为 $Y = H_Y{}^{\alpha} L^{\beta} \cdot \int_0^A x_i{}^{1-\alpha-\beta} \mathrm{d}i$。其中，$H_Y$ 表示用于制造业部门的熟练劳动投入。为求解使制造业厂商静态利润最大化的引致需求函数 x_i，建立利润函数

$$\pi = H_Y{}^{\alpha} L^{\beta} \cdot \int_0^A x_i{}^{1-\alpha-\beta} \mathrm{d}i - \int_0^A p_i x_i \mathrm{d}i \tag{5-5}$$

对 x_i 求一阶导数

$$p_i = (1-\alpha-\beta)H_Y{}^{\alpha}L^{\beta}\cdot x_i{}^{-(\alpha+\beta)} \tag{5-6}$$

式（5-6）为第 i 种资本品 x_i 的反需求函数。由于为对称结构，任意资本品均需服从

$$p = (1-\alpha-\beta)H_Y{}^{\alpha}L^{\beta}\cdot x^{-(\alpha+\beta)} \tag{5-7}$$

从而，资本品专利所有权定价为

$$P_A = \max(px/r) - x \tag{5-8}$$

应注意到：在稳态下，实际利率水平 r 不变，方可写作式（5-8）的永续年金形式。因此对于专利持有者来说，其特许的产量策略 x 应以最大化 P_A 为准则。因此对 x 求一阶导数，得

$$(1-\alpha-\beta)^2 H_Y{}^{\alpha}L^{\beta}\cdot \bar{x}^{-(\alpha+\beta)}r^{-1} - 1 = 0 \tag{5-9}$$

其中，$\bar{x}$ 表示专利持有者对资本品的最大化产量选择。

应注意到：在稳态下，$\bar{x}$ 与技术参数 A 从而与技术进步发展水平和阶段无关，即它是定值。从而有

$$p/r = (1-\alpha-\beta)^{-1} \tag{5-10}$$

因此，1 单位专利所有权的当期价格简化为

$$P_A = p\bar{x}/r - \bar{x} = (\alpha+\beta)p\bar{x}/r = (\alpha+\beta)/r\cdot(1-\alpha-\beta)H_Y{}^{\alpha}L^{\beta}\cdot \bar{x}^{1-\alpha-\beta} \tag{5-11}$$

另外，R&D 部门生产技术为 $\dot{A} = \delta A H_A$。从而，R&D 部门内熟练劳动 H_A 的报酬可经由式（5-12）计算

$$P_A\dot{A} = P_A\delta A H_A \rightarrow P_A\dot{A}/H_A = P_A\delta A \tag{5-12}$$

在劳动市场出清条件下，上式应等于制造业部门内熟练劳动 H_Y 的工资。将制造业产出 $Y = H_Y{}^{\alpha}L^{\beta}\cdot\int_0^A x_i{}^{1-\alpha-\beta}\mathrm{d}i$ 对 H_Y 求一阶偏导，得到

$$P_A\delta A = \alpha H_Y{}^{\alpha-1}L^{\beta}\cdot A\,\bar{x}^{1-\alpha-\beta} \tag{5-13}$$

从而有

$$H_Y = \frac{\alpha}{\delta(\alpha+\beta)(1-\alpha-\beta)}r = \frac{\Lambda}{\delta}r \tag{5-14}$$

因此

$$g = \delta H_A = \delta(H - H_Y) = \delta(H - \frac{\Lambda}{\delta}r) = \delta H - \Lambda r \tag{5-15}$$

即有 $r_{technology} = (\delta H - g)/\Lambda$，得证。

其经济含义为："知识驱动"型 R&D 范式下，利率水平 r 上升将降低供给端对资本品引致需求量 $\bar{x}$，从而降低专利价格 $P_A = \frac{\alpha + \beta}{1 - \alpha - \beta}\bar{x}$，对 R&D 部门生产要素 H_A 激励降低（反映在 $H_Y = \frac{\Lambda}{\delta}r$），最终 R&D 产出下滑拉低经济增长率。反映在向外凸的生产可能性曲线上时，专利价格下降导致稀缺资源从熟练劳动相对密集的 R&D 部门转向熟练劳动相对宽松的制造业部门。

第二个关于利率水平 r 与平衡增长率 g 之间关系的条件来自消费路径（需求侧）。最简单的效用函数形式是 Ramsey 模型中的 CRRA 函数

$$U(C_t) = \int_t^{\infty} \frac{C_{\tau}^{\ \sigma-1} - 1}{\sigma - 1} \mathrm{d}t \tag{5-16}$$

从而，在平衡增长路径下消费增长率必与产出增长率相等。因此对于固定的经济增长 $g = \dot{C}/C$，可以从跨期效用最大化的一阶必要条件（Euler 条件）中得到

$$r_{prference} = \rho + \sigma g \tag{5-17}$$

式（5-17）呈现出利率水平与经济增长率之间的正向关系。这是因为，在 CRRA 设定下消费增长越快，当期消费相比未来消费越具价值。这是因为，消费者倾向于"平滑消费"，对当前消费与未来消费的评价受"不变的跨期替代率"σ 控制：如果 σ 较小，固然有助于消费者脱离"平滑消费"的固有观念，但在更高的平衡增长率 g 下影响还是颇大，因此倾向于在"时间偏好率"ρ 之外，再加上一个因边际价值损耗而必须补偿的项 σg。

应注意到，此处存在一个参数限制：增长率 g 不得超过利率水平 r。否则，各期消费反映在当期效用上的折现值不会趋于有限，从而以积分形式表示的当前效用将发散。既然当前效用无上边界，则如何在各期规划消费和投资似乎就无所谓了，因为总可以通过增加消费期数来获得总效用提升。如果跨期替代弹性 $\sigma \geqslant 1$ 从而消费者偏好"平滑消费"，则消费者均衡线 $r_{preference}$ 一定要高于 45°线，此时一定满足参数约束条件；如果 $\sigma \leqslant 1$ 从而消费者偏好"非平滑消费"，则参数限制要求产品市场均衡线 $r_{technology}$ 不能太高或太靠右。这是由于产品市场均衡线的截距为 $\frac{\delta H}{\Lambda}$，从而当 R&D 产出效率越高，或熟练

劳动存量越充裕时，越可能突破参数限制。

因此，在“知识驱动”型 R&D 范式下，经济增长率为（见图 5-1）

$$g = (\delta H - \Lambda\rho)/(1 + \Lambda\sigma) \tag{5-18}$$

式（5-18）表示，在“知识驱动型”R&D 范式下，封闭国家经济增长率取决于熟练劳动要素 H 存量，因为该要素在制造业部门和 R&D 部门间竞争，如果提高 H 的外生供给，将导致更大规模但相同比例地进入 R&D 部门，从而提升研发产出及经济增长率。另外，不变跨期替代弹性 σ 对经济增长率产生负向影响，因为较大的 σ 将导致消费者偏好“平滑消费”，从而拉低经济增长速度。最后，可知参数 $\Lambda = \dfrac{\alpha}{(\alpha + \beta)(1 - \alpha - \beta)}$ 对经济增长率产生负向影响，但无法获得任何有用结论。

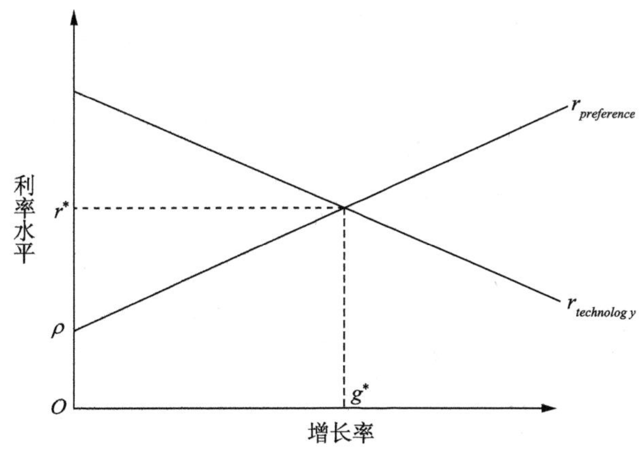

图 5-1　“知识驱动型”R&D 设定下封闭经济体的内生增长率

四、对 R&D 部门的第二种设定

对应地，一种有用的极端情形是 R&D 部门使用的技术与制造业一致，即它们需要的要素种类以及密集度完全相同。该范式下，生产函数设定为

$$\dot{A} = BH^{\alpha}L^{\beta}\int_{0}^{A} x_i^{\ 1-\alpha-\beta} \tag{5-19}$$

式（5-19）与前式的区别在于，知识本身没有生产价值。我们称该范式为“实验室设备”型 R&D。在该范式下，R&D 部门和制造业部门的生产技术

相同，因此整个社会面临的生产可能性曲线是线性的：如果减少 1 单位产出并将节省的要素投入 R&D 部门中，可额外生产 B 单位的新设计方案。

因此，若令最终消费品为一般等价物从而价格等于 1，则均衡时 1 单位新设计方案专利价格为 $P_A = 1/B$ 。这样，可将 R&D 部门与制造业部门合并为单部门。

$$C + \dot{K} + \dot{A}/B = H^{\alpha}L^{\beta} \cdot \int_0^A x_i^{\ 1-\alpha-\beta}\mathrm{d}i \tag{5-20}$$

该模型的对称性意味着，对任何已发明资本品的引致需求都相同，即 $x_i = x_j$ 。因此，可用 $\dot{K}/A = x_i$ 替代式（5-20）等号右边的资本品部分，得到密集函数形式

$$C + \dot{K} + \dot{A}/B = H^{\alpha}L^{\beta}K^{1-\alpha-\beta}A^{\alpha+\beta} \tag{5-21}$$

根据以上函数形式，当 A 与 K 增长速度相同时，上式退化为 $Y = AK$ 模型。

对应地，“实验室设备”型 R&D 范式下利率水平与经济增长率之间关系为

$$r_{technology} = \Gamma H^{\alpha}L^{\beta} \tag{5-22}$$

其中，$\Gamma = B^{\alpha+\beta}(\alpha+\beta)^{\alpha+\beta}(1-\alpha-\beta)^{2-\alpha-\beta}$ 。

证明过程如下：

在供给侧，同样有

$$(1-\alpha-\beta)^2 H^{\alpha}L^{\beta} \cdot \bar{x}^{-(\alpha+\beta)} = r \tag{5-23}$$

并且由于

$$P_A = p\bar{x}/r - \bar{x} = \frac{\alpha+\beta}{1-\alpha-\beta}\bar{x}$$

$$P_A = 1/B$$

推出

$$\bar{x} = \frac{1-\alpha-\beta}{B(\alpha+\beta)} \tag{5-24}$$

注意，该设定下没有“自由进入”条件，因此也不存在资源约束条件。因此

$$r_{technology} = \Gamma H^{\alpha}L^{\beta} \tag{5-25}$$

其经济含义为：在“实验室设备”型 R&D 范式下，无论制造业部门与 R&D 总产出如何，换言之，无论 R&D 投入资源比例如何改变，都不会导致某

种要素变得稀缺而使价格提升，从而专利价格 P_A 与资本品引致需求量 $\bar{x}$ 均固定不变，因此在供给侧，利率水平 r 完全被 R&D 生产技术外生地决定，从而利率水平 r 值唯一。

与第一个条件集合“知识驱动型 R&D 部门结构”相一致，第二个条件集合“实验室设备型 R&D 部门结构”下仍然沿用 Ramsey 模型中的 CRRA 函数作为分析框架。CRRA 函数为 $U(C_t)=\int_t^{\infty}\frac{C_{\tau}^{\sigma-1}-1}{\sigma-1}dt$ 。从而，在平衡增长路径下产出增长率 g 仍等于 $\dot{C}/C$ ，则在“实验室设备”型 R&D 范式下，经济增长率为（见图 5-2）

$$g=(\Gamma H^{\alpha}L^{\beta}-\rho)/\sigma \tag{5-26}$$

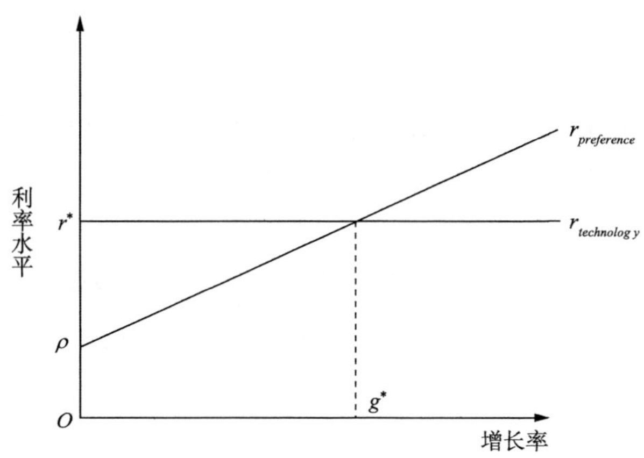

图 5-2　“实验室设备”型 R&D 设定下封闭经济体的内生增长率

式（5-26）表示，稀缺要素 H 与 L 的外生供给仍然对经济增长率具有正向作用，由于 R&D 部门利用最终消费品，等同于利用要素 H 与 L 进行生产，从而与制造业部门形成竞争。因此，首先，稀缺要素的供给增加可以缓解要素竞争关系，使 R&D 部门获得量多价低的稀缺要素，进而提速经济增长；其次，σ 仍对经济增长产生负向影响，因为较高的 σ 导致消费者偏好“平滑消费”；最后，由于 $\Gamma=B^{\alpha+\beta}(\alpha+\beta)^{\alpha+\beta}(1-\alpha-\beta)^{2-\alpha-\beta}$ 并且 $\alpha+\beta<1$，从而较高的 B 对经济增长产生负向影响，这是因为作为专利所有权均衡定价的 $1/B$ 较低，从而对 R&D 部门难以产生足够激励，以提高创新速度及经济增长率。

五、对两种 R&D 部门范式及其内生增长结果的比较

在“知识驱动型”和“实验室设备”型两种关于 R&D 部门的不同范式下，关于 R&D 部门如何分散决策的不同细节将导致差异性结果。

一是在“知识驱动型”范式下，全社会 R&D 部门生产函数为二阶齐次。根据欧拉定理（Euler Theorem），R&D 产出无法按照“边际报酬定价”原理总额支付给要素 A 和 H 。因此假设：A 不获得补偿，即先前设计方案的专利持有者无法从技术上或法律上防止新种类设计者学习已有知识。既然存在交流渠道使信息传播是可行的，那么当前可供相互竞争的每个研究者使用的知识存量即为 A 。从而，该均衡下 R&D 部门存在知识溢出或外部性，而制造业部门并不存在。该情形下，可以将研究过程描述为许多彼此分离，从而相互竞争的研究者，利用熟练劳动进行可供售卖产品设计的发明创造过程。

二是在“实验室设备”范式下，所有部门的生产看似都是一阶齐次的，所以不需要引入外部性或知识溢出。因此 R&D 部门均衡凭新专利获得市场势力，却不存在“自由进入”限制，因为完全相同的要素组合可以在两部门间自由流动。该情形下，可将 R&D 过程想象成由许多彼此分离，从而竞争的厂商雇佣非熟练劳动、熟练劳动以及资本品生产新专利，并以 $P_A = 1/B$ 的固定价格售卖。

上述两个范式都存在规模效应，表现为增长率 g^* 是固定数量资源的增函数，这对于开放贸易后的结果至关重要。

六、基于开放贸易的经济一体化及其增长效应

考虑两个拥有完全相同资源禀赋 H 和 L 的国家。在长期，这些国家将拥有相等的累积投入存量，因此从贸易或经济一体化中获得的额外收益全部来自规模效应。假设：两个经济体在地理上连续，初始状态下相互之间存在令人费解的贸易妨碍以及思想互通的严重障碍。当移除障碍后，两国完全整合为一个大经济体。从而，要素禀赋 H 和 L 增加为原来的 2 倍。在上文规定的两种范式下，产品市场（供给侧）均衡线 $r_{technology}$ 均向上移动，同时利率水平均上升。

从而，经济一体化可能引致福利水平提高。但一个完整的福利分析要求沿着转移路径对福利动态变化做细致研究，需要回答三个问题：①单凭跨国贸易就能够达到完全一体化的福利水平吗？②假如不能，可累积的思想跨国流动能达到完全一体化的福利水平吗？③经济增长率与市场容量之间的相关性背后的潜在含义是什么？

（一）“知识驱动型”R&D 范式

首先，暂时阻隔思想流动以专注研究开放贸易及其经济效应。研究发现，仅凭跨国贸易并不具有增长效应。这是因为，两国交易对象仅是资本品，而真正能够影响增长率 $\dot{A}/A=\delta H_A$ 的是投入 R&D 部门的稀缺资源 H_A，后者又取决于在稀缺资源 H 两部门之间的分配比例。此时，确定专利的当期价值 P_A 非常关键，它为 R&D 部门提供激励。开放贸易后，对本国稀缺资源熟练劳动的工资 H 产生两个互相抵消的效应。

由于不可复制要素 H 和 L 增至原来的 2 倍，因此对于第 i 种资本品的专利所有者来说，其市场容量增至原来的 2 倍。这归因于生产函数的特殊设定，导致任何专利持有者制定产量策略时都不需考虑他人。因此一阶齐次的最终消费品生产对某国第 i 种资本品的引致需求 x_i 增至原来的 2 倍。

证明过程如下：贸易发生前，有反需求函数式（5-7）。贸易发生后，有

$$p_t=(1-\alpha-\beta)(2H_{Y_1})^{\alpha}(2L_1)^{\beta}\cdot x_t^{-(\alpha+\beta)} \tag{5-27}$$

其中，x_t 表示开放贸易后的一体化经济对任意资本品的引致需求。

从而，某国第 i 种资本品的专利持有者面临

$$\begin{aligned}P_{A_1t}&=p_t\bar{x}_t/r_t-\bar{x}_t=(\alpha+\beta)p_t\bar{x}_t/r_t=\\&(\alpha+\beta)/r_t\cdot(1-\alpha-\beta)(2H_{Y_1})^{\alpha}(2L_1)^{\beta}\cdot\bar{x}_t^{1-\alpha-\beta}\\P_{A_1t}\delta A_1&=\partial Y_1/\partial H_{Y_1}=\alpha H_{Y_1}^{\alpha-1}L_1^{\beta}\cdot(2A_1)(\bar{x}_t/2)^{1-\alpha-\beta}\end{aligned} \tag{5-28}$$

则有

$$H_{Y_1}=\frac{\Lambda}{\delta}r_t \tag{5-29}$$

上式与封闭国家的稀缺要素配置比例一致。因此，仍然有

$$g=\delta H_{A_1}=\delta(H-H_{Y_1})=\delta(H-\frac{\Lambda}{\delta}r)=\delta H-\Lambda r \tag{5-30}$$

即有

$$r_{technology} = (\delta H - g)/\Lambda \tag{5-31}$$

再搭配相同的消费 Euler 条件，得到稳态增长率与封闭国家情况一致。

从而得出结论：如果仅放开贸易而不允许理念流动，则稳态下利率水平 r、R&D 部门资源投入比例 H_A/H 和平衡增长率 g 均不变；任意资本品 i 的专利所有者定价策略 p_t 不变，因此产量 x_t 和专利价格 P_{At} 变为原来的 2 倍。这是因为：①R&D 部门熟练劳动工资 $P_{At}\delta A$ 变为原来的 2 倍；②制造业部门熟练劳动工资 $\partial Y_1/\partial H_{Y_1}$ 变为原来的 2 倍。由于两种效应相互抵消，R&D 部门的稀缺资源占比不变，从而即使放开贸易使原来的封闭经济体变为开放经济体，其经济增长率也不变。

结果显示：虽无增长效应，但并不意味着放开贸易对总产出与福利状况无影响。假如初始状态下两国已有专利完全无交集，则放开贸易前，两国都会为已有专利 A_1 和 A_2 生产 $\bar{x}$ 单位资本品。一旦放开贸易，两国的专利持有者基于边际报酬递减规律，将立即将一半资本品用于跨国贸易，从而各国瞬时拥有 $A_1 + A_2$ 种资本品，每种资本品存量为 $\bar{x}/2$。这样，各国总产出瞬时增加至原来的 $2^{\alpha+\beta}$ 倍，类似于新古典增长模型中的“水平效应”。在其后的转移动态下，由于价格 p_t 因产量无法瞬时补足而上升，因此最大化利润目标使利率水平 r 有所增加。

其次，放开理念跨国流动的限制进行探讨。一旦正式允许理念流动，就必须对国际知识产权保护的相关细节进行规定。一般地，将假设各国都对本国专利进行保护，而一旦国外思想变得可得，各国政府可能通过拒绝支持外国专利产权的方式，克扣那些本应该支付给外国专利持有者的垄断利润。但为简便起见，模型假定各国政府都不做恶人，从而无论在哪国专利都得到永久性承认。

在这些条件下，首先考虑“知识驱动型” R&D 部门的范式情况。开放贸易后，理念自由流动为研究者提供了更大激励。随着时间推移，两国使用的专利集合等于一国所有专利的 2 倍。关键在于，垄断租金的激励足够大，使两国所有专利完全不同。当允许信息流动时，有

$$\dot{A}_1 = \dot{A}_2 = \delta H_A(A_1 + A_2) = 2\delta A H_A \tag{5-32}$$

它将对要素报酬产生非对称效应。如果其他条件不变，包括定量/定价策

略、R&D 部门熟练劳动投入比例等，R&D 部门产出将增加，而制造业部门不受影响。这将推动更多稀缺资源从制造业部门转移至 R&D 部门。最终，经济增长率提升的幅度超过先前的 2 倍，即

$$g=\frac{2\delta H-\Lambda\rho}{\sigma\Lambda+1}>\frac{\delta H-\Lambda\rho}{\sigma\Lambda+1}\cdot 2 \tag{5-33}$$

证明过程如下：当放开理念跨国流动后，仍然有

$$p_t=(1-\alpha-\beta)\ (2H_{Y_1})^{\alpha}(2L_1)^{\beta}\cdot x_t{}^{-(\alpha+\beta)} \tag{5-34}$$

则有

$$P_{A_1t}=p_t\,\bar{x}_t/r_t-\bar{x}_t=(\alpha+\beta)p_t\,\bar{x}_t/r_t=(\alpha+\beta)/r_t\cdot(1-\alpha-\beta)(2H_{Y_1})^{\alpha}(2L_1)^{\beta}\cdot\bar{x}_t{}^{1-\alpha-\beta}$$

$$P_{A_1t}\delta 2A=\partial Y_1/\partial H_{Y_1}=\alpha H_{Y_1}{}^{\alpha-1}L_1{}^{\beta}\cdot(2A)$$

$$(\bar{x}_t/2)^{1-\alpha-\beta}\rightarrow H_{Y_1}=\frac{\Lambda}{2\delta}r_t \tag{5-35}$$

因此，当允许理念流动时，其对经济增长的促进效应与提高 R&D 部门生产率等价，也等价于直接提高封闭国家的稀缺要素熟练劳动 H 存量。因此，同时允许商品流动和理念流动能使两国获得完全一体化的高度，而后者要求满足稀缺资源跨国迁移等更为严苛的条件。

最后，考虑只允许理念流动而不允许跨国贸易的情况。该情况下，经济增长率的变化情况取决于两国已有知识的重叠程度，因为缺少出口贸易并获利的激励，专利持有者没有动力规避研发冗余。既然某个拥有 j 专利的本国厂商不被授权在国外售卖商品，那么它不能从外国厂商复制专利（获得特许生产权），并在外国进行销售获得经济权益，而且它存在激励也具有法律权利阻止外国复制厂商的产品出口至本国。因此最极端情况下，两国拥有的专利完全相同，从而允许理念流动并不对经济增长率产生影响。

上述论证表明，在一些情况下，增长效应与水平效应是彼此分离的。这很容易引出一个似是而非的结论：贸易开放只能像新古典模型一样带来水平效应，而要想获得增长效应唯有允许理念流动。本书的结论对吗？我们将从另一种范式的角度来分析。

（二）“实验室设备”型 R&D 范式

该范式的特点是不存在知识跨国流动。如果该情况下完全的一体化仍能

够提供增长效应，则可证明单凭商品贸易就能实现完全的一体化。这是因为，“实验室设备”型 R&D 范式下，开放贸易能够提升专利持有者所获利润，但由于特殊的 R&D 产出技术，专利价格固定为 $P_A = 1/B$，那么更大的市场容量只能导致市场利率 r 上升。更高利率将降低对资本品的需求 $\bar{x}_t$，从而降低专利持有者在各期获得的垄断利润。

证明过程如下：

由专利持有者利润最大化条件

$$(1 - \alpha - \beta)^2 H_{Y_1}{}^{\alpha} L_1{}^{\beta} \cdot \bar{x}_t{}^{-(\alpha+\beta)} = r_t \tag{5-36}$$

可知，要使 $\overline{P}_A = 1/B$，必须使

$$p_t \bar{x}_t / r_t - \bar{x}_t = 1/B \tag{5-37}$$

又由专利者持有者利润最大化的必要条件可知，$p_t/r_t = (1 - \alpha - \beta)^{-1}$ 为常数，则有 $\overline{P}_A$ 与 $\bar{x}_t$ 成正比。从而

$$x_{t_1} \bar{x} = \bar{x}_t / 2 \tag{5-38}$$

式（5-38）等于封闭经济体下资本品需求的一半，从而最大化利润的专利持有者有意提高售价，最终推高利率水平至

$$r_t = 2^{\alpha+\beta} r \tag{5-39}$$

它相当于完全一体化水平下的利率水平

$$r_{technology} = \Gamma\ (2H)^{\alpha}\ (2L)^{\beta} \tag{5-40}$$

从而在相同的 Euler 条件下，仅开放贸易的均衡结果与完全一体化均衡结果等价。

七、两种 R&D 范式引致的差异结果及原因

在一个由拥有相同资源禀赋与技术条件的两个发达国家组成的理想化世界经济中，两国能够通过基于贸易开放的经济一体化强化彼此的联结，并带来全球经济增长率的持久提升。理论上可以证明，若将两国彼此分隔为初始状态，那么要实现更紧密一体化的目标，可以由增加商品贸易或思想流动两种方式来实现。本书考虑两个模型，它们在作为经济增长源泉的 R&D 部门的细节设定上存在重要差异。结论表明：无论哪种形式的经济一体化，只要有助于强化世界范围内 R&D 部门在社会层面的规模报酬递增特性，全球经济的

长期增长率便可因此提升。

从上面的例子可以看出，经济一体化引致的增长效应并不必然来自知识溢出。从而笔者认为“以跨国理念流动为标志的更紧密经济一体化将导致更快增长”的猜想是错误的。在第一种知识驱动型 R&D 范式中，理念流动对经济一体化加速成员增长的机制是必要的。但在第二种“实验室设备”型 R&D 范式中，即使理念流动不发挥影响，更紧密一体化也可以加速增长。更切题的说法是来自 R&D 部门的社会规模报酬递增。为得出报酬递增的基本形式，可将 $x = K_A/A$ 代入 $\dot{A}$ 的表达式，并将其写为 H 、L 、K 和 A 的 $1+\alpha+\beta$ 阶齐次函数 $\dot{A} = BH^{\alpha}L^{\beta} \cdot A^{\alpha+\beta}K_A{}^{1-\alpha-\beta}$ 。即使“实验室设备”型 R&D 部门的生产技术关于 H 、L 和资本品 x_i 规模报酬不变，但由于制造业部门的生产过程存在付给 R&D 部门的生产成本，因此 R&D 部门在全社会仍然是规模报酬递增的。

在两国完全一体化下，一种新资本品的设计成本仅需支付一次，而在两个相同但彼此隔离的经济体内却需支付两次。因此，相较于完全一体化后只有一个 R&D 部门的最优选择，两国相分隔时，两个 R&D 部门将陷于无效率中。但如果想要将两个 R&D 部门真正整合在一起，则需要满足两个条件：①防止研发冗余，这已由放开贸易所提供的足够激励来满足；②必须保证新专利都能进入两个国家的研发体系，这在信息交流机制里可得到保证。在这里，尤其应该强调“实验室设备”型 R&D 范式对各国研发体系内信息交流顺畅条件的满足：由于 R&D 的产出为 $\dot{A}/B = H^{\alpha}L^{\beta}K^{1-\alpha-\beta}A^{\alpha+\beta}$ ，其中 $A = A_1 + A_2$，表示由于开放贸易，各国 R&D 部门已完全能够使用来自全世界的中间产品（知识存量），从而在这种范式下，要素均等化的贸易均衡能够完全复制一体化均衡。

八、模型的不足之处

虽然以上分析结果较为理想，但上述结论若要成立尚需满足大量条件。首先，R&D 生产对基本要素的投入到底大于还是等于（Rebelo，1991；Lucas，1988）一阶齐次，在学界尚无定论。其次，为凸显经济一体化的规模效应，模型聚焦拥有完全一致的禀赋和技术机会的两国，而在更一般的两部门模型，如 Grossman 和 Helpman（1990）所给出的模型中，拥有不同禀赋和技术机会的国家间开放贸易将引致资源在制造业部门与R&D部门之间转移，这种“分配效应”究竟对全世界的经济增长是起推动作用还是减缓作用并不明确，或许只有在北美、欧洲以及日本等较为类似的发达经济区域，才能得到与本模型完全切合的最理想结论。再次，R&D活动在微观层面上的很多细节在分析中被抽象化，仅列出如下假设：①各国专利持有者获得的市场激励足够大，使研发冗余最终不会发生；②专利期无限长，并且制度结构明确规避专利竞赛。这使模型并未考虑为保持思想的经济价值而采取保密措施的作用及相关成本，上述所有假设都十分牵强。Grossman和Helpman（1989）曾专注于研究专利微观经济学文献中的一个元素，即由新发现导致的对垄断利润的“创造性破坏”效应如何能被包含在一个总量增长模型中。最后，本书所使用模型的具体形式也许并不完全正确。两个模型都假设专利产出，即新理念与R&D投入资源的比例将随时间递增，这使得只利用线性微分方程就能够获得平衡增长闭式解，却无法很好地解释现实研发机会。实际上本书有理由预期，现实中将研发投入倍增，并不足以引致R&D产出增至原来的2倍，很大程度上归因于我们所忽视的微观层面上的合作及冗余问题。

实际上，本模型存在的最大不足与其他模型相同，未能清晰描述理念或信息如何影响产品生产，即通过哪种令人信服的途径实现。一旦承认已有理念本身可以影响R&D产出，那么很明显它们也可以影响商品产出。由于受这些条件限制，本书仅愿意宣称进行了规范研究，并且要做的也只是启发，而这种效应是重要的，即便它只是潜在的。如果发现新理念在整个经济增长中居中心地位，对专利的研究就应考虑与反复咀嚼已有理念的可能的规模报酬现实性。如果这种递增报酬从作为一国经济增长引擎的研发部门向外扩散，经济一体化就将引致规模效应从而提升经济增长率。并且，由于指数形式的生产函数所预示的显著增长效应，影响长期增长的政策也会对经济福利造成累积性影响。其余效应也可能存在，但在未来的理论与实证研究工作中，我们坚信由经济一体化引致的经济增长的规模效应值得持续关注。

第二节　RTA 与基于动态比较优势的国际分工：G & H 模型

国际经济学为解释贸易模式成因，常使用静态比较优势这一概念，即假定各国技术水平外生给定（Venable，1999）。在一些经典模型的假设中，比较优势来自不同国家的生产率差异。然而，这些模型对现实中国际专业化分工模式与贸易模式只具有部分解释效力，因其无法说明某国何以在一组特定产品上能够获得技术优势。另有一些模型假设：技术机会在全球范围内完全相同，而比较优势另有源泉。但从对现实的观察中也发现，这种假设并不现实，很多严密的实证研究结果常对其加以否定，如 Bowen 等（1987）。

本模型将聚焦那些影响两个较大规模的创新国家之间贸易模式的因素。内生创新增长模型有助于对所谓"动态比较优势"做出解释。假设：不同企业在世界范围内基于研发部门展开竞争，而一旦研发成功，即可拥有在全世界市场的普遍竞争优势。该情况下，每一时点技术优势的全球分布将引致特定贸易模式，而其背后隐含的更为基础的动态因素则决定了每一时点下各国的技术优势。

本书使用两部门、两要素模型作为分析起点。关于两种生产要素的设定如前所述，表示即使从长期来看，要素供给也相对固定，或者要素供给经长期累积后总能达到稳定状态。而对两部门的划分标准是它们为技术进步提供的机会，以及它们使用两种要素的相对密集程度的差异水平。

模型将会讨论研发部门开发出新种类的中间投入品后，其内生比较优势的决定因素。以此为目标，事实上已将 Krugman（1981）、Dixitt 和 Norman（1980）与 Ethier（1982a）等重要文献中关于产业内贸易和产业间贸易的静态分析实现了动态化。在各时点下，贸易模式由各国拥有的专利数量决定。但从长期、动态来看，贸易模式又会根据各国 R&D 部门开发的新专利种类数量而持续演进，并且取决于各国 R&D 部门中吸引的资源投入量。

本模型依赖于一个重要假设：观念和知识能够顺畅地跨国流动。在以水平型产品种类数增加为特征的内生增长模型中，通常都会明确标注：各国从过去产业运营经验中累积的智慧，将无成本地扩散至国际而成为公共资本。该假设使本可能作为长期比较优势来源的国家特征陷于无效。换言之，一国经济规模或生产结构的历史对其长期贸易模式都不产生影响。

一、国际的品牌多样化

（一）家庭部门

假设：世界范围内各家庭均具有同位偏好

$$U_t = \int_0^\infty \exp\{-\rho(\tau - t)\}[\sigma \ln C_Y(\tau) + (1-\sigma)\ln C_Z(\tau)]\mathrm{d}\tau \tag{5-41}$$

其中，C_Z 表示对传统产品 Z 的消费。C_Y 既可看作是对一种由许多差异性中间投入品共同制成的高科技产品 Y 的消费，这一视域下该高科技产品的生产根据简单生产函数 $Y=D$ 实现，其中 D 是一组差异化中间品的投入指数；也可表示为家庭对一组差异化创新产品的消费指数，这一视域下可定义 $C_Y=D$（次效用指数）。所幸的是，二者在分析结果上互相等价。假定 D 形式如下

$$D_t = [\int_0^{n(t)} x_{(j,t)}{}^{\alpha}\mathrm{d}j]^{1/\alpha} \tag{5-42}$$

满足 CES 形式设定，并服从规模报酬不变特征。进一步地，由于外层效用函数为 Cobb-Douglas 形式，各家庭均以总支出的固定比重 σ 消费高科技产品。

令 E^i 表示 i 国支出（$i=A$，B），则世界总支出为 $E=E^A+E^B$。将价格标准化使 $E_t=1$，$\forall t=1$，2，…，如此 E^i 即表示 i 国在世界总支出中的份额。假设资本完全自由流动，从而世界债券市场套利使均衡下等式 $r^A=r^B=r$ 必然成立，其中 r^i 表示 i 国企业发行债券的利率。该情况下，标准化意味着在任何时期均有 $r=\rho$。

证明过程如下：

消费者均衡可表示为对如下动态最优化问题的求解

$$\max_{\{D(\tau)\}} U_t = \max_{\{D(\tau)\}} \int_0^\infty \exp\{-\rho(\tau - t)\}[\sigma \ln C_Y(\tau) + (1-\sigma)\ln C_Z(\tau)]\mathrm{d}\tau$$

$$\text{s.t.} \int_0^\infty \exp\{-r(\tau - t)\} \cdot [p_Y(\tau)C_Y(\tau) + p_Z(\tau)C_Z(\tau)]\mathrm{d}\tau \leqslant$$

$$\int_t^{\infty} \exp\{-r(\tau-t)\} \cdot [w_{L(\tau)}L + w_{H(\tau)}H]\mathrm{d}\tau + V(t) \tag{5-43}$$

其中，w_L 和 w_H 表示要素 L 和 H 所得报酬；V 表示全社会总资产；r 表示名义利率；p_Z 和 p_Y 表示商品 Z 和 Y 指数名义价格。

构建拉格朗日方程，并对 C_Y 求一阶必要条件得

$$\exp\{-\rho(\tau-t)\}/C_Y = \xi_{(t)} \cdot \exp\{-r(\tau-t)\}p_{Y(\tau)} \tag{5-44}$$

其中，$\xi_{(t)}$ 为拉格朗日乘数，表示预算约束的影子价格。

则有动态方程

$$\sigma \dot{E}/E = \sigma \cdot \frac{\partial E/\partial t}{E} = \dot{C}_Y/C_Y + \dot{p}_Y/p_Y = r_{(t)} - \rho \tag{5-45}$$

为方便讨论，引入“特殊计价物”，使任意时点的全世界支出均为常数，即

$$E_{(\tau)} = 1,\ \forall \tau \in [t,\ \infty) \tag{5-46}$$

则有必要条件

$$\begin{aligned} r_{(t)} &= \rho \\ \xi_{(t)} &= 1 \end{aligned} \tag{5-47}$$

（二）制造业部门

首先，就传统产品 Z 部门进行假设：各国竞争性厂商均获得相同的时间不变（Time-invariant）、规模报酬不变的生产技术。特殊地，若某国完全不生产传统产品，其单位生产成本可能超过世界价格。为规避出现边角解的可能性，附加假设：两国都生产该传统产品，即非完全专业化。则有

$$p_Z = c_Z(w_L^i,\ w_H^i) \tag{5-48}$$

其中，w_L^i 和 w_H^i 分别表示 i 国非熟练劳动与熟练劳动所获报酬，$c_Z(\cdot)$ 表示传统产品 Z 的单位生产成本。

其次，基于差异性中间投入品 x 部门假设此类产品只在专利所属国生产，并且生产技术亦服从规模报酬不变特征。令 $c_x(w_L^i,\ w_H^i)$ 表示 i 国差异性中间投入品的单位生产成本。假设专利持有者通过索取租金，直接影响中间投入品的定价策略。由对称性可得，i 国生产的差异性中间投入品具有统一价格 p^i，即

$$p^{i}=\frac{1}{\alpha}c_{X}(w_{L}^{i},\ w_{H}^{i})\quad i=A,\ B \tag{5-49}$$

从而，专利持有者获得占收益（1 - α）比例的利润。由 CES 形式设定，i 国专利持有者面临全世界的需求是明确的，并依此将产量策略定为

$$x^{i}=[\frac{(p^{i})^{-\varepsilon}}{n^{A}(p^{A})^{1-\varepsilon}+n^{B}(p^{B})^{1-\varepsilon}}]\sigma E\quad i=A,\ B \tag{5-50}$$

其中，n^{i} 表示 i 国拥有专利数；$\varepsilon=\frac{1}{(1-\alpha)}$ 表示固定的需求替代弹性。于是，当世界总支出标准化为 $E=1$ 时，i 国专利持有者所获利润流为

$$\pi^{i}=[\frac{(p^{i})^{1-\varepsilon}}{n^{A}(p^{A})^{1-\varepsilon}+n^{B}(p^{B})^{1-\varepsilon}}](1-\alpha)\sigma\quad i=A,\ B \tag{5-51}$$

（三）R&D 部门

对于研发产出 γ，i 国的单位研发成本为 $\frac{c_{\gamma}(w_{L}^{i},\ w_{H}^{i})}{K_{n}^{i}}$，其中 K_{n}^{i} 表示该国累积的知识存量，包含研发过程中研究者能自由获得并使用的一般性知识。由前述假设：知识一旦产生便立即无成本扩散至国际而变为公共资本可知，世界范围内各企业 R&D 部门均享有相同知识：$K_{n}^{A}=K_{n}^{B}=K_{n}$。特殊地，令知识存量与 R&D 活动累积的经验成比例，并使 $K_{n}=n$，这里 $n=n^{A}+n^{B}$，代表世界专利总数。假设均衡下两国 R&D 并非完全专业化，则“自由进入”条件要求

$$v^{i}=\frac{c_{\gamma}(w_{L}^{i},\ w_{H}^{i})}{n}\quad i=A,\ B \tag{5-52}$$

其中，v^{i} 表示 i 国专利当前价格。特殊地，如果某国完全不承担 R&D 工作，则其专利价格可能不足以承担新专利开发的耗用成本。为规避出现边角解的可能性，均衡下“非套利”条件要求任何专利都能在本国资本市场上获得公允报酬，即

$$\frac{\pi^{i}}{v^{i}}+\frac{\dot{v}^{i}}{v^{i}}=r^{i}\quad i=A,\ B \tag{5-53}$$

在稳态下，如果要素实际报酬为常数，名义报酬就将以平衡增长的速度递减，且名义利率水平 r 在世界范围内等于 ρ，该条件可简化为

$$\frac{\pi^i}{v^i} = \rho + g \quad i = A,\ B \tag{5-54}$$

其中，$g \equiv \frac{\dot{n}}{n}$ 既表示世界范围内新专利增长速度，也代表全球知识存量增长率。当总供给 $Z^A + Z^B$ 等于总需求时，传统产品市场出清，此时家庭对传统产品的消费支出占总支出 $E = 1$ 的比重为 $1 - \sigma$，有

$$Z^A + Z^B = \frac{1 - \sigma}{p_Z} \tag{5-55}$$

另外，式（5-49）已描述了每种差异性中间投入品的市场均衡。最后，各国要素市场也要满足供需平衡

$$a_\gamma(w_L^i,\ w_H^i)\zeta^i g^i + a_x(w_L^i,\ w_H^i)X^i + a_Z(w_L^i,\ w_H^i)Z^i = \binom{L^i}{H^i} \tag{5-56}$$

其中，L^i 和 H^i 分别表示 i 国非熟练劳动和熟练劳动要素供给；$X^i \equiv n^i x^i$ 表示 i 国差异性中间投入品总产出；$g^i \equiv \frac{\dot{n}^i}{n^i}$ 表示 i 国新专利的增长率；$\zeta^i = \frac{n^i}{n}$ 表示 i 国拥有专利占世界专利总数的比重；向量 $a_j(\cdot)(j = x,\ Z)$ 以及 $\frac{a_\gamma(\cdot)}{n}$ 分别代表两部门产品及 R&D 活动的单位投入系数。

（四）世界稳态均衡及特征

稳态下，各国 R&D、传统产品生产及差异性中间投入品生产三种经济活动资源的长期配置趋于稳定。由于假设 R&D 并不完全专业化，则“自由进入条件”对两国均适用，再叠加“非套利”条件，可推出

$$\frac{\pi^A}{c_\gamma(w_L^A,\ w_H^A)} = \frac{\pi^B}{c_\gamma(w_L^B,\ w_H^B)} \tag{5-57}$$

利用利润与收益之间的比例关系，代换 π^A 和 π^B，可得

$$\frac{c_x(w_L^A,\ w_H^A)^{1-\varepsilon}}{c_\gamma(w_L^A,\ w_H^A)} = \frac{c_x(w_L^B,\ w_H^B)^{1-\varepsilon}}{c_\gamma(w_L^B,\ w_H^B)} \tag{5-58}$$

以上两式表明，如果各国 R&D、传统产品生产及差异性中间投入品生产三种经济活动均保持活跃，并能够根据各自要素密集度进行排序，则只有两国要素价格相同，才能同时满足不同经济活动单位生产成本之间的关系。换

言之，如果各经济活动的要素密集度不随时间变化，且两国始终处于不完全专业化状态，则任何稳态都必须是要素价格均等化均衡。应注意到：假设非完全专业化并引入传统消费品是为凸显要素价格均等化贸易均衡（FPE）的合理性，而只有它才可能成为一体化均衡的复制模式。但并非所有 FPE 都是一体化均衡的最优解，某些 FPE 虽在静态上资源配置得当，但在动态上可能出现 R&D 活动由一国垄断的情况，从而打破非完全专业化。

二、要素价格均等化的贸易均衡

当各国要素禀赋结构差别不太大时，总存在一个要素价格均等化的贸易均衡，能够复制完全一体化稳态。使用 Dixit 和 Norman（1980）的方法论进行简要证明。首先，找出假想的完全一体化的稳态均衡，其特征为商品、要素、资本和知识自由流动。其次，假设世界经济分割为两个独立国家，两国均保留与一体化均衡相同的技术机会。是否存在一种可行的资源配置使商品和 R&D 产量能够达到一体化均衡水平？如果答案为“是”，那么在该均衡条件下的贸易模式为何？是否唯一？

（一）贸易均衡下的资源配置

图 5-3 显示的长方形中，水平方向代表非熟练劳动的世界禀赋分配 $L = L^A + L^B$，垂直方向代表熟练劳动的世界禀赋分配 $H = H^A + H^B$。线段 O^AM^A 代表完全一体化均衡下 R&D 活动的资源耗用；当给定世界资源存量 L 和 H 时，可通过求解封闭经济下资源配置均衡问题获得该向量。类似地，线段 M^AN^A 代表完全一体化均衡下生产差异性中间投入品的资源耗用，线段 N^AO^B 代表生产传统产品的资源耗用。可以看出，R&D 在三种生产活动中最密集地使用熟练劳动，而传统制造业最密集地使用非熟练劳动。应注意：三种生产活动将完全耗尽世界要素总供给。

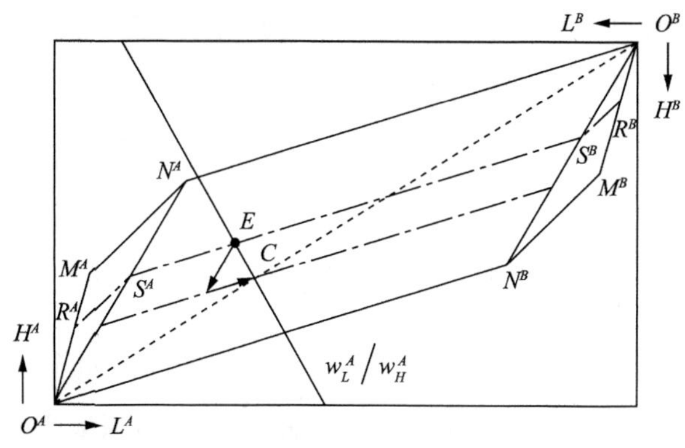

图 5-3　要素价格均等化下的贸易均衡实现

假设存在 A 、B 两国，各国资源禀赋由长方形内部的 E 点给出。当 E 点位于长方形对角线上方时，A 国熟练劳动相对丰裕而 B 国非熟练劳动相对丰裕。由于 E 点位于四边形 $O^AN^AO^BN^B$ 内，实际上对两国禀赋结构差异已做出限制。基于各自的资源禀赋，A 、B 两国各自找到资源配置均衡点。

以该资源配置为基础，任一时点下总产出与完全一体化均衡是否相同？首先，A 国的 R&D 资源耗用为 O^AR^A ，B 国则耗用 R^BO^B ，于是利用相同技术，二者加总与完全一体化均衡相同；其次，A 国生产差异性中间投入品的资源耗用为 R^AS^A ，B 国则为 S^BR^B ，于是利用相同技术，二者加总与完全一体化均衡相同；最后，A 国生产传统产品的资源耗用为 S^AE ，B 国则为 ES^B ，于是利用相同技术，二者产出与完全一体化均衡相同。由上所述，模型提供的资源配置方式确实有效，因它完全复制了一体化均衡下的生产规模（供给侧）。

（二）贸易均衡下的出清条件

下一步将论证，在各国的要素价格和商品价格与完全一体化均衡下相同的条件下，本书提出的资源配置、生产与贸易模式是否将构成世界均衡。首先考虑生产者均衡。在制造业部门，一体化均衡下传统产业只得零利润，而贸易均衡因要素价格与之相同，也能保证该产业处于盈亏平衡。差异性中间投入品与一体化均衡均以“边际成本加成定价”作为定价策略。在 R&D 部门，研发成本也与一体化均衡下一样，各国专利价格都满足“非套利”条件。

其次考虑消费者均衡。由于对所有产品的需求独立于资源配置，因此要素均等化的贸易均衡下世界总需求与一体化均衡下相同。因此，所有产品市场必定出清，模型所提供的资源配置模式能够确保总需求。

进一步还需证明：两国新专利增长速度与各国能够生产的差异性中间投入品种类相适应。任一时点下，A 、B 两国新专利之比 $\frac{\dot{n}^{A}}{\dot{n}^{B}}$ 等于两向量 $O^{A}R^{A}$ 与 $R^{B}O^{B}$ 的长度之比。稳态下，上述比率必须等于两国既有专利比率 $\frac{n^{A}}{n^{B}}$，方能保证长期内研发活动不完全专业化。由于任意差异性中间投入品具有相同价格，因此其世界需求对称（$x^{A}=x^{B}$）。从而，A 、B 两国生产的差异化中间投入品种类之比 $\frac{n^{A}}{n^{B}}$，应等于这些中间投入品的总产出之比 $\frac{X^{A}}{X^{B}}$，即等于各国生产差异性中间投入品的资源耗用之比。该比率由向量 $R^{A}S^{A}$ 与 $S^{B}R^{B}$ 的长度比率给出。由三角形 $O^{A}R^{A}S^{A}$ 与三角形 $O^{B}R^{B}S^{B}$ 的相似性，可推出所要求的关系。至此，我们确信所提供的配置方式为存在贸易的世界经济建立了一个长期均衡。

理论上，包括三种经济活动（传统产品/差异性产品/R&D 产品）和两种初级要素的静态贸易模型允许有多种配置方式，都能耗尽两国各自的禀赋（Dixit & Normen，1980），但生产与贸易模式并不唯一。然而具体到本模型中，如果要求两国长期保持不完全专业化，则稳态下资源配置必定如图 5-3 所示，即保证了贸易模式的唯一性，因为动态模型要求两国差异性中间投入品的产出水平与其专利增长速度一致。根据图 5-3，点 S^{A} 必定位于 $O^{A}N^{A}$ 之上。换言之，A 、B 两国提供给 R&D 与差异性中间投入品的这种“综合活动”（Composite Activity）的资源向量，必须与在一体化均衡下为这种“综合活动”提供的资源向量成比例。

三、贸易均等化下各成员的生产专业化模式

稳态下，尽管 A 、B 两国的专利增长速度相等，但熟练劳动相对丰裕的 A 国会比其贸易伙伴 B 国承担更多的 R&D 活动，即 $\frac{\zeta^{A}g^{A}}{Z^{A}}>\frac{\zeta^{B}g^{B}}{Z^{B}}$。凭借其在研发活动方面的专业化优势，$A$ 国将拥有生产更多种类创新产品所需的技术知

识，即 $\frac{n^A}{Z^A} > \frac{n^B}{Z^B}$。从而，$A$ 国将生产更多的代表性差异产品，即 $\frac{X^A}{Z^A} > \frac{X^B}{Z^B}$。这些关于世界专业化模式的推测，与那些以要素禀赋为基础的贸易理论所得结论非常相似。各国间要素结构的相对差异决定了生产专业化的长期趋势。

这种专业化模式如何决定长期的国际贸易模式？首先，应注意模型预测了产业内贸易（Intra-industry Trade）的情况，即两国企业都只出口它们自己开发的独一无二的差异性中间投入品，并无研发冗余。这种贸易模式的基础与差异性中间品的静态模型相同（Krugman，1981；Dixit & Norman，1980；Ethier，1982a；et al.）。家庭的消费需求呈多样化特征，企业投入固定成本生产差异性产品，生产技术具有规模报酬递增特征。在静态模型中，固定成本是生产总成本的组成部分，而在动态模型中，固定成本则是领先者需支付的研发费用。无论哪种情况，两国均会出口自己的品牌产品，同时进口国外已经生产出来的品牌产品，而不会再花费巨大的固定成本去模仿生产别国的品牌产品。

关于产业间贸易（Inter-industry Trade），应考虑以下两种情况：

（1）如果金融资产不能跨国流动，那么两国必须使用本国储蓄为本国R&D 提供资金。由于各国贸易账户必须时时保持平衡，所以两国间贸易模式为：一国进口传统产品，并（净）出口中间投入品；而另一国出口传统产品，并（净）进口中间投入品。其中，一方面，熟练劳动相对丰裕的 A 国会在差异性中间投入品生产领域相对专业化。但是，该国居民对每种产品的消费都必须等于世界总产量中的 E^A 份额。于是，A 国差异性中间投入品将有贸易盈余。另一方面，非熟练劳动相对充裕的 B 国，将净进口差异产品，并出口传统产品。这种部门间贸易模式符合 Heckscher-Ohlin 模型的主体结论。

（2）如果各国均可在国际资本市场上进行金融资产交易，则各国仅需平衡其贸易流现值即可。在稳态下，一国可以用服务账户上的盈余来平衡贸易账户上的赤字。在任一时点下，赤字国有机会同时成为一个差异产品和传统消费品的净进口国。如果一个熟练劳动相对丰裕的国家在长期均衡下，同时进口差异产品与传统产品，则传统产品的消费总量中的进口所占份额，会大于差异性中间投入品消耗总量中的净进口所占份额。如果一个非熟练劳动力丰富的国家在稳定状态下，同时进口这两种商品，则其差异性中间投入品的进口渗透率会大于传统产品的相应比率。于是，如果长期贸易的不平衡状态不严重，以至于某国成为两类部门的净进口国的话，稳态时贸易模式仍符合 Heckscher-Ohlin 模型。

产品专业化模式还将影响两国的相对增长率。各国总的生产产出增长率是两个生产部门生产率增长率的加权平均。为得到这个加权平均，可以各个部门在产业产出总值中所占的份额作为权数。上文模型认为：各国生产差异性中间投入品部门有着相等的生产产出增长率。但是，熟练劳动相对丰裕的国家与非熟练劳动力相对丰裕的国家相比，其高技术部门在国民经济中占有较大的份额，这意味着前一个国家实际产出的增长率将快于后一个国家实际产出的增长率。当然在稳态下，各国会有相同的实际消费增长率，这是因为两国的长期利率是相同的，且每个国家都可以通过贸易获得任何一种创新产品。

第三节　经济一体化、创新与经济增长

从历史的发展脉络来看，发达工业化国家与发展中国家之间的贸易主要体现为：前者生产并出口含有较高技术因素的资本密集型和人力资本密集型产品，后者生产并出口劳动密集型的初级产品。但最近几十年来，产品周期在南北贸易中获得更为明显的体现。产品周期贸易是指发达国家技术研发的高科技含量产品首先出口至发展中国家，然后发展中国家逐渐占有这些产品的生产过程，而发达国家继续开发并生产更新类型的产品。在以前，由于发展中国家的科研能力尚十分有限，从属于发达国家的跨国公司在发展中国家进行海外投资是技术扩散的主要渠道，但最近情况表明，发展中国家的许多企业已具备模仿发达技术的能力。如今，发展中国家的创新研发与技术进步更多的是由模仿活动和南北贸易带来的。

以上所描述的周期性循环立即引出一个问题，即：发展中国家模仿及研发活动如何影响发达国家继续投入研发的动力？从表面来看，答案是显著的。发展中国家模仿者进入某一市场后，发达国家专利持有者的垄断地位即被打破。如果模仿活动仅对发达国家有影响，则发展中国家更快地学习吸收将导致发达国家的创新活动减速。但上文中 Grossman 和 Helpman 一般均衡框架下的开放经济内生增长模型提供了另一种可能性，即发展中国家的模仿速度越

快，发达国家生产的创新产品份额就越小。于是，那些未被模仿的发达国家厂商将在本国要素市场中拥有更少的竞争者，而那些幸存于市场上的发达国家厂商的收益将更高。

并且在某些情况下，这种效应将导致模仿速度越快，创新者的预期利润就越高，尽管垄断者的平均收益此时已然下降。举例来说，假定水平差异性产品在一国家庭支出结构中占据重要位置，则发展中国家的模仿速度提高，或许是由于发展中国家的模仿能力有所提高，或许是由于发展中国家的政策干预促进了学习活动，它将带来创新活动事前收益的提高。于是，生产活动将从发达国家向发展中国家转移，并将带来发达国家创新活动的提速。

然而，相反的结论也有可能。如果发达国家既生产传统产品，也生产高技术产品，即并不完全专业化，那么发展中国家模仿活动将减弱其技术研发与投入动力。于是，发达国家在这些已被模仿而丧失垄断利润的行业中的资源被释放出来，并积极寻找其他可替代生产活动。另外，当发达国家致力于产品质量提高的技术创新时，发展中国家的模仿会妨碍发达国家创新。不过，该情况下存在一种负反馈效应。也就是说，一旦发展中国家厂商发现技术过时速度过快，便会减少对模仿学习活动的投资。于是，发达国家促进创新的政策将阻碍发展中国家的赶超过程。

当发达国家与发展中国家由于缔结区域贸易协定而致力于局部的贸易自由化时，这种更紧密的经济互动关系将使上述分析更加复杂，更难以分析出结果。一方面，协定内成员之间贸易增加，为发展中国家接受并学习发达国家先进技术提供了良好的外部渠道；另一方面，发达国家获得发展中国家的市场准入，能有效降低其在专利研发上固定成本的比重，提高预期利润率，从而倾向于吸引更多稀缺资源进入发达国家 R&D 部门。但同时，发展中国家的模仿学习活动将破除发达产品的垄断特权，从而在发展中国家本国和国外两个层面引入竞争行为。这对于发达国家的专利价值是一个打击，但也可能由于预期利润削减而造成原本相对稀缺的 R&D 密集使用的要素能够比较经济地获得。无论如何，发展中国家与发达国家缔结的 RTA，使两国致力于增加新种类产品（研发或模仿）的经济活动不可避免地发生了关联，并且这种关联在两国存在更大互补性的前提下，更有可能呈现对发展中国家的正效应。

第六章　南北型区域贸易协定与成员国技术扩散：经验证据

本章全面评估了缔结 NAFTA 对墨西哥经济增长和商业周期的影响。无论是对墨西哥与其 NAFTA 伙伴国之间贸易的刺激作用，还是对资本流动急剧增加的影响，及其对墨西哥本国经济增长和商业周期动态的影响，都参考了典型事实和新近研究成果。最后，总结墨西哥参与 NAFTA 的经验教训，以供未来有意参与南北型 RTA 的发展中国家的政策制定者参考。最重要的是，在日益全球化的贸易体系中，应采用双边与区域自由贸易安排来加速，而不是推迟结构性改革。

25 年前，加拿大、墨西哥与美国缔结 NAFTA，建立了当时世界上最大规模的 FTA，直到 2018 年底才被日本—欧盟 FTA 超越。该协定是全球贸易政策的一个分水岭，不仅因其经济规模空前庞大，还因其议题条款具有全面性与完善性，涉及商品贸易、直接投资、劳动力市场和环境保护等问题并制定了高标准规定。然而，该协定最重要的意义可能在于它建立在发展中国家和高度发达国家之间，这种南北型 RTA 形式促使协定内伙伴国之间的贸易和资本流动急剧增加，助力北美成为全球经济一体化程度最高的地区之一。

关于墨西哥对外贸易与资本流动增长背后的收益与成本问题的争议从未停歇，因此 NAFTA 提供了衡量 RTA 对发展中国家实际影响的绝好案例。直接获益当然是贸易壁垒的下降和市场准入的改善，无疑对墨西哥面临的宏观经济环境产生显著影响。但过去数十年全球范围内发生的其他重大经济冲击，同样对墨西哥经济发展路径产生深远影响，包括：①1994 年墨西哥遭受严重金融危机，即龙舌兰危机，迫使墨西哥比索大幅贬值；②NAFTA 成员国在同一时期分别缔结的其他自由贸易安排；③更广泛的全球周期性经济环境变迁，包括从 20 世纪 90 年代初经济衰退中恢复，到 20 世纪 90 年代末期的经济繁荣，以及最近的经济衰退。因此，试图从墨西哥的经济绩效中将 NAFTA 的影响完全抽离出来尤显困难。

尽管如此，经济数据似乎仍然有力支撑了 NAFTA 在促进协定内贸易和资本流动方面发挥重要作用这一基本论点。对于墨西哥而言，真正重要的是区内贸易性质与模式已发生显著变化，尤其表现为出口部门产品品类已由初级产品向工业制成品发生转移，并且 NAFTA 伙伴国间垂直专业化程度迅速提升，公司内贸易大幅增加。最近的研究还表明，NAFTA 成员资格显著影响了流入墨西哥的外商投资。NAFTA 伙伴国间区域经济一体化增加，对墨西哥的商业周期与其他伙伴国的联动性也产生重大影响，过去数十年中 NAFTA 伙伴国间商业周期互动显著增加。这些典型事实均从不同侧面反映了墨西哥经济结构的显著变化，降低了国家特定冲击在驱动墨西哥商业周期中的作用。这些又是好是坏呢?

本章研究归结为以下三个方面：首先，回顾 NAFTA 谈判基本事实及重要议题构成，通过图表法等揭示墨西哥参与 NAFTA 所获收益；其次，通过使用各种数量方法，分析 NAFTA 对墨西哥商业周期互动性的影响；最后，在成员国联动性获得强化的基础上，研究作为墨西哥经济增长源泉的技术进步的来源与比例。

第一节　缔结 NAFTA 的背景与基础

一、NAFTA 谈判与成员目标

NAFTA 之前的 20 世纪 80 年代中期，美国、加拿大、墨西哥三国已展开各级双边贸易谈判。墨西哥与美国分别在 1985 年、1987 年和 1989 年就特定部门进行贸易谈判并达成框架协议；墨西哥与加拿大也在 1990 年开始讨论加强双边贸易关系；加拿大与美国在 1986 年开始谈判 FTA，并于 1989 年缔结 CUSFTA。NAFTA 谈判于 1991 年正式启动，归功于其成员早前已分别完成双边谈判，此轮谈判被迅速推进并于次年完成。美国、墨西哥两国于 1993 年批准了 NAFTA，加拿大也在 1993 年底批准这一协定：最终，NAFTA 于 1994 年

1月1日生效。

NAFTA在以下几个方面可称是富有开创性的协定：首先，从成员构成来看，该协定是发达国家与发展中国家间第一次全面的贸易自由化尝试；其次，从经济规模上，它是当时世界上涵盖GDP规模最大的FTA，即使按贸易总额计算也仅排在欧盟之后；最后，因其在广泛领域放开贸易管制，引入独特的争端解决机制，还包括劳工和环境保护问题附带协议，对于未来RTA范式的影响力不同寻常。

二、NAFTA的关键条款

NAFTA旨在消除所有关税并大幅削减成员间非关税壁垒。该协定尤其强调缔结协定后的前10年要取消大部分关税和其他贸易壁垒，并将在2008年前消除大部分剩余关税。作为发展中国家，墨西哥关税水平本身高于其他成员，从而加入NAFTA后承担了最大比例的关税削减任务。墨西哥的平均关税税率由1993年的12%降至2001年的1.3%，同一时期，墨西哥进口关税税率从大约2%下降到0.2%。不过，由于作为NAFTA主导者的美国施加于协定外国家的进口关税远高于对墨西哥的关税，墨西哥出口导向型部门获得了相当可观的优势。

但同时，一些敏感部门仍受到NAFTA特定条款的保护。例如，NAFTA规定美国、墨西哥之间，以及加拿大、墨西哥之间实施相对独立的农业市场准入标准。在与CUSFTA结合考虑时，这些规定确立了三项单独的农业双边协议。此外，NAFTA还包括全面的原产地规则要求，产品通常必须全部在北美生产，或来自成员，才有资格获得关税优惠。此外，NAFTA还包含保障条款，以刺激成员进口激增。

NAFTA包含涉及投资流动、金融服务、政府采购和知识产权保护等的大量规定。例如，NAFTA取消了许多投资障碍，并纳入保护直接投资者权利条款。NAFTA关于金融服务的条款涵盖银行、保险和证券行业，并提供在这些行业中投资者的权利，但有一些例外情况。NAFTA的政府采购条款取消了对北美公司向成员国联邦和州政府提供的大部分非国防商品和服务的“购买国家”限制。此外，NAFTA还为各成员的知识产权保护和执法制定了全面的标准。

NAFTA 还引入解决争端的独特机制，并纳入涉及劳工和环境保护问题的附带协议。NAFTA 制定了由最终反倾销和反补贴税确定的双边小组审查程序，其中包括政府间争议解决的详细程序。此外，NAFTA 制定了采取保障措施和赔偿规则的明确程序。最后，NAFTA 还附带北美劳务合作协议，促进国内劳动法有效执行；还包括北美环境合作协定，确保贸易自由化与环境保护努力相互倚持。

三、20 世纪 90 年代中期前后的墨西哥经济概况

（一）参与 NAFTA 前墨西哥的经济发展

20 世纪 30 年代中期至 80 年代初，墨西哥经济曾经历快速的资本积累，它是以在两次世界大战间隔期得以发生并在“二战”期间得到加强的世界经济与墨西哥国内经济的结构转型所带来的盈利水平提高为基础的。但到了 20 世纪 60 年代后半期，这一轮强大的资本积累过程却伴随着墨西哥利润率不断下降的趋势，并且这种趋势一直持续到 20 世纪 80 年代中期。随之而来的经济结构性危机（龙舌兰危机）最终让位于新自由主义重建，同时长期的资本积累情况仍在继续。在新自由主义时期，制造业中新自由主义重建的一般特征值得深究，其中劳动力作为对外开放的前兆和结果，其重要性在这一过程中被充分体现，并发挥了核心作用。在墨西哥对外开放的不同阶段，其制造业参与世界市场的过程以及激烈的国际竞争，对墨西哥制造业产业绩效产生不同影响。此外国内生产总值（GDP），外商直接投资（FDI），投资、生产效率的变化，就业和实际工资等方面均对不同部门的比较动态产生影响。

在 1994 年加入 NAFTA 之前，墨西哥经济处于始于 20 世纪 80 年代后期的稳定态势和改革计划的后期执行阶段。该计划类似于 20 世纪 90 年代在该地区采取的其他计划，包括通货膨胀控制，尤其针对金融部门实施了基于汇率的货币锚制度，以及开放市场并大力推进自由化等形式。然而随着时间的推移，由于比索始终被高估，外部竞争力下降，墨西哥政府为维持这一计划而遭遇的挑战有所增加。此外，不审慎的财政政策和过度依赖外部借款，也导致墨西哥国内金融的脆弱性。

在此背景下，到 1994 年初，墨西哥已面临严重经济失衡，包括面对强劲的国内支出金融部门已暴露出的若干问题、对财政收支前景的担忧加剧以及私人资本的持续外流、账户经常赤字且不断扩大等。随着其他信贷渠道行将枯竭，决策当局对市场压力的初步反应是转向风险越发畸高的融资工具。当危机最终于 1994 年底爆发时，汇率贬值所引致的资产负债表效应放大了负面影响，政府被迫广泛干预以支持金融机构，但仍无法缓解货币大幅贬值、产出暴跌、通胀大幅上升等问题。

表面上，处于这种不稳定的宏观经济环境下的墨西哥，想要从 NAFTA 中获益却看不到任何希望。汇率和通胀的极大不确定性，叠加国内金融中介和外部资本流动的急剧收缩，严重损害了投资者信心。但从别的角度看，危机使墨西哥获得贸易自由化的更有利条件，最为重要的是危机使墨西哥的实际汇率大幅贬值，促使其国内决策者坚定地致力于强化政策框架，包括出台灵活汇率制度、通胀控制以及改善财政状况和全面解决银行业问题等全面措施。

（二）参与 NAFTA 后墨西哥的经济绩效

虽然 1994—1995 年危机过后引发的直接产出萎缩是墨西哥自 20 世纪 30 年代以来经历的最严重萎缩，但这种政策组合导致经济活动快速复苏，尤其与 1982 年危机相比更是如此。以 GDP 为例，1994—1995 年危机后，墨西哥 GDP 下降速度比在 1982 年危机时尤甚，但这一次的迅速反弹并在 1997 年第一季度即恢复至危机前水平，相比 1982 年危机后的 3 年多尚未恢复到危机前水平的情况要好得多。再以投资为例，虽然两次危机后投资比例大致相当，但投资回收率却存在明显差异。在 1982 年危机后，投资在 1991 年之前尚未恢复至危机前水平。相比之下，1994—1995 年的危机中投资的复苏要快得多，到 1997 年第三季度投资已恢复至危机前的水平。

1994—1995 年危机的迅速恢复，至少部分可归因于 NAFTA 的成员国资格为墨西哥国内改革进程赢得的信誉。1982 年危机后，墨西哥对进口产品实施关税增加至 100% 的规制，并对所有进口品实行严格的许可要求。在 1994—1995 年危机期间，虽然墨西哥增加了部分对非 NAFTA 国家进口的关税，但大体履行了其在 NAFTA 应负的义务并继续实施改革方案。政策反应的变化影响了贸易流动动态：1994—1995 年危机后的出口和进口增长远快于 1982 年。此外，与 1982 年危机后墨西哥需 7 年才重返国际资本市场相比，1994—1995 年危机后仅耗时 7 个月。

一些研究认为，NAFTA 在墨西哥和美国制定针对 1994—1995 年危机的政策方面发挥了重要作用。世界银行（2000）声称，只要维持改革计划，墨西哥就能得到美国给予的优惠待遇援助，促使墨西哥在危机期间坚定执行改革议程。作为回报，美国通过提供大笔贷款来帮助墨西哥解决其国际收支问题，从而全力支持墨西哥的稳定和改革方案。

墨西哥允许汇率灵活调整以适应冲击。事实证明，鉴于政策制定者对通胀控制的承诺，问题比过去更少。1995 年底，通货膨胀率达到 52%（12 个月的比率），远低于该地区金融危机期间的通货膨胀率。然后在整个 10 年的后半期稳步下降。到 2003 年，墨西哥有现代历史上最低和最稳定的通货膨胀率。随着通货膨胀下降和政策信誉增加，汇率变化导致国内价格下跌，使名义汇率在缓冲外部冲击的影响方面发挥更大作用，而不会破坏金融市场或国内经济的稳定。

1996—2000 年，墨西哥的实际产出增长强劲，叠加进出口占 GDP 比例上升，经济大幅度开放。最重要的是与 NAFTA 伙伴国的贸易增长。墨西哥出口部门的大幅度开放为其龙舌兰危机的恢复过程提供了一个关键的增长引擎。与此同时，贸易深化使墨西哥通过纠正之前大规模资本流动与小额贸易流量之间的不平衡而更加适应国际资本流动的冲击。相比之下，该地区其他一些国家如阿根廷和巴西，在 20 世纪 90 年代几乎从未经历过贸易深化，部分原因是不灵活的汇率制度无法通过名义汇率贬值来刺激出口。

（三）参与 NAFTA 前后墨西哥制造业的结构转型

对外开放使制造业不再仅是面向国内市场的生产部门，还成为重要的出口部门，这一转变在经济结构和经济发展方面意味着深刻的变化，与一国的外贸转型、制造业增长、外商直接投资、生产率变化等都有重要关联。

墨西哥制造业在新自由主义时期的对外开放，经历了出口繁荣和进口扩张等不同阶段，包括：早期阶段（1982—1993 年），新自由主义繁荣阶段（1994—2000 年），新自由主义局限阶段（2001—2007 年）以及新自由主义的全球危机阶段（2008—2016 年）。在前两个阶段中，墨西哥对外开放的进程有力促进了其与世界市场的紧密联系，不仅对墨西哥制造业增长与整体经济增长有较大作用，还扭转了 1970—1981 年制造业产业的下行趋势。制造业部门占国内生产总值的份额，从 1983 年的最低 15.8%增加到 2000 年的最高 19.0%。前两个阶段中制造业的积极态势也可以解释为是由 1982—1983 年、1986 年和 1994—1995 年周期性危机中比索的大幅贬值所造成的。

墨西哥新自由主义出口的繁荣在 21 世纪初表现出一定的局限性，这与来自亚洲经济体特别是中国的国际竞争的激烈程度有所加剧有关，因此制造业占国内生产总值份额的下降趋势一直延续至 2009 年，这期间包括了 2001—2002 年以及 2007—2009 年为避免比索大幅贬值的周期性危机，对制造业部门的严重影响。墨西哥制造业在新自由主义时期，只能维持其占 GDP 的份额，尽管如此，这种表现仍然优于美国制造业。美国制造业在新自由主义时期占 GDP 份额下降了 7.5%。

墨西哥经济数据显示，1982—1993 年经济增长与具体到制造业部门的出口增长没有正相关关系，这表明墨西哥国内市场对于对外开放初期的行业发展仍然非常重要。具体到制造业细分产业，如食品、饮料、烟草、纸张、印刷和相关活动、化学制品、塑料和橡胶制品以及非金属制品等，在此期间仍保持相对封闭，这些部门的生产占这一时期墨西哥制造业生产份额的一半。与此同时，最具活力的出口部门产业增长率相对较低，如金属制品、机械制品、木材和家具以及初级金属制品等。

随着 NAFTA 的实施，墨西哥的对外开放进程有所加强，并巩固了国外市场作为制造业部门的经济表现主要决定因素的重要地位。观察墨西哥 1994—2016 年的经济数据可以看到，其经济增长与出口增长之间存在正相关关系。北美自由贸易区时期的主要出口部门包括运输设备、计算机、电子和电气产品等，以及份额相对较小的金属制品、机械和家具等部门，均具有相对较高的增长率。与此同时，对于食品、饮料、烟草、纸张、印刷和相关活动等部门，墨西哥国内的市场仍然是其增长引擎，为其保持占 GDP 份额起到重要作用。墨西哥近 30 个制造业部门在国外市场和国内市场之间有所侧重。

墨西哥在对外开放过程中，在产值占国内生产总值份额方面体现出有明显优势的制造业产业为运输设备，该行业成为墨西哥面向世界市场优秀表现的支柱产业，在新自由主义时期便已经占据了墨西哥制造业产值 11%的份额。纺织品、服装和皮革产业则代表了相反的情况：该产业的蓬勃发展在与亚洲和中美洲经济体的激烈竞争中受到严重影响，在新自由主义时期占墨西哥制造业产值的份额下降了 6 个百分点。

制造业的蓬勃发展和其产品的出口繁荣，是跨国公司全球战略中对外开放程度加深的重要成果，尤其在国际市场中表现较好的制造业行业，受对外开放进程影响的程度更大。一些跨国公司为保持自身的低成本优势，对于劳动力成本低廉、生产成本较低的国家进行投资，并设置低技能劳动力装配生产厂。就墨西哥而言，作为美国出口平台的优越地理位置对来自美国的投资有极大的便利性和吸引力。

墨西哥吸引跨国公司外商直接投资的流入，对于其对外开放战略的实现起到关键作用。1982—1993 年，墨西哥获得的外商直接投资总额仅为国内生产总值的 1.1%，1994—2000 年这一数字翻了一番，2001—2007 年翻了三番，2008—2016 年略有下降。其中制造业吸引了 1994—2016 年北美自由贸易区外商直接投资总额的一半以上，墨西哥成为外商直接投资的重要目的地。2003—2007 年，墨西哥吸收的外商直接投资占其固定资本投资总额（the Gross Fixed Capital Formation，GFCF）的 1/3 以上，2008—2015 年则几乎为 1/4，说明了跨国公司在该领域的重要性。其中外商直接投资多为绿地投资，因此在新自由主义时期，跨国公司对墨西哥制造业生产结构的转变起到了关键作用。

具体到制造业产业层面，外商直接投资主要涉及墨西哥两类制造分部门：主要出口部门及主要面对国内市场的部门。其中运输设备、计算机、电子电气产品、金属制品、机械和家具等主要出口部门吸收的外商直接投资几乎占制造业部门 FDI 的一半份额，而食品、饮料和烟草、金属制品、化学、塑料和橡胶制品等主要面向国内市场的制造业产业也吸引了大约一半的制造业外商直接投资，这说明外资公司对墨西哥国内市场十分看重。2003—2015 年获得较高比例外商直接投资的制造业部门主要有金属制品、食品、饮料和烟草、非金属制品、化学、塑料和橡胶制品以及运输设备。

2003 年以来，墨西哥的外商直接投资流入促进了制造业的快速发展，制造业获取了墨西哥外商直接投资约 1/5 的较大份额，2003—2007 年以及 2008—2015 年，相对于国家固定资产投资总额的平均水平，其制造业固定资产投资总额增速较高，尤其是 2008—2015 年表现更为突出。此外，墨西哥制造业的投资率也高于美国的同期水平。需要注意的是，若以墨西哥与美国的投资率差异进行衡量，具有更大投资流量的制造业部门是墨西哥最具活力的出口部门。

在墨西哥对外开放的前三个阶段中，制造业的生产率增长与整体经济相比，表现更为强劲。1982—1993 年墨西哥制造业平均年增长率为 1.5%，1994—2000 年制造业平均年增长率为 2.4%，这一表现约为同期总体经济增长率的 3 倍。制造业较高的投资率并不能完全解释生产率增长的差异，或者可以假设，制造业生产率的增长主要归因于进入国外市场的激烈竞争导致的工作时间和劳动强度的增加。然而，2008—2016 年这一投资更为活跃的时期，墨西哥制造业生产率却几乎停滞不前。这一难题背后的基本原理，可能是墨西哥对世界市场新自由主义的从属关系。在相对低技术生产过程中的专业化，意味着投资偏向于新机器的购置，机械和设备的参与率相对较低导致生产率增长较慢。在新自由主义的背景下，墨西哥制造业的总体竞争力并未集中在生产力增长上。

通过对制造业不同产业部门的分析，可以证实北美自由贸易区期间（1994—2016 年），墨西哥制造业的出口扩张与生产率增长之间存在负相关关系。国际贸易程度的加深并未迫使制造业出口部门获得更高的生产率，相反，对墨西哥国内市场具有较高依赖性的制造业部门更容易获得生产率增长。鉴于出口增长与制造业产业部门扩张和投资率增加之间的正相关关系，这种情况是由出口低技术劳动密集型装配产品引发的，即这种令人困惑的结果可以归结为，对具有行业专业化的机械生产和加工型生产线专业设备的引进。

通过分析墨西哥不同制造业产业的竞争格局发现，在主要的出口部门，如计算机和电子电气产品等，生产率的提高非常有限，原因在于这些产业更多依赖于劳动密集型的专业化模式；相比之下，金属制品、机械和家具等产业的国际竞争力的提升，更加依赖于生产力的提高；运输设备处于相对中间位置。在其他行业中，纺织品、服装、皮革和食品、饮料和烟草生产率在低基础上增长较不明显，其主要面对国内市场并与劳动密集型生产技术竞争。纸张、印刷和相关活动的生产率增长明显，得到较大提高。

四、抽离 NAFTA 影响后墨西哥经济绩效面临的潜在挑战

分析 NAFTA 对墨西哥经济的影响是一项复杂的任务，因为在缔结协定之

前与之后有各种因素影响其成员。这些因素与成员实施的各种政策/成员周期性条件以及全球贸易和金融流量增加有关（Krueger，1999，2000；Lederman，Maloney & Serven，2003；CBO，2003）。

一是NAFTA是墨西哥20世纪80年代末开始的全面贸易自由化和经济改革计划的延续。墨西哥于1986年加入了GATT并着手实行一系列改革，以实现贸易体制自由化。特别是最高关税税率从1982年的100%降至1988年的20%，平均关税税率从1985年的25%降至1988年的10%。此外，1988—1994年还实施了全面的私有化和放松管制方案。当各成员同意在1991年就FTA进行谈判后，即出现了预期效应。因此，各成员贸易和资本流动均受NAFTA影响。

二是墨西哥在1994—1995年经历了严重的经济和金融危机。如上所述，1994年末的金融危机导致墨西哥发生60多年来最严重的经济衰退，墨西哥比索崩溃，外国投资流入大幅下降。与此同时，NAFTA伙伴国家的周期性动态也发生了变化，尤其是经历了20世纪90年代前所未有的经济扩张之后，美国经济在2001年陷入衰退，直到2003年中期仍然低迷。加拿大在20世纪90年代也经历了漫长的经济扩张期。

三是自20世纪80年代中期以来，全球金融流量大幅增加。例如，在此期间，工业化国家向发展中国家的私人资本流动急剧增加，其中很大一部分流入新兴市场国家，这些发展肯定会影响该地区的资本流动。在过去10年中，NAFTA成员以及许多其他国家通过单边和多边安排放宽了贸易规制。自NAFTA成立以来，墨西哥已签署十多项FTA，而加拿大和美国也积极与若干国家建立双边贸易协定，并经历了多边贸易谈判GATT乌拉圭回合与WTO多哈回合。

四是NAFTA逐步消除了该地区贸易和资本流动的障碍。尽管NAFTA在1994年生效后立即推动各种关税和非关税壁垒的减少，但大多数关税和其他贸易壁垒仅在NAFTA运行头十年即将结束之时，才逐渐被取消。此外，一些剩余的关税将在15年内被逐步取消。

第二节　参与 NAFTA 后墨西哥的经济运行特征

一、区内贸易扩大

（一）总量意义上的贸易扩大

缔结 NAFTA 以来，墨西哥与 NAFTA 伙伴国的贸易大幅增加。从数量来看，1993—2002 年，墨西哥对美国、加拿大两国出口以不变美元计算，增长了 1 倍以上。从比例来看，墨西哥与 NAFTA 伙伴国间进出口贸易总和，从 1993 年的国内生产总值的 25%上升到 2000 年的 51%。虽然贸易增长自 2000 年以来持续放缓，但 2002 年墨西哥与 NAFTA 伙伴国之间贸易仍然占 GDP 总量的 38%以上。2002 年，墨西哥出口额中约 90%流向伙伴国，而来自伙伴国的进口占总进口额 65%以上。

20 世纪 90 年代，墨西哥出口增长表现令人印象深刻。例如，1993—2002 年以美元计算的世界出口总额增长率低于 75%，而墨西哥出口增长率约 300%，这其中可能部分叠加了 20 世纪 90 年代墨西哥其他贸易协定的影响。1993—2002 年，墨西哥与 NAFTA 之外国家的贸易增长了近 3 倍。此外，在 NAFTA 生效后，墨西哥的出口增长强于几个新兴市场国家。例如，1996—2002 年，只有韩国和土耳其的出口增长率高于墨西哥。而同时期墨西哥的进口增长率最高，以贸易与 GDP 比值作为衡量指标的墨西哥开放比率从 1980—1993 年的 32%上升到 1994—2002 年的 58%。

（二）结构意义上的贸易扩大

首先，表现为墨西哥贸易性质的改变。NAFTA 生效后，墨西哥出口基地逐渐转向生产工业制成品。尽管自 1980 年以来制造业在出口总额中的份额已持续增加，但在加入 NAFTA 后，墨西哥工业制成品的多样化步伐显著加快。NAFTA 生效后的 1994—2002 年，平均制造业份额增加到 80%以上，而在 1980—1993 年该比例仅约为 37%。因此，墨西哥作为进出口基地已成为新兴市场国家中生产最为多样化的基地之一。

其次，表现为墨西哥参与垂直专业化或称纵向一体化程度的深化。在NAFTA伙伴国的进口品中，来自墨西哥进口品的价值已大幅增加。20世纪90年代，墨西哥边境加贸行业增长加速。1990—2002年，加贸行业产生的实际增加值平均增长率约为10%，是同时期实际GDP平均增长率的3倍。尽管NAFTA生效后前5年就业人数就已显著增加，但最近的研究表明，这种增长反映了周期性因素，而不是NAFTA提供的关税优惠。实际上，自2001年初以来，加贸产业区一直处于经济衰退期。

再次，表现为墨西哥与NAFTA伙伴国间产业内贸易显著增加。定义为彼此类似但具有差异化产品跨国贸易的产业内贸易与边境加贸行业发展密切相关。OECD在2002年的报告中称，墨西哥制造业的产业内贸易份额从1988—1991年的62.5%上升到1996—2000年的73.4%，并且产业内贸易流量的大部分增量与NAFTA成员相关。来自NAFTA伙伴国的优质中间投入品以及最终消费品通过贸易流入墨西哥，在丰富了产品多样性的同时还加剧了墨西哥国内的竞争情况，使产业结构更趋于合理。

最后，表现为NAFTA促进该区域内公司内贸易，即跨国公司与其关联公司之间的跨境贸易。就墨西哥而言，这些来自其他伙伴国的附属子公司大多数是加工贸易企业。OECD的2002年报告称，1992—1999年墨西哥向美国的公司内出口平均增速为3%以上，占1999年出口总额的2/3以上。NAFTA还导致墨西哥与其伙伴国间贸易产品种类大幅增加。Hillbery和McDaniel（2002）分析了墨西哥与美国贸易增加对产品种类的影响，发现墨西哥对美国出口增长的190%中，近25%归于贸易品品类增加，而美国出口增长的93%中只占8%。产品品类增长是墨西哥经济增长的原因。Kehoe（2003）发现，1988年墨西哥国内贸易量很小的部门在1988—1999年出口增幅反而最大。例如，墨西哥对美国出口总量中“乘客和发动机运输车辆”份额从1988年的不足1%增加到1999年的15%。

二、资本流动加速

缔结NAFTA后，墨西哥与其伙伴国间的FDI流动得到该协议中各种条款的强化，这些条款改善了墨西哥伙伴国投资者的相对地位，并扩大了它们获准进入经营的部门。这些变化有助于将流入墨西哥的FDI从1991—1993年的

120亿美元增加到2000—2002年的约540亿美元，并将国内固定资产投资中FDI份额从1993年的6%增加到11%。2002年，墨西哥国内资本存量的不断扩张主要得益于墨西哥NAFTA合作伙伴的FDI持续流入。此外，NAFTA缔结后，净投资组合流量也迅速增加。

三、经济波动趋缓

参与NAFTA后，墨西哥宏观经济波动性显著下降，反映为1980—1993年与1996—2002年两个时期中的若干宏观经济总量的方差均匀且大幅度的下降趋势。尤为显著的是，相比第一时期产出波动率下降近30%，第二时期投资波动率下降40%以上。这与开放贸易部门和金融部门后经济活动增加也导致墨西哥的消费波动减少的经济理论预测一致。此外，1996—2002年墨西哥国内消费量略低于产出，表明墨西哥已能够利用与NAFTA伙伴国增加贸易和金融联系的风险分担利益。

墨西哥经济波动性下降可能归因为几个因素，其中一些因素与NAFTA相关。尤其是波动性下降可能源于NAFTA对产业内贸易和垂直贸易的影响，以及区域冲击而非国别冲击推动墨西哥商业周期与伙伴国协调性不断增加。

贸易扩大和资本加速对墨西哥及其NAFTA伙伴国的商业周期的共同变化有何影响？下文首先回顾相关经济理论和经验研究；其次使用简单相关系数反映NAFTA成员多个宏观经济指标的跨国联动趋势；再次采用动态因子模型研究区域冲击和国家特定冲击推动墨西哥商业周期的重要性；最后使用多国商业周期模型的脉冲响应来检验缔结协定后，商业周期传输渠道的变化。

四、商业周期联动性渐强

（一）跨国商业周期联动的理论基础

理论上，贸易联系增强对商业周期联动性产生模糊的影响。一方面，更强的贸易联系可能引致更加高度相关的商业周期，因为它们在各国产生需求方和供应方的溢出效应。例如，在需求方面，一国投资或消费热潮通过增加对进口的需求来推动海外经济增长。另一方面，如果更强的贸易联系与各国行业内专业化增强相互关联，而行业特定冲击对推动商业周期非常重要，则预计商业周期联动性将增强。然而，如果贸易扩大是产业间贸易增长的结果，而且行业特定冲击对推动商业周期很重要，那么联动的程度可能减弱。

同时，资本流动加速也对商业周期联动性产生模糊的影响。例如，更强的金融联系可能通过产生大的需求方效应而导致更高程度的产出波动同步。通过金融联系传播的传染效应也可能导致跨国波动的溢出效应加剧。但是，金融联系可以通过以符合各国比较优势的方式重新分配资本来刺激生产专业化。这种类型的专业化可能导致更多暴露于行业或国家的特定冲击，可能导致产出相关程度的降低，同时引起各国消费的更强联动。

（二）NAFTA 对墨西哥商业周期联动性的实际影响

从产出、消费和投资这些主要宏观经济总量上来看，有证据表明，首先，缔结 NAFTA 导致墨西哥与其 NAFTA 伙伴间在商业周期联动性程度上增强。一方面，以简单相关系数表示的墨西哥与其 NAFTA 伙伴国的产出相关性，在北方自由贸易区时期几乎为零，在危机后大约为 0.75。另一方面，NAFTA 成员消费相关性显著增加，可能反映出墨西哥参与 NAFTA 后能够更有效地分散其消费风险。其次，缔结 NAFTA 后成员进出口的跨国相关性也显著增强，这可能与该地区产业内贸易增长有关。最后，制造业和工业生产的跨国相关性大幅增加，这可能是制成品贸易增加的结果。

一些研究记录了该地区商业周期共同增长的情况。Torres 和 Vela（2003）发现，随着 NAFTA 成立，两国制造业之间的贸易联系变得更加紧密，墨西哥与美国之间的商业周期相关性增强。他们利用 1991—2001 年的季度数据，记录了墨西哥出口、进口和产出的周期性动态对美国进出口变化的反应更为敏感。Cuevas、Messmacher 和 Werner（2002a）利用 1981—2001 年 NAFTA 成员的季度产出时间序列进行拟合，发现缔结 NAFTA 后墨西哥的商业周期与加拿大和美国的商业周期更加同步，并且 1997—2001 年墨西哥与美国部门商业周期的相关性有所增加，制造业部门产出的相关性从 0.28 上升到 0.97。

（三）NAFTA 成员国商业周期联动性的区域冲击源头的实证证据

简单的线性相关性并不足以形成关于商业周期共同程度变化的结论性陈述。首先，跨国线性相关性仅可能捕获宏观经济变量中的同期共同关系，并未考虑与“线索”和“滞后”相关的常见波动。其次，线性相关性只能解释单一宏观经济变量中的共同程度。此外，线性相关性无助于分析不同类型的因素和冲击在解释商业周期共同化中的相对重要性。

为克服这些问题，本书构建一个动态潜在因子模型，以研究 NAFTA 合作伙伴的产出、消费和投资中的动态共同作用。该模型有助于解释变量之间的同期和时间协变，并使我们能够研究共同区域和国家特定因素如何影响不同宏观经济变量的波动。此处给出了该模型的简要说明。有 K 动态的、未被观察到的因素被认为是小组中时间共同的特征。设 N 表示国家数，M 表示每个国家的时间序列数，T 表示时间序列的长度。可观测变量记为 y_{it} ，其中 $i=1, 2, \cdots, M \cdot N, t=1, 2, \cdots, T$。

存在两类因子，第一类为国家 N 因子 $f_n^{country}$ ，第二类为单一市场因子 f^R 。从而，对每个可观测的 i ，都有

$$y_{it}=a_i+b_i f_t^R+b_i^{country} f_{n,t}^{country}+\varepsilon_{i,t} \quad E(\varepsilon_{i,t}\varepsilon_{j,t-s})=0 \quad \text{for } i \neq j$$

其中，n 表示国家号码。系数 b_i 称为“因子载荷”，反映每个因子可以解释 y_{it} 的变化程度。我们使用 NAFTA 各成员的产出、消费和投资数据，因此有 $M \cdot N$（3×3=9）个时间序列由 $N+1$（3+1=4）个因子进行“解释”。假设未解释的特异性误差服从正态分布，却可能在时序上是相关的。

待估计的区域因子模型解释了自 1980 年以来的一些主要经济事件。区域因子的表现与 20 世纪 80 年代和 90 年代初期的衰退以及 20 世纪 80 年代后期的扩张周期相一致。墨西哥的国家因子在复制一些重要的周期性波动事件方面非常成功，因为它与 20 世纪 80 年代早期、1982—1983 年、1986 年和 90 年代中期的经济衰退相一致。

使用方差分解来分析区域冲击因子在推动商业周期（联动性）中的重要性。为衡量区域因子、国家因子和特殊因素对各国总变量、水平变量变化的相对贡献，将每个宏观经济总量指标的方差分解为在三个不同时期中有两个因素和三个特异成分的分数。具体地，计算由以下因素解释的每个宏观经济总量的方差分数：①一个对于所有变量及国家均相同的区域因素；②一个对特定国家内所有主要总量指标均相同的国家特定因素；③每个变量的特定因素。

由以上分析可知，随着 NAFTA 的建立，区域因素在推动墨西哥商业周期上变得更加重要。归由区域因素解释的墨西哥产出波动率比例，从 1980—

1993年的不到1%上升到1994—2002年的19%以上，而同一时期区域因素解释的投资方差几乎增加了10倍。缔结NAFTA后，墨西哥消费波动的很大一部分能由区域因素来解释。当使用一组单因素模型检验制造业和工业生产中的商业周期时，结果表明在NAFTA缔结后，区域因素在解释这些变量时亦发挥了越发重要的作用。

这些发现与最近的实证研究一致。Kose、Otrok和Whiteman（2003）研究了包括发达国家和发展中国家在内的60个国家样本中的世界、区域和国家特定因素的作用。他们的研究结果表明，北美区域因素在推动墨西哥、加拿大和美国的宏观经济波动方面发挥了重要作用。Cuevas、Messmacher和Wemer（2002b）采用简单的回归模型来分析墨西哥商业周期对美国经济活动变化的反应。研究结果表明，美国产出增长的变化占变化的一小部分。1997—2001年墨西哥的产出和工业生产增长率均高于1997年之前。

（四）商业周期的传导渠道的变动

Kose和Yi（2004）开发构建了一个包括三个国家的动态随机一般均衡（DSGE）模型，并引入交易摩擦（关税和运输成本）以及允许国际化等条件，以说明NAFTA可以通过其影响参与者商业周期的溢出效应渠道。多国DSGE模型是实现此研究目的能够倚仗的有力工具，它考虑了在传输业务周期中至关重要的需求方和供应方溢出通道，这扩展了Backus、Kehoe和Kydland（1994）的两国自由贸易、完整的市场结构、金融自给自足等条件下的研究结果。

范围经济包括贸易中间产品生产部门和非贸易最终产品生产部门。根据Cobb-Douglas形式生产函数，中间产品部门中具有完全竞争力的公司生产贸易商品，当中间产品出口到其他国家时，它们受到运输成本的影响，这些成本被视为关税和其他非关税壁垒的代替。假设每个国家完全专注于生产中间产品。每个国家的中间产物产量用作最终产品生产的投入。最终商品公司通过Armington假设，将国内和国外中间体结合起来生产产品。这些假设意味着来自墨西哥的进口被用作中间投入，以在模型经济中产生美国和加拿大的最终消费和投资商品。在每个国家都有代表性的代理人从消费和休闲中获得效用。

该模型经过校准，以反映NAFTA成员的一些基本结构特征。由于目标是分析墨西哥及其 NAFTA 伙伴的商业周期的相互依赖性，因此假设该模型中的三个独立的经济主体分别是墨西哥、其 NAFTA 合作伙伴（加拿大和美国的总和）、以欧盟和日本为代表的世界；墨西哥占世界经济的 4%，而其他两个独立的经济主体中的每一个都占世界经济的 48%；国内和国外商品的替代弹性设定为 1.05；通过改变成员之间的运输成本（贸易摩擦）来模拟 NAFTA 的影响。该模型按照国际商业周期文献中的标准线性化方法求解。

结果表明，NAFTA 等降低贸易摩擦的协议可以放大外部冲击对墨西哥经济的影响。为了分析墨西哥宏观经济总量对源自加拿大和美国的冲击的反应，计算了墨西哥变量对加拿大和美国临时生产力（供给）冲击的冲动响应。结果表明，在 NAFTA 开始后，墨西哥产量、消费和投资对外部冲击的反应变得更大。此外，NAFTA 的前后模拟表明，在协议出台后，关税降低导致墨西哥出口大幅增加。换句话说，模型中贸易摩擦的减少导致该地区的贸易强度增加，这引致了更高程度的商业周期相互依赖。

第三节　NAFTA 的经济增长效应：典型事实与实现路径

缔结 NAFTA 是否成功改善了墨西哥的长期增长前景？本节通过研究 NAFTA 对墨西哥增长动态的影响来回答该问题。首先，简要介绍了贸易和金融一体化对经济增长影响的文献。其次，列出一些与墨西哥经济增长相关的基本统计数据。最后，简要回顾最近关于 NAFTA 对墨西哥增长绩效影响的一些研究。

NAFTA 等 RTA 是否能够对成员的经济增长产生显著的积极影响？传统理论上，RTA 对经济增长和福利的影响是模糊的，因为它取决于各种因素，包括缔结此类协定后贸易量和贸易条件的变化。然而，各种理论模型均强调开放贸易对促进国家经济增长的重要性。这些理论模型中，一部分侧重于静态增益，包括从发挥比较优势中获得的收益。而与 Grossman 和 Helpman（1991）相同的另一部分，则将与国际贸易相关的知识溢出视为增长的引擎。

一、缔结 NAFTA 后墨西哥的经济增长绩效

虽然在最近一些年中，墨西哥经济增长趋于放缓，但自 NAFTA 建立以来，墨西哥增长绩效优于协议之前。尤其是墨西哥的 GDP 增长率从 1980—1993 年的年平均增长 2%上升至 1996—2002 年的年平均增长约 4%。与其他几个新兴市场国家相比，墨西哥经济在 NAFTA 后期，特别是度过 1995 年危机后的表现良好。此外，投资的平均增长率尤其令人印象深刻，因为在 1996—2002 年投资增长了近 8 倍。

缔结 NAFTA 后，出口和投资对墨西哥经济增长的影响发生变化。在协定生效后，出口和投资对 GDP 增长的贡献增加了 2 倍多，投资（出口）的贡献由 NAFTA 生效之前低于 0.5%（1.5%）提升至 1996—2002 年 1.5%（3.0%）的水平。

采用 CGE 模型的研究人员发现，NAFTA 对墨西哥经济增长绩效产生相当大的影响。Brown 等（1992）和 Sobarzo（1992）采用静态 CGE 模型研究的结果表明，NAFTA 将墨西哥 GDP 的稳态水平提高约 2%。Kouparitsas（1997）考虑了一个动态的一般均衡模型，捕捉了 NAFTA 对该地区投资流动的影响，发现该协定将墨西哥的稳态 GDP 水平提高 33.3%、消费提高 32.5%、投资提高 5%以上。

最近的研究表明，NAFTA 也为墨西哥的全要素生产率 TFP 做出了贡献。例如，Lopez-Cordova（2002）使用了 1993—1999 年的企业级数据，分析了墨西哥制造业生产率对各种变量的反应，包括墨西哥和美国分别施加的关税税率，发现在样本期间 NAFTA 将墨西哥 TFP 提高约 10%，其中部分原因是外国资本流入。在一篇相关论文中，Schiff 和 Wang（2002）利用 1981—1998 年期间 16 个制造业的数据，建立了墨西哥 TFP 与 NAFTA 伙伴国中间投入品贸易量增加间的正相关关系。他们估计，NAFTA 将墨西哥 TFP 提高了 5.5%~7.5%。

其他研究表明，该协定加速了北美的经济一体化。Easterly、Fiess 和 Lederman（2002）的研究覆盖 28 个行业数据，发现在缔结 NAFTA 后伙伴国的生产率趋同加速。他们还发现，体制差距抑制了两国间收入水平的趋同。Lopez 和 Cordova（2001）认为缔结 NAFTA 引发了一些制度上的变化，因为它导致

了对负责竞争政策的申明、知识产权保护和标准的机构改革的提速。

最近的一些实证研究也确定了 NAFTA 成员与墨西哥增长绩效之间的正相关关系。Arora 和 Vamvakidis（2003）分析了贸易伙伴国经济增长对一个国家国内增长绩效的影响，使用 1960—1999 年 101 个国家的数据并采用各种形式的增长回归，发现贸易伙伴增长率和相对收入与本国国内经济增长正相关，并认为 20 世纪 90 年代后期，墨西哥增长的一半归因于其 NAFTA 伙伴良好的增长表现。然而，由于墨西哥和美国在达成协议之前就已经建立了强大的贸易联系，因此 NAFTA 在墨西哥经济增长方面只发挥了很小的作用。CBO（2003）采用回归模型来估计 NAFTA 对贸易流量的影响，认为墨西哥对美国出口的增长使墨西哥 2001 年的国内生产总值增长了 1.7%。

过去 10 年，将 NAFTA 对墨西哥的影响与宏观经济的冲击分隔开很困难。缔结协定后，美国经济经历长期繁荣后陷入 2000 年股市崩盘和经济衰退的局面。20 世纪 90 年代中期，墨西哥经济也遭受严重金融危机。随后，实施健全的国内经济政策以及美国经济实力复苏，对推动墨西哥经济增长起到重要作用。

大多数研究表明，NAFTA 促使贸易和资本流动急剧增加。例如，墨西哥对美国和加拿大的出口在 1993—2002 年以美元计算增长了 2 倍。虽然自 2000 年以来贸易增长放缓，但与 NAFTA 伙伴国之间的贸易进出口仍然是 2002 年 GDP 的 40%左右。该协议似乎也显著改变了贸易流的性质，墨西哥与其 NAFTA 伙伴之间的产业内贸易大幅增加。同样，NAFTA 有助于推动流入墨西哥的 FDI 从 1991—1993 年的 120 亿美元增加到 2000—2002 年的约 540 亿美元。

贸易和金融联系的增加以多种方式影响了墨西哥经济增长的动态。在协议出台后，出口和投资对 GDP 增长的贡献大幅增加。特别是投资对 GDP 增长的贡献在 1996—2002 年达到了 3%，因为平均投资增长率上升到 8.5%以上。最近的研究表明，NAFTA 导致墨西哥全要素生产率大幅度提高，使 GDP 增长率从 1980—1993 年的年均 2%增长到 1996—2002 年的年均 4%。

NAFTA 似乎也与墨西哥商业周期的重大变化有关。自 1996 年以来，墨西哥的产出波动率下降了近 30%，投资波动率下降了 40%以上，墨西哥和美国的商业周期变得更加同步。主要国家的跨国相关性显著增加了宏观经济总量。

NAFTA 还在改善墨西哥的宏观经济和体制政策方面发挥了重要作用。最近的研究强调了 NAFTA 作为一种承诺机制的重要性，该机制确保了墨西哥在 20 世纪 90 年代改革进程的继续。这反过来又改善了墨西哥经济的风险状况，并有助于吸引外国投资流动。此外，负责竞争政策和知识产权保护的机构也有所改善。

通过深化 NAFTA 成员之间经济联系的进一步措施可以获得巨大收益。NAFTA 的经验说明了成员国从自由贸易中获得的巨大利益，但仍存在重要障碍。例如，监管框架的差异阻碍了贸易和投资流动；在过去两年中，至关重要的安全问题减缓了货物的跨境流动；广泛的原产地规则要求也限制了贸易流量。最近的研究表明，取消原产地规则要求和最惠国关税的协调可以带来巨大的福利收益（Policy Research Initiative，2003）。

NAFTA 的经验还表明，FTAA 如果成立可能对其发展中成员产生潜在的重大影响。鉴于墨西哥受益于比索贬值、美国经济实力以及与美国的共同边界，墨西哥在 NAFTA 下取得获益经验的同时也吸取了太多教训，这无疑需要谨慎。尽管如此，上述分析确实表明除了提高经济效率、外国投资和贸易流量外，FTAA 还可以帮助促进该地区更大的宏观经济稳定。

二、 缔结 NAFTA 后墨西哥经济增长的外部源泉及传导渠道：实证检验

既然从上面的一些典型事例中能够得到 NAFTA 对墨西哥经济增长确有推动作用，那么这种推动力背后的源泉是什么？又通过什么渠道从外部向墨西哥进行传播？接下来，本书将研究重点置于当缔结 NAFTA 后，发展中国家墨西哥受到的与贸易相关的外国 R&D 投入对本国 TFP 的影响。对外国 R&D 投入的测量方法是基于经合组织成员国家行业层面的研发投入、经合组织成员与墨西哥的贸易模式，以及墨西哥本国的投入产出关系而构建的。研究发现：①墨西哥与其 NAFTA 伙伴国之间开放贸易能够对其本国 TFP 产生显著影响，而样本中经合组织中其他国家开放贸易则不存在这种影响，至少统计上不显著。②分行业来看，参与 NAFTA 助力墨西哥国内制造业 TFP 持续提升，其幅度在 5.5%~7.5%，并促使墨西哥与美国、加拿大两国经济增长趋于收敛。

（一）RTA 动态效应与传导途径：已有文献综述

有关 RTA 经济效应的文献卷帙浩繁，涉及政治、经济和社会等多个角度与问题。关于此类主题的优秀综述文献包括世界银行（2000）及 Schiff 和 Winters（2003）等。由于大多数文献尚着眼于 RTA 对成员的静态效应，因此就其总体福利影响来说通常并不明确。学界中关于 RTA 增长效应的早期研究对区域一体化协定，尤其是南南型协定造成成员的福利损益大体持怀疑态度。Bhagwati 和 Panagariya（1996）、世界银行（2000）以及 Schiff 和 Winters（2003）的研究表明，在同质贸易商品的前提下，南南型 RTA 可能降低贸易集团的总体福利。后两项研究也表明，在南南型 RTA 中，相比中等低收入成员，更极端的低收入成员有可能损失更大。至于 20 世纪 80 年代后期，新一轮区域主义回潮后逐渐兴起的南北型 RTA，许多学者对其亦有深刻研究。以上文献发现，在维持同质产品假设下，南方成员可能因参与 RTA 而福利受损，因为在未缔结 RTA 的初始状况下，它通常比其发达伙伴国设立了更高的贸易壁垒，从而缔结 RTA 后，它向发达伙伴国的贸易转移比由于市场准入条件改善可得收益更大。Panagariya（1999）估计，1996 年 NAFTA 造成墨西哥的静态损失达 32.6 亿美元，是当年 GDP 的 0.98%。

另外，如果依据阿明顿假设（Armington Assumption）思想，将同行业产品按原产地差异进行区分，再利用 CGE 模型进行估计，其结果通常显示墨西哥能受益于 NAFTA。Bachrach 和 Mizrahi（1992）指出，在规模报酬不变和完全竞争假设下，上述收益可能很小；而 Brown、Deardorff 和 Stern（1991），Roland-Holst 等（1992），Sobarzo（1992）等后续研究发现，当改为规模报酬递增和不完全竞争假设后，收益随即变得很大。Brown 等（1991）的研究表明，缔结 NAFTA 后墨西哥因取消关税和非关税壁垒的获益为 19.8 亿美元，是 GDP 的 0.63%。然而应注意的是，利用 CGE 模型获得的结论是基于数值模拟而非事后评估。具体地，对 NAFTA 进行模拟时，通常预置“美国、加拿大两国已先期实现贸易自由化，并且自 1985 年以来墨西哥实施了一些单边自由化举措”等假设。因此，这些数值模拟的结果即使具有潜在的重要意义，也应谨慎解读。

更重要的是，几乎不存在研究 RTA 动态效应的文献。Ben-David（1993）研究了欧盟成员间的经济收敛问题，发现随着欧洲一体化的深入，各国人均收入（或对数）的方差趋于降低，尽管其强调的一体化背后的关键因素未明确引入模型当中，以揭示其机制。其他研究如 Hunter 等（1992）、Krugman 和 Hanson（1993）等多使用 CGE 模型检验 NAFTA 对工业区位和生产率的潜在影响，认为 NAFTA 将导致美国、加拿大汽车工业生产转移至墨西哥，届时竞争作用将导致企业数量更少，但规模较大而且产量更高，价格—成本边际更低。

到目前为止，关于缔结 RTA 对来自成员以及非成员技术扩散的动态影响，还未进行过有效的实证检验。本书进行了初次尝试，通过考察 NAFTA 对来自 OECD 国家与贸易相关的技术扩散所施加影响，检验其对墨西哥 TFP 的影响。

（二）本节实证研究的核心思想

本书所采用的论证方法建立在内生增长理论框架的基础之上。该理论的发展来自 Romer（1986，1990）和 Lucas（1988）的推动。这些文献指出，由于正向的溢出效应，全社会水平上知识资本和人力资本的积累并不经历规模报酬递减，而这些机制可能对经济增长产生持久影响。进一步地，Grossman 和 Helpman（1991）通过在开放经济背景之下探索内生增长理论，从而对卢卡斯和罗默的分析进行了重要扩展。其基本思想为：可贸易产品内含技术经验，各国可通过进口获得国外知识扩散。Coe 和 Helpman（1995）通过构建外国研发指数，利用各国以贸易额加权的贸易伙伴国研发存量衡量该国可得 R&D 的扩散水平，从而为开放经济下的内生增长模型提供了经验支持。其结论指出，就发达国家组成的样本来说，国内外 R&D 对本国 TFP 均存在重大影响，并且 TFP 不但随国家经济开放程度的普遍提升而增加，更重要的是，随着在 R&D 投入上更为活跃的贸易伙伴国开放程度的提升而增加。Coe、Helpman 和 Hoffmaister（1997）基于发展中国家案例对相同问题进行考察。研究发现，发展中国家更多地受益于国外研发溢出；发展中国家开放态度越积极，其国内劳动力技能就越熟练。这些结论为强调贸易作为知识和技术进一步跨国传播的重要机制的有效性提供了支持。

本书以 Schiff、Wang 和 Olarreaga（2002）的研究成果为基础，它基于发展中国家行业层面的数据研究了上述问题，从而对 Coe 和 Helpman（1995）以及 Coe 等（1997）的方法论进行了扩展。其理念为，商品进口国依赖进口品内含知识完成了部分学习过程。下文为衡量进口国在行业层面所获得的外国 R&D 存量而构建外国研发指数，从而明确将反映在本国投入产出关系中的生产结构纳入考量。

（三）经验估计方法与计量方程构造

Coe 和 Helpman（1995）基于 Grossman 和 Helpman（1991）关于开放经济下内生增长模型的理论工作，构建了如下形式的计量方程。本书借用该种形式

$$\ln TFP_{ct} = \alpha_{ct} + \beta_d \ln RD_{ct}^{d} + \beta_f \ln RD_{ct}^{f} + \varepsilon_{ct} \quad \beta_d,\ \beta_f > 0 \tag{6-1}$$

其中，RD_{ct}^{d} 表示国内 R&D 存量，RD_{ct}^{f} 表示外国 R&D 存量；ε_{ct} 表示随机误差项；c 指代国家序列，t 指代时间序列。式（6-1）具有如下经济含义：本国 TFP 可能取决于国内外 R&D 投入。一个潜在的困难在于，包括墨西哥在内的发展中国家普遍缺乏 R&D 投入数据，因此对 Coe 等（1997）和 Schiff 等（2002）的研究造成一些困扰。好在这一数据完备性上的遗憾在本书中并不太可能左右结论，因为全球范围内大多数的 R&D 投入与产出均由发达国家完成。

在上式的基础上，使用不同行业的一组混合数据来估算 TFP。特殊地，定义本国行业 i 可得的外国 R&D 存量为

$$NRD_{ci} = \sum_{j} a_{cij} \overline{RD_j} = \sum_{j} a_{cij} [\sum_{k} (\frac{M_{cjk}}{VA_{cj}}) RD_{jk}] \tag{6-2}$$

其中，由原模型定义，c 指代国家序列，k 代表 OECD 国家，j 代表行业，M 表示进口量，VA 表示进口品增加值，RD 表示 R&D 存量；a_{ij} 表示进口品（行业）j 在生产本国行业 i 产品时的投入—产出系数，可用本国行业 i 购买从属于行业 j 的进口品的份额指代。方程（6-2）具有如下经济含义：第一部分表示，本国行业 i 可得的外国研发存量 NRD_i，等于本国应从样本中的 OECD 各国进口从属行业 j 的产品而获得的研发扩散存量 RD_j，乘以从属行业 j 的进口品占本国行业 i 总进口的份额 a_{ij} 后，再按行业 j 进行加总；第二部分表示，本国应从 OECD 各国进口从属行业 j 的产品而获得的研发扩散存量 RD_j，等于本国行业 j 中每单位产品增加值中由 OECD 国家 k 贡献的进口品份额 $\frac{M_{jk}}{VA_j}$，乘以国家 k 行业 j 的研发存量 RD_{jk}，再按 OECD 国家 k 进行加总。

请注意，上述范式使我们能够将本国进口的中间投入品与进口的最终消

费品中的资本品相分离。这一点很重要，因为 TFP 预计受到进口的中间投入品所体现的 R&D 扩散的影响，但不会受到消费品进口的影响。上式包括本国所有在样本中选取的制造部门的进口品销售量，但不包括最终消费或非制造业部门的进口销售量。换句话说，$\sum_{i} a_{cij} < 1$ 在等式中成立。

实践中，为检验 NAFTA 成员对墨西哥 TFP 的影响明显与样本中的 OECD 其他国家存在差异，本书将 NRD 分为两个部分，一部分是从美国和加拿大进口获得的 R&D 溢出存量 NRD^{N}，另一部分是从样本中其他 13 个 OECD 国家进口获得的 R&D 溢出存量 NRD^{OT}。

在较早的研究如 Schiff 等（2002）中，教育水平被当作解释变量被纳入包括一系列国家的回归中。但在该模型下，本书排除教育水平作为拟合单一国家模型的变量，这是因为教育水平在任意给定的一年中固定不变，并且所有行业 i 面临的教育水平归于统一，因此与行业虚拟变量可能存在完全共线性。

为避免内生性，我们还想控制 FDI 对 TFP 的影响。但是，发展中国家行业级的 FDI 数据无法获得或无法使用，因此使用国家级的 FDI 总量作为控制变量。来自各国的 FDI 定义为 FDI 总额相对于本国 GDP 的比率。其他的无实体的影响渠道，如互联网技术的应用，也可能促进发达国家与发展中国家之间的技术传播，但由于数据不可用，我们也无法将其纳入其中。与 Coe 等（1997）以及 Savvides 和 Zachariadis（2005）不同的是，本书还考虑到发达国家与发展中国家的 FDI 在总体水平上可能仍旧是内生的，因为 TFP 与贸易或 FDP 之间的潜在关系，可能由周期性因素及其他可能同时影响 TFP 和贸易（FDI）的因素所驱动。由于难寻理想工具，所以改为在估算方程中使用自变量的滞后项。在一些范式中，我们还在一些规范中包括了与 NRD 和 SRD 的教育互动条款，以了解人力资本，即吸收能力是否会增加贸易相关技术的影响。因此，估计方程为

$$\ln TFP_{it} = \beta_0 + \beta_N \ln NRD_{it}^{N} + \beta_{OT} \ln NRD_{it}^{OT} + \beta_F FDI_{it} + \sum_{t} \beta_t D_t + \sum_{i} \beta_i D_i + \varepsilon_{it} \quad \beta_N,\ \beta_{OT} > 0$$

其中，D_i 与 β_t 是关于行业 i 和时间 t 的虚拟变量。

（四）对各重要变量的定义以及数据来源

本书的样本包括1981—2015年墨西哥6个研发密集型和10个低研发密集型的制造业，总共16个细分行业。其中，6个研发密集型行业分别为：①351/2　化学品和药品；②353/4　石油炼油厂及产品；③382　非电机、办公及计算机；④383　电气机械和通信设备；⑤384　运输设备；⑥385　专业商品。相应地，10个低研发密集型产业分别是：①31　食品、饮料和烟草；②32　纺织品、服装和皮革；③33　木制品及家具；④34　纸、纸制品及印刷；⑤355/6　橡塑制品；⑥36　非金属矿物制品；⑦371　钢铁；⑧372　有色金属；⑨381　金属制品；⑩39　其他制造业。行业的R&D密集度由R&D支出与其增加值之间的比率进行衡量。美国工业的研发密集度用于将其分为低和高研发强度行业。相应地，样本中的其他15个OECD国家分别为澳大利亚、加拿大、丹麦、芬兰、法国、德国、爱尔兰、意大利、日本、荷兰、挪威、西班牙、瑞典、英国和美国。

TFP的计算公式为产出与按要素产出弹性加权平均的要素存量间的对数差分，即

$$\ln TFP = \ln Y - \alpha \ln L - (1 - \alpha)\ln K$$

其中，α为劳动力要素的收入份额。资本存量的计算来自投资序列，采用永续盘存法，折旧率为5%。

研发数据来自OECD的ANBERD（Analytical Business Enterprise Research and Development）2010年数据库（DSTI/EAS部分）。该数据库涵盖了从1987年到2011年的样本中所需的15个OECD国家相应数据，包括两位数行业、三位数行业和四位数行业。由此，根据联合国发布的国际标准行业分类修订版2，本书为16个制造行业构建了两位数行业及三位数行业的研发流量数据面板。研发流量涵盖了所有企业内部支出。将流量转变为存量采用永续盘存法计算，折旧率为10%。

在确定a_{ij}数值时，由于进口的投入产出矩阵不可得，则以国家的投入产出矩阵进行代替，数据来源为GTAP第八版数据库。各国的双边开放比例来自世界银行数据库。对于每行业和每年，这些比例都以行业进口额与产业的总增加值的比率进行衡量。贸易数据是根据1987—2017年的四位数字和三位数字的投入产出数据收集的，两者都汇总为两位和三位数字以便与研发数据

相一致。

（五）面板数据的单位根检验

在进入计量经济学分析之前，本书必须考虑两个或两个以上变量之间可能出现的趋势性，以及是否包含单位根使回归结果为伪回归的问题，除非变量间是协整的。Levin 和 Lin（1992，1993）开发了一个检验面板数据是否含有单位根的特定程序。本书采用该方法，对每个感兴趣的变量按以下计量方程进行单位根检验：全要素生产率（*TFP*），来自美国和加拿大的与贸易有关的国外研发（NRD^{N}），以及与贸易相关的来自经合组织其他国家的外国研发（NRD^{OT}）。

$$\Delta y_{i,t} = \alpha_{0,t} + \alpha_{1,t}t + \delta_i y_{i,t-1} + \sum_{L=1}^{P_i} \theta_{iL} \Delta y_{i,t-L} + \varepsilon_{i,t} \tag{6-3}$$

其中，P_i 表示每个面板包含的滞后数，原假设为变量包含单位根，表示对所有 i 具有 $\delta_i = 0$，而替代假设是 $\delta_i < 0$。

注意：检验是在计量方程 $\Delta y_{i,t} = \alpha_{0,i} + \alpha_{1,i}t + \delta_i y_{i,t-1} + \sum_{L=1}^{P_i} \theta_{iL} \Delta y_{i,t-L} + \varepsilon_{i,t}$ 下完成的。其中，1%、5%、10%显著性水平上的值分别为-2.94、-2.23、-1.84。

如表6-1所示，无论P=1还是P=2都拒绝 *TFP*、NRD^{N} 和 NRD^{OT} 的面板数据存在单位根的假设。因此，本书中的任何面板回归结果都不可能为伪回归。

表6-1　单位根检验结果

变量	Levin 检验变量	
	P=1	P=2
TFP	-9.42	-6.72
NRD^{N}	-25.95	-7.49
NRD^{OT}	-37.66	-5.88

资料来源：根据 Stata 12.0 软件检验结果整理而得。

（六）计量回归结果

表 6-2　面板数据回归结果

变量	回归方程			
	(1)	(2)	(3)	(4)
$\ln NRD^{N}$	0.368*** (3.01)	0.37* (3.27)	—	0.403** (2.56)
$\ln NRD^{OT}$	0.041*** (0.21)	—	0.233 (1.26)	0.062 (0.27)
$\ln NRD^{N}\times DR$	—	—	—	-0.070 (-0.37)
$\ln NRD^{OT}\times DR$	—	—	—	0.058 (0.27)
R^2	0.81	0.78	0.79	0.82

注：*、**、*** 表示模型分别在 10%、5%、1%显著性水平之下通过检验。

资料来源：根据 Stata 12.0 软件检验结果整理而得。

首先，表 6-2 的列（1）反映了对计量方程（6-3）的估计结果，其中时间 t 和行业 i 虚拟变量的拟合系数均未显示。系数估计值显示，墨西哥本国 *TFP* 对美国和加拿大研发投入的弹性为 0.368，并且通过了 1%的显著性水平检验（t=3.01），而同时期墨西哥 TFP 对来自样本中其他 13 个 OECD 国家的 R&D 存量的估计弹性仅有 0.041，从而并无证据支持该系数显著地不等于零。换言之，墨西哥从其与 NAFTA 伙伴国的贸易中获得了显著的生产效率提升，这归因于伙伴国与贸易相关的技术扩散，而从与其他 OECD 国家的贸易中仅获得非常小且在统计上不显著的生产率提升。

那么，为什么 NRD^{N} 的影响远大于 NRD^{OT}？一种可能原因是墨西哥与 NAFTA 伙伴国间的贸易不仅涉及货物交换，还可能涉及个人交流，包括墨西哥国内公司从美国公司进口中间产品并将成品出口回美国的外包—分包关系。在这种情况下，学习过程可能不仅与进口商品本身所内含的知识相关联，还应该和贸易的紧密联系有关。相比欧洲国家、日本和澳大利亚等较遥远的国家，这种效应在 NAFTA 内部更有可能完成。

Keller（2002b）就以上问题做出重要贡献，表明知识在地理上倾向于本地化，因为它对 TFP 的影响随距离加大而下降。他将 ERD 即研发有效性定义为 $ERD \equiv RD \cdot e^{-\delta D}$，其中 D 是进口国与出口国之间的地理距离，将最短距离标准化为 1，获得 $\delta = 1.005$ 的值。在等式（6-2）中，以 $ENRD = NRD \cdot e^{-\delta D}$ 对原有的 NRD 进行修正。墨西哥与美国、加拿大以外的经合组织国家之间的加权平均距离（10052 公里）是墨西哥与其北美自由贸易区邻国之间距离（3041 公里）的 3.31 倍。换句话说，前者的有效性（$\exp\{-1.005\} = 0.366$）是后者（$\exp\{-1.005 \times 3.31\} = 0.036$）的 10 倍。因此根据 Keller 的结果，研究者可以预期墨西哥的 TFP 对 NRD^{N} 的弹性约为 NRD^{OT} 的 10 倍。这一点在方程（6-1）拟合的系数估计值中得到支持，表明前者大约是后者的 9 倍。

其次，本书也尝试列出方程（6-1）的替代估计。由于国外 R&D 存量的两种衡量指标 NRD^{N} 和 NRD^{OT} 高度线性相关，相关系数为 0.92，这种相关性可能影响到回归结果的一致性，因此，将来自两个不同群组的外国 R&D 存量区分开进行拟合，并记录在表 6-2 列（2）和列（3）中。结果发现，NRD^{N} 的拟合结果与同时引入两种来源的 R&D 存量的结果相类似，仍旧是 NAFTA 成员的 R&D 扩散效应显著，而其他 OECD 国家的 R&D 扩散效应不显著。而 NRD^{N} 的拟合结果也并不奇怪，因为该变量在方程（6-1）的回归中即非常不显著，在方程（6-3）中再次拟合时，TFP 的弹性略微变大，但仍然不显著。扩大的系数可能归因于它捕获了本应属于 NRD^{N} 的一些作用。

最后，本书还检验了美国、加拿大、墨西哥三国 1994 年缔结 NAFTA 后的弹性是否有差异，但没有发现显著差异。此外，利用国外 R&D 变量与虚拟变量 DR 的交互项，区分研发密集型行业与非研发密集型行业并进行回归分析，以检验这些行业的弹性是否不同。如列（4）所示，交互作用效果并不显著地不等于零。因此，TFP 对于国外 R&D 的弹性似乎并不随行业 R&D 强度的差异发生改变。

背景资料2　新自由主义经济改革下的墨西哥

一、墨西哥新自由主义改革的主要手段

1988年卡洛斯·萨利纳斯（Carlos Salinas）上台时，墨西哥正经历着20世纪30年代以来最严重的经济危机和政治危机。为应对这些危机，萨利纳斯实施了新自由主义改革。当时的贸易和工业发展部长J.S.普切在报纸上发表文章，将此次改革的目标归纳为4个方面：①推动国内经济国际化；②开展技术革新；③放松国家管制；④使国内商业实现现代化。就其实质来说，此次改革放弃了自墨西哥革命以来该国一直奉行的进口替代战略。

由于政府推行私有化，公共部门所拥有的企业从1952年的1155家减少到1992年的241家。与此同时，墨西哥政府还采取了诸如税收改革、削减公共开支、放松国家对许多部门的调控等多种手段，以及通过所谓"契约"来控制工人工资增长等其他措施，多管齐下达到降低通货膨胀率的目的。

此外，墨西哥政府也着力减少对本国市场的保护。在1985年，尚有92%的国内生产受到进口许可证的保护；到1990年，该比例已降低至19%。1986—1990年，对外平均关税从24%减少至12.5%。由于1989年通过的外资法允许外资在许多部门中拥有不超过10%的股权，1991年又实施了新的知识产权保护法，使外国投资受到极大激励，流入量实现大幅增长。

萨利纳斯政府的新自由主义改革甚至还触及墨西哥革命遗产中的某些方面，如土改和劳工权，这些措施在民众间拥有很高的声望。自墨西哥革命以来，土改一直是民众主义政治的工具。但此时，政府通过修改《墨西哥宪法》第27条，使占墨西哥全国农民60%的村社社员可以拥有、抵押、租赁和买卖土地，而私人土地拥有者可从政府那里得到私人财产的保障权。改革力度如此之大，有人担心80%的村社将被出卖给大地主和外国人，将使"过去70年的社会和平"处于危险之中。

经济自由化改革也削弱了强有力的工会的传统地位。有些工会为维护自身特权和既得利益，以提高工人的生活水平为名对萨利纳斯政府的经济改革

政策提出挑战。但在1989年，政府以打击工会领导人的腐败为名，免除了石油工人工会领导人J. H. 加利西亚和教师工会领导人C. J. 巴里奥斯的职务。以此为契机，萨利纳斯政府有效地削弱了工会组织的势力，尽管劳工与政府在自墨西哥革命以来的数十年中一直保持着良好的伙伴关系。

二、墨西哥新自由主义经济改革的成效

由于墨西哥单方面降低了贸易壁垒，因此墨西哥的进口额大幅度上升。与此同时，由于外国资本尤其是来自美国的资本大量涌入，1992年墨西哥对美国的出口增长13%，出口额为352亿美元，而美国对墨西哥的出口则增长22%，出口额达406亿美元。墨西哥一跃成为仅次于加拿大的美国制成品第二大销售市场和美国农产品的第三大销售市场（居日本和加拿大之后）。至1993年，墨西哥的贸易赤字高达220亿美元，但通货膨胀率却从1992年的11.8%下降至1993年的9.7%。

显而易见，墨西哥的新自由主义改革也带来一些政治风险。但是，执政的革命制度党始终认为，民主、社会公平、主权和民族特性是国家发展计划和改革的支柱。萨利纳斯将他的自由主义改革称作“社会自由主义”，并制定了一个名为“全国团结计划”（PRONA-SOL）的社会纲要，以缓解20世纪80年代衰退和改革所带来的严重贫困化问题。至1992年，该计划已向穷人提供了40亿美元的援助。1993年，萨利纳斯声称该计划动用的资金占政府预算的一半或占国内生产总值的10%。

政府还将该计划扩建成社会发展部，其领导人L. D. 科洛西奥被定为革命制度党的1994年总统大选候选人。这些迹象表明，萨利纳斯总统认为他的经济自由化已大功告成，墨西哥的社会和政治问题将由他的接班人来解决。

不可否认的是，萨利纳斯政府主导的新自由主义经济改革确实对墨西哥的经济社会、民生建设产生了深远影响。萨利纳斯曾于1993年披露，他的“全国团结计划”已向1350万人提供了饮用水，为1100万人铺设了排水管道，修建了10万所学校，向100万学生提供了资金援助，向800万人提供了医疗卫生服务，向1600万人提供了电，向180万户家庭提供了土地所有权，并援助了10万农民的生产和生活。同时，墨西哥全国有15万个“团结”委员会。尽管萨利纳斯声称“全国团结计划”为墨西哥的穷人提供了“社会

公平”，但是，该计划仅仅是一种新民众主义政治战略。其目的是重新确立革命制度党在1988年大选中损毁的形象。与经济改革相比，墨西哥的政治自由化进展缓慢。萨利纳斯采取了先进行经济改革，后实施政治改革的策略，坚持认为只有经济发展了政治形势才能安定。

在当时的墨西哥，公众对北美自由贸易协定的争议被有效地限制了。萨利纳斯政府通过控制媒体，组织了一个强大的宣传运动，以表明NAFTA对墨西哥公民是有益的。萨利纳斯多次强调，墨西哥人应团结一致，甘愿作出牺牲和发扬爱国主义精神。他亦经常提到墨西哥人拥有良好的纪律性，并赞赏工人、农民和企业家取得的成就。这一宣传运动似乎是成功的。在1991年的一次民意测验中，61.8%的墨西哥人赞同NAFTA，14.9%反对，23.4%未发表意见。高收入阶层对NAFTA的支持尤为强烈。

三、墨西哥不同社会群体对NAFTA的态度

在NAFTA谈判期间，墨西哥政府修复了它与工商业界的伙伴关系，而这一紧张关系是自埃切维利亚总统执政（1970—1976年）以来一直疏于管理的。在促使NAFTA谈判成功方面，亲NAFTA人士组织的出口企业协调委员会（COECE）发挥了重要作用。萨利纳斯的宣传运动超出了墨西哥国界。墨西哥政府终于学会了如何对美国国会进行游说，而且学得很好。除墨西哥驻美使馆以外，受墨西哥政府雇用的美国公关公司在左右美国公众舆论方面也成功发挥了作用。据墨西哥政府设在华盛顿的NAFTA办公室所透露的数据，墨西哥政府在1991年和1992年共花费1800万美元，1993年花费了1000万美元用作广告宣传、雇用游说国会的人员和支持美国官员访墨。总统本人也多次访美，并对美国工商界人士、政府官员和学者发表讲演，大力宣传其改革计划。就在NAFTA即将签署之际，墨西哥还在美国举办了盛大的展览活动，以培养美国人的亲墨情感。

在墨西哥，反对NAFTA的人主要是学者、记者、生态保护运动的积极分子、工会活动的积极分子、农民领袖以及反对党民主革命党和左翼党政治家。一些工人和受到经济开放损害的小企业主举行过小规模抗议活动。NAFTA的反对者认为，参与缔结NAFTA将使墨西哥在政治上和经济上进一步依附于美国，国内许多中、小企业将难逃倒闭厄运，致使失业率上升。有些人指

出，过去几十年中，墨西哥是有能力捍卫民族主权、民族团结和独立自主性的唯一拉美国家，却要为经济裙带关系而将这些目标都抛弃了。还有人认为，NAFTA 将使墨西哥经济和政治的未来由墨西哥以外的人来决定，国家安全陷于失序。

甚至墨西哥国会中的一些精英阶层，也在签署平行协定后提出民族主权这一敏感问题。例如，参加 1994 年大选的民主革命党候选人 C. 卡德纳斯将 NAFTA 视作“对工人阶级的侵略”。他主张以古老的墨西哥革命路线为其经济计划基础，国家即公共部门应继续控制战略要害部门、合作社和村社，土改应继续深化，当时墨西哥全境尚有 1000 万公顷的土地可用来重新分配，并且为了对付贫困问题，政府应制订出一个包括冻结价格、提高工资和降低利率在内的一揽子计划，墨西哥还应停止偿还外债等。但是，当卡德纳斯清楚地看到 NAFTA 签署已势不可当时，态度便开始软化，提出整个拉美大陆应达成一个关于贸易和发展的协定，其中包括解决贫困和欠发达问题的宪章。

在墨西哥学术界，在 NAFTA 的接受问题上亦存在不同意见。有学者认为，完全以自由市场为基础的模式将扩大贫富差别和美国、墨西哥两国的差距。他们要求美国、加拿大、墨西哥三国达成一个类似欧共体社会宪章的“社会—民主协定”，使墨西哥像爱尔兰和葡萄牙那样得到补偿性资金，美国、加拿大、墨西哥三国应共同制订工业发展计划和确定统一的劳工权益标准，美国应逐步放松对墨西哥移民的限制。

农民团体也反对经济自由化，尤其反对停止土改。位于恰帕斯的印第安农民在 NAFTA 生效之日揭竿而起。这次暴动诱发了一系列政治危机，也使人们对萨利纳斯政府的“社会民主主义”计划产生怀疑。恰帕斯的大主教、暴动的调解人鲁伊斯也强烈批评萨利纳斯的经济自由化政策，其中包括将村社私有化和签署 NAFTA。他认为，这种政策将使墨西哥富人和外国投资者拥有更多的土地。而暴动领导人则把 NAFTA 看成是针对印第安人的“死刑判决书”。

总之，墨西哥人对 NAFTA 的争论反映了两种趋势：一种是从历史中找到灵感，认为并非所有墨西哥人都已经为实现现代化作好了准备，另一种则希望墨西哥以一种强制而激进的方式进入发达国家的行列，并把墨西哥革命目标抛在身后。对墨西哥及其政治领导人来说，未来的挑战是如何在上述两种趋势中找到一个平衡点和寻找一条通往现代化（这一现代化应包括所有墨西哥人）的新道路。

历史经验表明，墨西哥参与 NAFTA 固然有风险，但它从中得到的好处也最多。NAFTA 使美国市场对墨西哥产品的准入不受限制，因此墨西哥的每种出口产品都得到大幅度增长。一些墨西哥公司还在美国扩大了生产规模。但是，墨西哥的纺织业、农业和服务业则受到不良影响。据墨西哥《金融报》估计，墨西哥制造业中 23%的企业倒闭。农业部门的前景尤为暗淡。在 20 世纪 90 年代的墨西哥，每吨玉米生产成本为 240 美元，而在美国却只有 110 美元。贸易自由化实现后，墨西哥的玉米生产下降 2%。因此，以玉米生产为生的数以千万计的墨西哥农民将面临不好的前景。他们将被迫改种其他经济作物，或涌入城市，或向美国移民。墨西哥的养牛业也会陷入困境。NAFTA 将取消目前对这一部门的保护（关税为 15%~25%）。在 1989—1992 年，由于降低关税，墨西哥的牛肉进口增长了 513%。

第七章　结论与政策启示

第一节　结　论

理论上，发达国家与发展中国家间缔结南北型 RTA，一方面使发达国家主要依靠自主研发而积累的先进技术，基于贸易渠道向发展中国家溢出，或面临被发展中国家模仿的风险，并遭受来自发展中国家的低成本非熟练劳动密集型进口品的激烈竞争，这驱使发达国家持续性地诉诸防御性创新；另一方面使发展中国家通过进口内含高科技因素的工业制成品，获得发达国家的跨国 R&D 溢出等额外好处，提高本国的全要素生产率。因此，理论上南北型 RTA 这种特殊的区域一体化方案，似乎对成员经济增长收敛、提高区域内技术进步速度具有显著的重要作用。那么，这个看似在收益结构上并不对等的贸易安排，如何能够受到发达国家首肯、青睐并力求主导呢？

首先，本书基于 Ricardian 模型与 H-O 贸易模型，继承并发展了 Viner 对 RTA 静态经济效应的经典分析，并以此为基础呈现了处于不同发展阶段的国家缔结 RTA 的福利损益状况，从理论上证明了缔结 RTA 使生产率较高成员减轻外部竞争压力，获得生产率较低成员国内市场准入而取得贸易扩大收益，这似乎是发达国家力主参与甚至主导南北型 RTA 的重要原因。

其次，本书基于 Romerian 模型与 Grossman & Helpman 贸易与技术溢出模型，将分析焦点引向动态比较优势，发现发展中国家能够通过开放贸易获得并不符合自身比较优势的差异性中间投入品，并以此获得较高经济增长率，这似乎是发展中国家同意与发达国家签订南北型 RTA，并开放本国市场的重要原因。从而在这种贸易安排下，发达国家与发展中国家均能从中获益，保证了 RTA 的平稳发展。基于这些思想，本书将贸易开放作为发达国家对发展中国家技术扩散的重要渠道，对其传导路径及其背后逻辑进行剖析，并基于一般均衡分析框架，分别探究了南北贸易的技术创新效应和技术溢出效应，对各国经济增长速度的提升作用加以呈现。

最后，本书以NAFTA作为分析南北型RTA的典型范例，实证检验南北贸易确实能更新防御性技术创新策略，提升发达国家劳动力就业的技能结构，促进南北R&D技术溢出，增强发展中国家获得的经济增长外部动力，助力国内资源禀赋合理配置。本书的基本结论如下：

（1）静态分析表明，无论是在技术机会还是在禀赋结构方面，一国越处在与世界平均水平对立的极端状况，越容易在缔结RTA后受到贸易转移的损害而导致福利下降。从而对于发展中国家来说，南南型RTA更容易造成成员收益分化而趋于失败，而南北型RTA可有效利用不同发展阶段的成员间的比较优势，从而使发展中国家亦能分享贸易收益。从这个角度来看，20世纪80年代中期以来的南北型RTA有其存在的合理性与趋势的稳定性。

（2）南北贸易是促进发达国家与发展中国家技术联动的重要途径。以技术创新理论与技术溢出理论和区域一体化理论为基础的开放经济下的新增长理论发现，由发达国家主导创新、发展中国家被动模仿的全球循环是有效的。开放贸易不仅有助于实现发达国家先进技术逐步、有效地向发展中国家溢出，促进发展中国家产业体系由模仿逐步实现向自主创新转型，还通过加剧国际市场竞争推动发达企业进行进一步的自主创新。因此，动态上南北贸易对于南北国家而言亦为双赢。

（3）在封闭国家中，中性技术在成本节约方面比有偏更具效率，因此企业会选择采用中性技术。而在发达国家与发展中国家缔结RTA因此开放贸易情形下，由于技术创新仅仅发生在发达国家，并且专利在发展中国家尚难以得到严格保护，从而随着更多种类高科技产品进入发展中国家，新技术被模仿的概率也会增加，发达国家所面临的竞争也持续加剧，并推动发达国家企业持续研发创新。体现技术进步的技能偏向性，使发达国家企业的创新研发增加了对熟练劳动要素的引致需求，提升劳动存量的技能结构。

第二节　政策启示

一、对发达国家的政策启示

（一）重视对 RTA 内发展中国家开放贸易所引致的技术创新效应

协定内成员间贸易不仅通过产出效应影响对各国要素禀赋的引致需求，更重要的是通过技术进步效应引致要素配置合理化。美国与墨西哥在 NAFTA 影响下的贸易模式及分工形式的经验表明，获得墨西哥本国市场的准入有效提高了美国企业的市场份额和利润份额，从而对来自本土的技术创新形成持续激励，加快创新速度并形成规模经济。因此，进一步致力于主导 RTA 内自由化进程是其关键举措。

从而，就发达国家而言，为保护传统产业而贸然实施贸易保护并非佳策，反而，增加与发展中国家之间的产业内贸易，不仅可助力发挥本国比较优势，还有利于本国的创新研发与经济增长。这必然要求发达国家进一步削减，甚至取消针对发展中国家的各种贸易壁垒，并与发展中国家展开多层次、多维度合作，并协助达成更多的信息交流和问题解决方案，以解决潜在的贸易争执。

（二）凭借创新研发优势提升劳动部门的技能结构

在南北型 RTA 中，区域技术研发的重任自然落在拥有技术优势和禀赋优势的发达国家。创新研发对劳动要素来说，存在正反两方面影响：一方面，全社会知识存量激增，有助于 R&D 部门的劳动生产率提高，特别是节约相对稀缺的熟练劳动，而非熟练劳动则处于劣势并面临报酬降低；另一方面，创新研发导致新兴行业不断涌现，产业结构不断优化，对劳动要素产生递增的引致需求，从而能够保证就业市场的稳定。

这种情况下，创新研发可能在特定阶段引致结构性失业，但是随着劳动者通过自我技能投资提升劳动素质，这种结构性失业并不会完全消失，其内容也会不断变化，从而使劳动要素总能获得安放之所，并受益于因不同行业浸润而导致的技能水平不断提升与结构趋于合理化。因此，技术创新对发达国家的就业起着良性作用。这便要求发达国家建立并维护科学知识与应用技术的产权体系，注重知识产权建设，努力增强 R&D 投入力度。

（三）提高劳动者的技能水平和综合素质，使其与技术演进的方向相匹配

西方发达国家基于先发优势，一般已建立起完善、成熟的教育体系，尤其是高等教育水平位于世界前列。但过多的门类设置使教育资源分散，成才率相比巨额的经费投入而言并无优势，并且民选政府为获得各政治势力的支持，往往缺乏制定旨在为某一阶段规划出研发总体方向的制度动力。创新固然需要大量的资本投入，但高素质人才同样不可或缺，并且更需要高“密度”即人才凝聚。这些现象在近年来美国硅谷的初创公司数量下滑、美元风险投资基金转向新兴市场国家，尤其是中国的情况中可见一斑，同样显见于美国在移动 5G 技术上落后于中国等案例。

因此，改革现有教育体制不仅是发展中国家的任务，而且是全人类的共同课题，因为即使发达国家也难言教育体制已完美激发创造力。以此为目标，就需要：①发展素质教育与提倡通识教育；②灵敏追踪市场需求，根据国内外形势的变化对学科设置进行动态调整；③优化劳动培训机制，处理好失业人员的技能培训工作，使其尽快掌握新兴行业所需的技术素养，并建立终身教育体系。

二、对发展中国家的政策启示

（一）旗帜鲜明地扩大贸易开放，增加与发达国家经济互动

通过从发达国家进口具有技术优势的资本品或中间投入品，使发展中国家能够分享其技术研发成果。长期来看，在 RTA 的影响下发展中国家与发达国家对等开放市场，并不一定意味着本国市场被发达国家侵占或接管，只要在出口劳动密集型产品的同时，逐步利用外国研发溢出以增强技术含量，促使出口品的技术代次不断提升，便有望缩小与发达成员间的技术代差与经济差距。在开放条件下，由于禀赋结构各异和消费偏好多样，任何市场都不可能被一方力量垄断。从某种程度上来说，进口对国内市场供给和需求的作用

是不可缺少的。开放市场有利于刺激消费，带动新兴产业不断涌现。

（二）重视对溢出技术的消化和吸收，消化和吸收国外先进技术

一方面，需要建立完善的现代企业制度和产权制度，并努力凝聚政府和全业界的配合及努力，以推动技术发展战略最终实施。其中，企业家在推动国家总体技术演进方面是举足轻重的，是吸收国外先进技术的主体，因此对企业家推动技术研发的主体地位再怎么强调也不为过。另一方面，要求发展中国家企业有意识地运用现代化营销手段、系统化的生产模式，以及现代普遍化的国际质量标准来改进生产流程，不断创新工艺，并努力加大 R&D 投入，增强自主研发创新的能力与耐力，将技术引进与自主创新有机结合起来，在引进基础上加快消化、吸收并创新。

（三）增加人力资本投资，改善劳动部门的技能结构

通过进口贸易来促进发展中国家的技术水平，经济增长并不能自动达成，而是取决于发展中国家人力资本的数量和质量。就发展中国家而言，劳动力供给相对其落后的产业体系或生产结构而言难言稀缺，但在具体结构上却表现为低技能劳动力充斥与较高技能劳动力稀缺的结构性矛盾。如果人力资本相对缺乏，发展中国家意图通过进口外国高技术含量中间投入品来促进产业结构优化、消费结构升级，便会面临严重障碍。

因此，发展中国家应从多方面入手，增加对人力资本的有效投资：①推行义务教育，保证全社会保有基础的科技文化素质与应用技能；②建立多层次、完善的教育体系，保证全民素质的有效提高以及对有能力者的系统支持；③加强医疗行业、保健事业以及失业救济、待业保险、养老保障等投资；④保持劳动者身体机能与健康素质，充分发挥已积累的人力资本的效能。

（四）着力升级产业结构，努力优化经济增长模式

发展中国家由于其技术劣势或在低技能劳动要素方面的比较优势，在相当长发展阶段内被迫发展低技术含量的落后产业，容易出现与世界先进技术水平脱节甚至差距渐增的困境。此时，必定要求以长远发展换取短期利益，通过政府投资、市场引导等多元方式使资源聚集到新兴产业，努力摆脱资源的瓶颈束缚与路径依赖。

发展中国家当前工业进程中遭遇的诸多问题，本质上都不是由确定开放

战略引发的，而是固守旧时高投入、高消耗、低技术、低效率的增长模式与新形势下技术进步日新月异之间不匹配的矛盾造成的。如果继续沿袭如此粗放的依靠资本、劳动等有形要素的经济增长方式，所受的资源约束只会越来越强。而努力学习发达国家经验，努力与发达经济体系融合并找寻自身的核心竞争优势，从而转向集约型增长道路将是其有益的选择。

第三节　中国关切

2013 年 9—10 月，习近平主席提出“一带一路”倡议，随即受到世界范围内理念一致国家的热烈关切及合力推进，至今已逾五年。这一阶段中，“一带一路”倡议无论是从理论建构，还是从实践推行方面都加重了分量，促使中国与更多国家在携手发展中不断前行，在互信合作中共同成长。作为我国三大战略之一，“一带一路”倡议已然并入加速推进的快轨线，成为世界经济增长的一股强大动力。当然，“一带一路”倡议的理念推广与实际运行过程亦非一帆风顺，操作层面上的某些不成熟常常受到一些抱守着旧时价值观的西方舆论冷嘲热讽。关于这些非议或反复，我们一方面应坚信这是在“一带一路”倡议完善化、制度化的必由之路中所必须经历的过程，另一方面也需切实探讨、研究如此宏大的工程对各参与国长期福利损益的影响，因为后者是该倡议求得长期稳定发展的先决条件。

（一）从中国基本国情出发审视“一带一路”倡议的潜在经济效应

2018 年，我国国内生产总值突破 90 万亿元，已跃升至世界第二大经济体和第一大贸易国家，成为维持世界经济增长的重要引擎。但应看到，我国人口众多，从而人均收入尚不到 1 万美元水平。并且从经济发展水平上看，我国尚处在由高速增长向高质量发展的转型阶段，经济发展不平衡、能耗巨大、污染严重等问题尚待解决。从这个意义来看，我国还处在发展中国家的行列之中。在“一带一路”建设的推进过程中，积极响应、热衷参与的国家从属发展中国家阵营的居多。中国应该明确的是，作为倡议的主导者能够立足于国情给予伙伴国哪些利益？

中国发起“一带一路”倡议的一个关键抓手，即寻求推动与沿线国家的贸易自由化与便利化。但考虑到中国长期发展外向型经济，积累了丰富经验并聚集了充分优势，如果与其他发展中伙伴国开放自由贸易，则由于中国在劳动密集型的传统产品上具有比较优势，所以与同样缺乏物质资本与人力资本要素的发展中伙伴国之间的互补性并不显著。即使对其开放中国国内市场，规模经济也会导致其产品的国际竞争力不强，反而可能导致中国产品进入伙伴国市场，从而获得规模经济，危及其薄弱的工业体系。而中国推行的援建、共建、融资等合作模式又被西方发达国家的舆论诟病为：在以政府主导型的经济模式下策划“债务陷阱”。应该看到这些舆论有其市场，原因在于发展中成员国大多确信并支持中国主导“一带一路”倡议的良好意图与合作理念，但在具体面对一个规模如此庞大的经济体，并预期与其发生经济关联时仍表现出谨慎。中国应该从多方面入手来打消伙伴国的疑虑，将合作理念转变为合宜措施。

（二）从参与国实际诉求切入审视“一带一路”倡议的潜在经济效应

2018 年，我国与“一带一路”沿线国家实现的贸易额达 1.3 万亿美元，同比增长 16.3%。其中，中国对相关国家出口商品额为 7050 亿美元，同比增长 10.9%；进口商品额为 5630 亿美元，同比增长 23.9%。从贸易性质来看，中国与沿线国家最重要的贸易品类为“电机、电气设备及其零件”，在一定程度上以中间投入品形式支持了伙伴国经济发展。但很少有研究专注于沿线伙伴国对我国贸易品的态度，尤其当考虑到某些力主局部自由的贸易安排以及排他性的共建项目中的非透明性，不但可能导致伙伴国贸易模式与专业化分工的调整，而且潜在的对外部世界的非对称歧视会以拒绝其产品中的技术含量扩散为机会成本。

由于发展中国家本就不存在完整的 R&D 部门，其技术进步的重要来源即学习消化外国进口品并进行模仿替代。这一重要诉求是否能够得到满足，将对伙伴国参与“一带一路”倡议的积极性产生关键性的影响。在此情况下，中国出口品内含的技术因素以及发生技术扩散的程度，是否能够完全弥补沿线发展中伙伴国，使其因与中国发展更加紧密的经济关联（主要基于贸易）而放弃某些潜在机会，就成为“一带一路”倡议长期稳定发展的关键条件。因此，作为倡议的主导者，中国应该以合适的激励手段来促进国内创新以及研发的投入，并努力带动沿线发展中伙伴国的技术进步速度，提高其经济增长率。在这一点上，完全由追求经济利益的企业主导技术扩散过程，也许不符合现实条件。中国有必要发展部分以国家为主导的研发体系，并做企业不做的事，从而突破经济条件的约束，并对沿线发展中成员做适当倾斜，以帮助其提升技术进步速度，促进其长期经济增长。

背景资料3 多边贸易新动向对中国制造业的冲击——以加工贸易为例

中国自2001年加入WTO以来，全面接入世界供给链和国际化大分工，利用比较优势发展外向型经济，出口额大幅增长，贸易顺差巨大。但随着中国社会转型与经济结构变迁，我国比较优势发生动态迁移，集中表现为原有外向型产业集群发生由东部向中西部的区位转移，而技术密集型产业重新占领东部的重大变化。这些由于我国对外开放、执行多边贸易规则的程度不断加深而产生的变化，对我国影响深远。

一、中西部地区加工贸易增速较大

我国近些年非常重视加工贸易向中西部地区的转移。这一方面归因于东部地区制造业成本上涨的倒逼和国家统筹产业格局、优化加工贸易布局的根本需要；另一方面是出于对协调东、中、西部地区发展，扶持中西部欠发达地区进行产业升级的考量。数据显示，中西部地区近五年来的加工贸易规模增长较快。具体情况如下：

（一）中部地区近五年加工贸易进出口额与增长率

从规模上看（见表7-1），中部地区加工贸易从2012年的642亿美元增长至2015年的峰值约1009亿美元，其后略降至2016年的约983亿美元；中部地区占全国加工贸易进出口总量的比重，从2012年的4.8%上升到2016年的8.8%，提高了近1倍；从各年同比增长情况来看，中部地区2012—2015年保持正向增长，但增速却持续放缓，且2016年陷入负增长，未来的发展趋势存有隐忧。

表 7-1 中部地区加工贸易发展情况（2012—2016 年）

年份	2012	2013	2014	2015	2016
加贸规模（亿美元）	642.0	785.7	921.0	1008.8	982.9
占全国比重（%）	4.8	5.8	6.5	8.1	8.8
同比增长（%）	57.2	22.4	17.2	9.5	-2.6

资料来源：根据中部 6 省份相关年份的统计年鉴、政府公报、海关数据合并计算而得。

（二）西部地区近五年加工贸易进出口额与增长率

从规模上看（见表 7-2），西部地区加工贸易从 2012 年的 640.5 亿美元增长至 2014 年的峰值 1147 亿美元，其后降至 2016 年的 899.3 亿美元；西部地区占全国加工贸易进出口总量的比重，从 2012 年的 4.8%上升到 2016 年的 8.1%，也提高了近 1 倍；从各年的增长情况来看，西部地区 2012—2016 年绝大部分时间保持正向增长，只是在 2015 年陷入负增长，但 2016 年扭转了颓势，同比增长 6.9%。

表 7-2 西部地区加工贸易发展情况（2012—2016 年）

年份	2012	2013	2014	2015	2016
加贸规模（亿美元）	640.5	797.1	1147.0	841.4	899.3
占全国比重（%）	4.8	5.9	8.1	6.8	8.1
同比增长（%）	30.0	24.4	43.9	-26.6	6.9

资料来源：根据西部 12 省份相关年份的统计年鉴、政府公报、海关数据合并计算而得。

总体来说，中西部近五年来加工贸易发展较为快速。这主要归因于国家近年来的政策倾斜：一方面在供给端鼓励东南沿海加工贸易企业或集群向中西部转移，另一方面在需求端鼓励中西部省份积极承接加工贸易进出口。但应注意到，中西部加工贸易发展还未能从根本上撼动广东、长三角及渤海湾地区的传统强势地位（见图 7-1）。

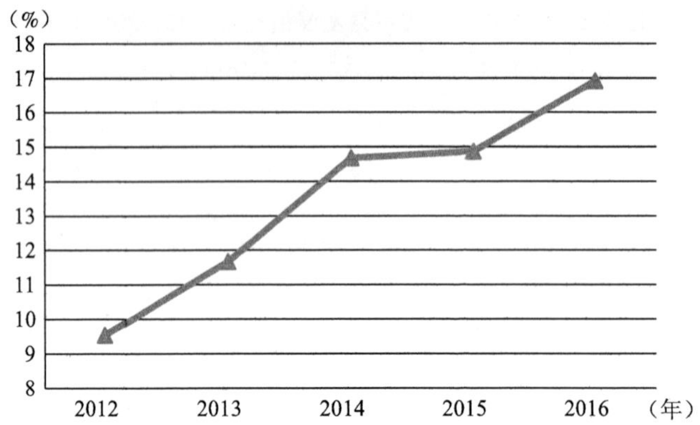

图 7-1　中西部地区加工贸易进出口占全国比重及逐年变化（2012—2016 年）

资料来源：根据中西部各省、直辖市及自治区相关年份的统计年鉴、政府公报、海关数据等合并计算。

二、中西部地区加工贸易空间布局

中西部地区加工贸易主要依托出口加工区、综合保税区等海关特殊监管区域而展开。国家从 2007 年开始，分三批次渐次设立了加工贸易梯度转移重点承接地。其中，2007 年确立了南昌、赣州、郴州、武汉、新乡、焦作、合肥、芜湖、太原等 9 座中部城市为第一批重点承接地；2008 年又确立洛阳、郑州、宜昌、襄樊、岳阳、永州、益阳、吉安、上饶山、侯马经济技术开发区、安庆、包头、哈尔滨、南宁、钦州、海口、成都、绵阳、重庆、昆明、西安、银川为第二批重点承接地；2011 年确立了锦州、延边朝鲜族自治州、马鞍山、巢湖、龙岩、宜春、荆门、衡阳、常德、梧州、北海、德阳、新疆生产建设兵团石河子经济技术开发区为第三批重点承接地。

通过以上名单可以看出，三批次确立的国家级重点转移承接地中，95%以上落于中西部地区，体现出国家调整加工贸易产业的地理格局、实现中部崛起以及西部大开发战略的决心。

（一）中西部地区加工贸易地理布局

自 21 世纪初以来，国家在中西部重点城市和地区进行了合理规划和相应布局，促使中西部地区逐渐形成较为明显的经济区域，以及用以发展包括加工贸易在内的产业功能性区域。其中，最具代表性的当属以“中原经济区”（河南）、“武汉城市圈”（湖北）与“长株潭城市圈”（湖南）为核心的中部经济活跃区域和以成都、重庆、西安为支撑点的“西三角”经济活跃带。

中原经济区是以郑州大都市区为核心、以中原城市群为支撑、涵盖河南全省延及周边地区的经济区域，地处中国中心地带，是全国主体功能区明确的重点开发区域。地理位置重要、交通发达、市场潜力巨大、文化底蕴深厚，在全国改革发展大局中具有重要战略地位。为河南省加工贸易乃至进出口贸易立下汗马功劳的“鸿海系”鸿富锦精密电子（郑州）有限公司即落户郑州新郑综合保税区内。经过近年的大力发展，中原经济区已围绕郑州形成180多个产业聚集区。其中，加工贸易产业的主要集聚地分别集中在郑州航空港产业聚集区、郑州经济技术产业聚集区，2015年，二者辖内规模以上工业分别实现了主营业务收入26.5亿元和10亿元，占河南经济聚集区总量的8%左右。

武汉城市圈是指以武汉为中心、以100公里为半径的城市群落，囊括武汉周边的黄石、鄂州、孝感、黄冈、咸宁、仙桃、潜江、天门等8个中小城市，面积达6万平方公里，是目前武汉的7倍多，形成湖北乃至长江中游最大、最密集的城市群。武汉城市圈的加工贸易企业主要聚集在武汉出口加工区内。加工区产业特色鲜明，以东风汽车公司与法国雪铁龙公司合资的年产30万辆轿车项目为龙头，一大批国外跨国公司及国内著名企业纷纷来区落户，形成以汽车及汽车零部件产业为主，食品饮料、机械、电子、信息、医药、生物工程等产业蓬勃发展的多元化格局。2016年3月，国务院批准武汉新港空港综合保税区成立，并于2017年3月通过一期工程验收，成为武汉城市圈开展加工贸易的又一有力支撑。

长株潭城市群位于中国湖南省中东部，包括长沙、株洲、湘潭三市，是湖南省经济发展的核心增长力。长沙、株洲、湘潭三市沿湘江呈“品”字形分布，彼此相距不足20公里，结构紧凑。长株潭城市群辐射范围下的加工贸易企业主要聚集在（湖南）郴州出口加工区。另外，2012年获批的衡阳综合保税区、2013年获批的湘潭综合保税区、2014年获批的岳阳城陵矶综合保税区、2016年获批的长沙黄花综合保税区等多点开花，形成合力，为承接加工贸易转移经营积蓄力量。

上述三个经济活跃区域是整个中部地区经济增长的引擎。从加工贸易产业的承接和发展情况来看，河南、湖北、湖南三个省份在整个中部地区占有相当高的比重（见表7-3）。

表7-3 河南、湖北、湖南加工贸易发展情况（2012—2016年）

年份	2012	2013	2014	2015	2016
河南（亿美元）	303.4	384.4	417.1	501.4	509.9
湖北（亿美元）	89.2	93.2	120.4	135.1	92.8
湖南（亿美元）	63.7	76.6	85.4	99.5	76.8
合计（亿美元）	456.3	554.2	622.9	736.0	679.5
占中部比重（%）	71.1	70.5	67.6	73.0	69.1
同比增长（%）	15.8	21.5	12.4	18.2	-7.7

资料来源：根据河南、湖北、湖南相关年份的统计年鉴、政府公报和海关数据合并计算而得。

西部地区——“西三角”，全称为“西部川陕渝陇金三角”，是以中国西部三个特大中心城市成都、重庆、西安为支撑点形成的连接大西部南北板块的经济合作区域，成为中国西部经济重心和西部经济高地。而内涵泛化的“大西三角”则包括以重庆为中心的成渝城市群、以西安为中心的关中城市群、以兰州为中心的西兰银城市群，总面积38万平方公里，人口1.3亿，包含60座城市，GDP总额1.9万亿元，占全国的7%，占整个西部的40%。中西部地区这些活跃的经济板块，为加工贸易企业转移和业务开展提供了广袤的发展空间。

“西三角”经济活跃区域的加工贸易企业，在四川省的主要聚集地包括成都出口加工区和四川成都高新综合保税区，后者已吸引英特尔、富士康、得州仪器、惠普、莫仕连接器等20多家知名企业入驻；在重庆的聚集地包括重庆出口加工区、重庆西综合保税区，已形成以汽车、摩托、冶金、化工为支柱产业，以建筑材料、仪器仪表、日用陶瓷、旅游、食品为主导产业，门类齐全、加工和制造能力较强的工业体系，其本土配套率很高；而陕西的加工贸易企业基地主要位于西安，包括陕西西安出口加工区以及陕西西安高新综合保税区，后者将承载陕西电子信息产业以及三星电子存储芯片项目及其配套企业建设用地和中期扩展用地（见表7-4）。

表 7-4 四川、重庆、陕西加工贸易发展情况（2012—2016 年）

年份	2012	2013	2014	2015	2016
四川（亿美元）	287.1	271.6	284.6	233.3	273.1
重庆（亿美元）	173.1	328.2	544.3	288.0	268.9
陕西（亿美元）	43.9	77.4	153.4	173.4	208.2
合计（亿美元）	504.1	677.2	982.3	694.7	750.2
占西部比重（%）	78.7	85.0	85.6	82.6	83.4
同比增长（%）	65.9	34.3	45.1	-29.3	8.0

资料来源：根据四川、重庆、陕西相关年份的统计年鉴、政府公报和海关数据合并计算而得。

（二）中西部地区加工贸易企业所有制结构

一般而言，加工贸易企业所有制结构包括国有企业、外资企业、集体企业、私营企业及其他所有制企业。全国不同所有制结构加工贸易企业的加工贸易比重在 1995—2016 年发生很大变化。1995 年，外资企业处于中国加工贸易主体地位，占比 59.91%①；国有企业占比 38.83%。21 年间，国有企业的加工贸易占比不断下降，到 2016 年只有 7.02%；同期，外资企业占比则持续上升，到 2016 年已达 82.26%，其中又以外商独资企业占比最大，中外合资企业次之；集体企业占比变化基本不大，保持在 1%~3%；私营企业则发展较快，进出口总值从 1995 年的 0.466 亿美元提升至 2016 年的 1126.3 亿美元，占中国加工贸易总值的比重在 1995 年为 0.035%，2016 年已达 10.13%。

通过调研和梳理各省市加工贸易数据发现，在东部的传统加工贸易聚集地中，国有企业与外商投资企业利用政策、资本和技术优势共同占据主要地位，民营企业（包括集体企业与私营企业）的生存空间十分狭窄。

与全国不同所有制结构加工贸易企业发展的特征相似，我国中西部地区加工贸易企业的主体同样为外资企业，且出口比重呈日渐上升态势。具体而言，在最先承接东部加工贸易产业转移的中部地区，在外商投资企业继续维持其强势地位的同时，私营企业也在稳步成长，这可以说是我国加工贸易企业所有制结构的一种优化表现。在西部地区如重庆，外商投资企业继续一枝

① 资料来源：根据《中国海关统计年鉴》（1995—2015）、《中国商务年鉴》（1995—2016）、EPS 数据库相关数据整理计算而得。其中外资企业包括中外合作企业、中外合资企业和外商独资企业三种形式。

独秀，出口比重已经达到90%以上①，利用西部的资源和人力低成本优势抢占了先机；而国有企业在西部地区比重的下降速度快于全国，已经接近2%②③；集体企业、私营企业及其他所有制企业所占比重微乎其微。

中西部地区加工贸易企业所有制结构中，加工贸易的主体为外资企业，这意味着中西部地区加工贸易的主体基础比较脆弱，受经济环境和政策环境影响较大，还意味着在加工贸易这种方式下，本已摊薄的利润大部分贡献给了外国公司。这可能产生两个不利后果：一方面，加工贸易大量消耗我国物质资源、人力资源与环境资源，而其创造的利润却较少留存于我国，对经济增长的贡献率较低；另一方面，由于加工贸易吸纳我国大量劳动力，一旦外商控制的加工贸易企业由于某些原因回流或迁移他国，对我国劳动力市场乃至社会的稳定将构成威胁。

一些在我国改革开放初期就来到东南沿海地区开展加工贸易的外资企业，近些年已经发生为获得更廉价的劳动力和更优惠的政策环境而陆续向东南亚地区国家转移的现象。外资企业这种随经济环境和政策环境变化而寻找其他地区或国家投资机会的特点，需要引起重视。在我国中西部地区加工贸易转型升级过程中，应当合理化企业结构，避免外资独大；应当有意识地引导不同性质企业比重的均衡，鼓励其他类型的企业开展加工贸易，特别要重视和支持民营企业的发展。

（三）中部地区加工贸易产业结构

总体而言，加工贸易进出口货物包括22个门类（见表7-5）。近年来，我国加工贸易进出口货物发生很大变动，其中机械与电气类占比最高，而传统的劳动密集型产品七大类（服装、纺织、鞋类、塑料、家具、玩具、箱包）的比重却逐年下降。可以得出，在加工贸易进出口不同产品分项下，机电类产品占据绝对重要地位，这得益于我国近年来一系列旨在改善加工贸易产业结构、提升加工贸易产品附加值与科技水平的政策。据中国海关发布的《中国外贸进出口年度报告》（2012年、2014年及2015年）中涉及加工贸易的数据，2012年我国高新技术产品加工贸易出口值达到4317.4亿美

---

① 资料来源：《重庆统计年鉴》（2016）。

②③ 资料来源：根据调研数据及各省份统计年鉴整理计算而得。

元，约占我国2012年加工贸易出口的50%，这其中很大一部分产品就是机电类产品。

表7-5　2013—2015年加工贸易进出口产品结构

序号	类别	出口		进口		序号	类别	出口		进口	
		金额（美元）	占总额比重（%）	金额（美元）	占总额比重（%）			金额（美元）	占总额比重（%）	金额（美元）	占总额比重（%）
1	动物产品	44.7	0.5	30.7	0.6	12	鞋等	128.9	1.5	5.3	0.1
2	植物产品	9.7	0.1	21.0	0.4	13	石料等	27.4	0.3	42.6	0.8
3	油脂、蜡	0.7	0.0	2.1	0.0	14	首饰宝石等	582.6	6.6	335.5	6.4
4	食品等	40.3	0.5	3.7	0.1	15	贱金属制品	171.6	1.9	249.5	4.8
5	矿产物	69.4	0.8	378.1	7.2	16	机电等	5305.3	60.0	2577.3	49.2
6	化学产品	126.8	1.4	195.4	3.7	17	运输器	458.6	5.2	30.4	0.6
7	塑料、橡胶制品	241.0	2.7	300.8	5.7	18	精密仪器	456.3	5.2	458.1	8.7
8	皮革等	59.5	0.7	49.3	0.9	19	武器等	0.0	0.0	0.0	0.0
9	木制品	17.2	0.2	9.9	0.2	20	杂项	282.9	3.2	12.7	0.2
10	木浆制品	77.9	0.9	39.8	0.8	21	艺术品	0.0	0.0	0.0	0.0
11	纺织品	391.6	4.4	133.7	2.6	22	特殊交易品	350.0	4.0	365.1	7.0
							总额	8842.2		5240.9	

资料来源：根据《中国商务统计年鉴》（2014—2016）整理而得。

近年来，通过对东部存量加工贸易产业的承接，以及对国外增量加工贸易产业的吸纳，中西部地区各省、直辖市和自治区立足本地条件和优势错位发展，形成各具特色的产业结构和产品门类。

作为中部地区加工贸易的主要聚集地，河南、湖北以及湖南的产业结构大体趋同，但在细节上有所差异。三省都十分重视将机电类产品作为加工贸易的重要产品，而在其他部类上如人发制品、羊剪绒制品、纺织服装、制鞋等传统劳动密集型产品上河南具有优势，湖北还注重在船舶（运输器）、化工产品和纺织产品上积蓄一定产能，湖南力主在机械装备、汽车及零部件、矿产深加工等产品上有所作为。其他的中部省份如山西在装备制造、食品医药、节能环保、新材料方面均有所涉猎。

西部省份中，先头军四川、重庆和陕西在将发展电子信息终端产品作为其发展加工贸易的主攻方向的同时，四川在电子元器件、机械装备、汽车及零部件等产品生产上成效卓著；重庆在笔记本电脑装配业务上的产能居国内首位，其地位无可撼动；陕西还积极探索在纺织服装、生物医药、文化创意等产业或产品上多点开花的路径。在第二梯队中，广西依托北部湾吸纳了南宁富士康研发检测认证中心、冠捷科技、朗科科技、三诺电子等一些国内外业内知名企业，旨在打造高新技术产业与技术高地；云南立足沿边优势，积极承接了贵金属加工、珠宝加工、服装、箱包、玩具、电子消费类等产品及产能转移。

综上可知，加工贸易向中西部转移的特征为：增长速度较快，超越同时期全国加工贸易总体增速；产业布局逐渐优化，已形成特色鲜明的产业聚集区；所有制形式不断演进，其中私营企业力量逐渐增强；产业结构多样化，各省打造重点不同的产业集群和错位发展的产业模式。

三、加工贸易向中西部转移存在的问题

当前，我国加工贸易向中西部转移的风头正劲。但要认识到，中西部并非加工贸易企业的唯一迁移地，选择其他替代选项的加工贸易企业并不少见。近年来发生的包括加工贸易企业向东南亚国家等地区转移，以及加工贸易企业向母国回流的情况，给我国中西部进一步承接加工贸易产业转移带来很大挑战。究其原因，除了外部力量及环境变化的影响，中西部表现出的若干问题也在制约着加工贸易的进一步转移。具体表现在以下几个方面：

（一）中西部地区天然区位劣势

需要认识到，尽管中西部近年来承接的加工贸易产业有较好发展，但中西部的一些如地理位置、自然资源等客观经济条件的缺失，可能将使未来继续承接产业转移面临瓶颈。

1. 沿边省份少

重点开发开放试验区、沿边国家级口岸、边境城市、边境经济合作区和跨境经济合作区等沿边重点地区，是我国深化与周边国家和地区合作的重要平台，是沿边地区经济社会发展的重要支撑，是确保边境和国土安全的重要

屏障。正因如此，自20世纪90年代以来，国务院发布了一系列文件，陆续批准黑河、绥芬河、珲春、满洲里、二连浩特、伊宁、博乐、塔城、畹町、瑞丽、河口、凭祥、东兴、丹东等14个城市为国家级经济合作区。其中，中西部地区城市占比高达78.6%，内蒙古（2个）、新疆（3个）、云南（3个）以及广西（3个）四省份名列其中。在其他中西部省份中，甘肃省与蒙古国毗邻，但国务院批准的马鬃口岸于1993年因蒙古国方面的失信而被迫关闭。

时至今日，个别中西部沿边省份和城市得到较好发展，主要包括广西南宁、北海—防城港—钦州、东兴，云南昆明、瑞丽，新疆塔城、伊宁等。但有研究表明，以上城市所属的中西部地区中，相关省份大多数显著经历了“沿边因素”的催化效应，导致中西部内部分化比较严重。究其原因，云南省位于中国的西南边陲，邻国较多，基于桥头堡战略和东盟自由贸易区、大湄公河次区域合作的平台，国际物流、服务贸易、旅游文化等开放性产业发展较快；广西壮族自治区则积极利用政策优势，在对外贸易方式和贸易市场的多元化，以及在对外经贸合作平台的搭建等方面成绩斐然；新疆、内蒙古、西藏、甘肃等省、自治区虽然亦处沿边，但由于起步时间晚、经济实力弱、出口规模小、出口商品结构不合理、科技发展水平和技术手段落后，对外开放程度不高，对外开放竞争力不强。

2. 沿江省份少

我国的内陆航运，主要集中在长江及其各主要支流。长江被称为“黄金水道”，因其流域内共有通航河流3600多条，总计通航里程7万多千米（其中，0.7米以上水深的等级航道5.7万千米），占全国内河通航里程的70%，各项运网密度指标均高于全国平均水平。每万人运网密度高于全国平均50%，每100千米运网密度为全国平均的3倍多，综合密度和经济相关密度也在全国平均的2倍以上，显示出长江水系航运网的优势和在全国内河航道中的极重要地位和作用。内河水运的发展加强了区域间的联系，沟通了沿海运输。长江、珠江、淮河等主要航道沟通了我国东、中、西部地区，促进了区域间的物资交流，加强了区域间的经济联系，并与沿海和远洋运输相对接，形成开放式内河水运。

国家于2014年宣布实施“长江经济带”战略，覆盖上海、江苏、浙江、安徽、江西、湖北、湖南、重庆、四川、云南、贵州11个省、直辖市，面积约205万平方公里，人口和生产总值均超过全国的40%。但在中西部地区中，各省对长江漕运能力的利用情况有很大差异。究其原因，由于成都、重庆地处三峡，江道狭窄，不便通行大型货运船舶。而其他省份如安徽、湖南、广西等只能依托运河、支流并入等间接方式开展沿江水运，致使中西部地区内河运输发展始终无法得到长足进步。

3. 不沿边、不沿江省份居多

我国中西部地区共有山西、河南两个中部省份，陕西、贵州、宁夏、青海、西藏五个西部省份，既不沿边也不沿江，这些地理上的劣势决定着这些省份想要直接套用来自东部完善的加工贸易生产组织形式，会非常困难。

首先，深处内陆使其在物理距离上与其他国家相距较远，造成物流成本高企，如河南虽身处河套平原却没有出海口，导致一部分物流费用和时间必须花费在陆路运输上，从而在对外贸易发展上存在短板。其次，天然阻隔导致交通不便，使运输困难较大，如贵州大多处于山区，因修建、维护费用极高，其公路、铁路保有量很低。最后，自然资源缺乏的限制，导致难以适应加工贸易大规模生产的物资要求，如青海省、宁夏回族自治区局部缺水十分严重，导致城市聚落普遍脆弱。

（二）中西部地区生产要素优势不突出

1. 中国东部、中西部与东南亚土地、房租成本平均水平的比较

近年来，作为中国城市化与城镇化的产物之一，我国工业土地成本呈现逐年上升态势。从全国主要城市土地出让监测价格来看，自2008年以来我国主要城市土地出让价格加速上升，尽管2012年后增速有所放缓，但土地出让价格仍呈现上升趋势。

具体地，综合地价由2012年第三季度的3093元/平方米增加到2015年第三季度的3606元/平方米，工业用地价格由2012年第三季度的662元/平方米增加到2015年第三季度的757元/平方米，分别增长了16.6%和13.7%（见表7-6）。

表 7-6 近年来我国土地平均出让价格变化

	2012 年第三季度		2013 年		2014 年		2015 年第三季度	
	地价（元/平方米）	增速（%）	地价（元/平方米）	增速（%）	地价（元/平方米）	增速（%）	地价（元/平方米）	增速（%）
综合	3093.0	1.8	3349.0	7.0	3522.0	5.2	3606.0	3.3
商业	5793.0	3.2	6306.0	7.9	6552.0	3.9	6701.0	2.6
工业	662.0	2.0	700.0	4.5	742.0	6.0	757.0	3.5

资料来源：根据《全国主要城市地价状况分析报告》（2012—2015）数据合并计算而得。

加工贸易的生产组织形式主要依托于大规模标准化生产，因此保证厂房面积与劳动力丰裕是发展中西部地区的必要条件。但是，随“造城运动”的蔓延，中西部地区出现了土地价格分化，局部优质区位土地价格随行就市，涨幅较大。这一方面直接增加了加工贸易企业的厂房用地成本，另一方面又因租房（购房）成本的上升而削弱了加工贸易工作对劳动力的吸引力。

2. 中国东部、中西部与东南亚劳动力成本平均水平的比较

随着我国工业化的演进，资本过剩与局部的劳动力短缺转为常态，人口红利已逐渐消耗殆尽，用工成本逐渐攀升。特别是近年来，与加工贸易企业成本关系极大的制造业工人工资上涨幅度很大。根据图 7-2 容易发现，在 1996—2014 年不到 20 年的时间中，我国制造业（城镇单位）工人平均货币工资由 5673 元/年一路上涨至 51369 元/年，上涨了大约 9 倍。即使扣除了价格因素，2014 年的实际工资水平也约为 1996 年的 6 倍，如此大的工资上涨幅度使我国加工贸易步履维艰。

而倘若分东、中、西部地区进行分析比较，就会发现近年来中西部地区制造业工资水平增长得并不比东部地区慢（见表 7-7）。

表 7-7 我国东、中、西部地区制造业平均工资比较

年份	2012	2013	2014
东部平均工资（元）	30486	36049	38867
中部平均工资（元）	23702	27290	30248
西部平均工资（元）	24947	29625	32791

资料来源：根据《中国人口和就业统计年鉴》（2013—2015）合并计算而得。

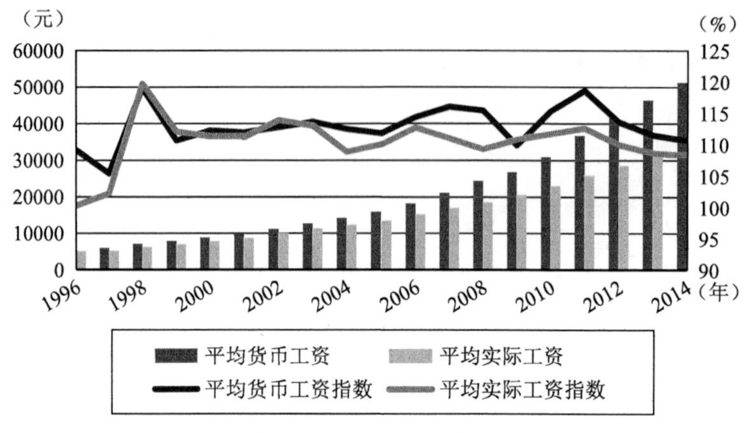

图 7-2 中国制造业平均工资及增长趋势

资料来源：根据《中国劳动统计年鉴》（2015）相关数据整理计算而得。

全国 34 个省份中，平均工资处在中位数以上的中西部省份有 6 个，可以从侧面反映出并未发现如预期中大幅低于东部省份的证据，中西部地区相对东部地区的工资优势不再显著，东、中、西部地区制造业工资水平随时间趋于收敛。

近年来，由于国际产业转移及亚洲新兴发展中国家内部工业化的演化，亚洲尤其是东亚成为全球工资增长最显著的地区。① 有关研究表明，菲律宾的小时劳动报酬 2001 年为 0.97 美元，当前增长至 1.9 美元；越南的小时平均工资 2001 年仅为 0.36 美元。在东南亚国家中，越南的工资水平增长速度最快，这一方面可以归因于越南国内劳资博弈与力量对比的新变化；另一方面也可以看出，近些年来越南确实在承接产业转移方面成绩斐然，其工业化水平有长足进步，劳动资源已具备一定话语权。

但即使在东亚各国制造业工资“涨声一片”的背景之下，在 2001—2010 年，中国制造业小时劳动报酬的增长速度仍快于一些东亚新兴发展中国家。近年有研究报告显示，中国制造业小时劳动报酬大约是菲律宾的 1.27 倍，小时平均工资是泰国的 1.52 倍、马来西亚的 0.5 倍、越南的 2 倍左右、印度尼西亚的 4 倍左右。用工成本可以说是以大规模标准化生产为特征的加工贸易企业最重要的考量因素。

① 国际劳工组织《全球工资报告》（2010—2011，2012—2013，2014—2015，2016—2017）。

在实际调研中，课题组发现中西部并不是被调研加工贸易企业的唯一迁移地，选择其他替代选项的加工贸易企业并不少见。其中，工资成本过快增长可能是一个重要的显性因素。同样重要的是，我国新劳动法的颁布，一方面确实在保护劳动者合法权益、在劳资纠纷中帮助劳动者争取合法处置等方面取得了重大成绩，另一方面由于其法律定义在某些领域过于空泛或僵硬，导致企业在依照法律处理劳资关系时缺乏弹性，产生了比较多的隐性成本。如调研组发现，部分加工贸易企业面对《中华人民共和国劳动法》要求强制缴纳社保基金，而部分工人由于不理解该项法规对自身权益的意义，要求企业规避缴纳该项钱款，并将其发放给自己这一矛盾时十分为难，即使应工人要求签订某些协议证实上述要求为双方自愿，也因最终不被法律承认而遭受处罚，只好一律强制缴纳。而此举又会导致部分工人离职，企业熟练工人的稳定性难以保证。还有一些企业对产子女工的产假时长与期间需支付产假薪酬存有一些争议。这些问题均导致企业除了工资之外，还承担了很多隐性成本。

3. 中国东部、中西部与东南亚劳动生产率平均水平比较

本部分以总产值/平均从业人数这一比例指代劳动生产率。对东部、中部和西部地区内各省份的劳动生产率进行测算，得出的数据（见表7-8）表明，2014 年东部地区的劳动生产率略高于中部地区。但 2015 年的数据显示，中、西部的劳动生产率已略微反超了东部地区，不过差距不大。

表 7-8　东、中、西部地区制造业劳动生产率比较

年份	2013	2014	2015
东部生产率（元/人）	1004840	1070645	1114559
中部生产率（元/人）	1022738	1066190	1123220
西部生产率（元/人）	1056207	1102166	1181818

资料来源：根据《中国工业统计年鉴》(2014—2016）合并计算而得。西藏数据计入西部数据。

从亚洲新兴发展中国家的情况来看，在 2001—2010 年，以越南、泰国、马来西亚、印度尼西亚、菲律宾 5 个主要东盟国家为代表的亚洲新兴经济体，其小时劳动生产率普遍表现为上升态势。有研究报告显示，从绝对指标来看，马来西亚小时劳动生产率的绝对值最大，越南小时劳动生产率的绝对

值最小。而从相对指标来看，印度尼西亚的增长速度最快，而越南的增长速度最慢。这些情况与变化在一定程度上解释了当前一部分加工贸易企业向东南亚尤其向越南转移的趋势。

中国制造业小时劳动生产率的增长速度较快，于2003年超过泰国和菲律宾，并始终高于越南和印度尼西亚，逐渐缩小了与马来西亚的差距。这得益于我国长期坚持实施的“科教兴国”战略与新一代互联网平台建设，即“互联网+”所产生的溢出效应。

根据以上每小时劳动工资报酬、每小时劳动生产率两项数据，可以简单计算单位劳动成本并实现国际比较。分析结果表明，目前中国的小时劳动报酬已经超过了菲律宾、泰国、越南、印度尼西亚。在不久的将来，中国调整后的单位劳动力成本将超过菲律宾、马来西亚等地区。这将对我国制造业特别是劳动密集型制造业的国际竞争力、出口规模、出口结构产生重要的影响。对于以大规模生产为特征的加工贸易来说，上述东南亚国家的未来竞争力对中国都具有潜在的威胁。

4. 中国东部、中西部与东南亚能源成本平均水平比较

随着工业化的演进，我国制造业耗用能源成本有所下降。从中国工业者燃料动力类购进价格指数来看，2005年以来随着煤炭、石油、天然气价格的快速上涨，我国工业企业用能成本也随之攀升，其中2008年涨幅最大，为20.6%；2009年受国际金融危机影响，出现较为明显的下滑。但在“四万亿”计划等稳增长政策的作用下，2010—2011年我国工业企业能源成本继续攀升，2012年与2011年基本持平，随后开始下降，目前约为2010年的90%。

在此期间，我国先后对汽油和柴油的批发价格进行了多轮下调，但相比2005年仍大幅上涨了40%左右。从企业用电成本来看，近年来我国先后于2012年、2015年和2016年1月对全国燃煤发电上网电价进行下调，平均每次调价0.02~0.03元。目前我国工业平均电价水平降为0.53元/度，较2008年的0.6元/度下降11.7%。单位能耗制造业产出也反映了这一趋势，2013年我国制造业万吨标准煤能耗主营业务收入为3.77亿元，比2009年的3.1亿元增加了0.67亿元。相同能耗产出的增加，反映出制造业能源成本占总成本比重的下降。

随着产业增速和效益下滑，制造业中一些特殊的子行业面临的能源成本

压力日渐突出。2013 年，我国规模以上制造业用电总量为 2.9 万亿千瓦时。据此估算，制造业行业平均电费成本占主营业务收入的比重约为 2.2%。不同行业由于能耗强度不同，电力成本水平差异也较大。其中，电费成本占主营业务收入比重高于制造业平均水平的行业主要是高耗能的重化工业，如非金属矿物制品业、黑色金属冶炼和压延加工业、有色金属冶炼和压延加工业电费成本占主营业务收入的比重分别为 4.1%、7%和 6%。由于近几年上述行业效益下滑较快甚至处于生死存亡的危机中，电力成本高企带来的生存压力尤为突出。

（三）中西部地区产业配套不完善

1. 物流链过长加大成本

一套完整的物流体系是指物品从供应地向接受地的实体流动过程中，运输、储存、装卸、搬运、包装、流通加工、配送、信息处理等基本功能实现有机结合而形成的一个整体，其中心目的在于解决成本问题，包括运输成本、时间成本等。从广义上来说，它分为硬件与软件两个必要部分，前者指的是条件，包括交通运输网、商品集散中心、仓储、港口等，后者包括实现货物有效流转的支撑条件，主要集成在供应链管理体系之下，如商品分拨中心、货物追溯系统等。

自国家提出“中部崛起”、西部大开发战略以来，特别是“十二五”时期，西部地区交通运输行业取得快速发展，以轨道交通、国省道公路、水运、航空等各种运输网为基础的综合运输系统也逐渐形成和完善。以铁路营运里程为例，国家统计数据显示，截至 2016 年 12 月，沪昆高铁全线运营，云桂铁路、渝万高铁等重大项目相继投产；中西部铁路营运里程扩充至 9.5 万公里，占比达到 76.6%。李克强总理在博鳌亚洲论坛 2014 年年会开幕式上指出，要着力推进整个中西部地区的铁路、公路等交通基础设施建设，为产业转移创造有利的条件。发达的综合运输系统是西部地区承接产业转移顺利进行的决定性因素，是推进西部大开发事业持续进行的关键。要想实现西部地区的繁荣、发展和稳定，就必须从全局和战略高度认识西部地区综合运输系统的重要地位和其承担的特殊使命。

然而，中西部地区物流链体系的构建还是当前制约其发展对外贸易，尤其是加工贸易的主要短板。一方面，表现为物流运输硬件能力的不足。中西部地区地质地形普遍复杂，经济发展水平偏低；西部地区综合运输系统总体发展水平仍与中东部地区存在巨大差距，表现为现有公路网密度低、覆盖率低、纵深度不够。而且经济改革滞后，西部地区经济发展水平与中东部地区存在巨大差距，地方财政支付能力十分有限，难以适应中西部物流运输能力的跨越式发展要求。另一方面，中西部地区在技术、人才、观念上与东部地区存在差距，尤其是在基于互联网平台的物流快速响应机制和物流方案制定与实现机制方面发展滞后，并且在产业承接过程中彼此存在竞争，导致其内部并未形成贯通合力。

2. 上下游产业配套能力不足

产业配套能力是指为企业提供生产过程中所需要的各种原辅材料（即各种中间投入品）的能力。对企业来说，产业配套能力主要表现在上游产业集群的发展上，例如，在企业周围是否有上游企业、上游行业的完善程度、企业数量多寡和质量高低，以及上游企业与本企业之间的距离远近等。产业配套能力是发展产业集群、提升产业竞争力的基本要素。在实践中，中西部很多地区也采取产业园区招商、产业链招商等措施来提高当地的产业配套能力，但对于到底什么是产业配套能力还欠缺清醒的认知。

以计算机装配加工贸易为例。作为国内的笔记本电脑装配出口的龙头，重庆产业的本地配套率为60%。这得益于重庆市政府对该行业发展的重视，包括积极探寻计算机整机、零部件、原材料垂直整合一体化在重庆形成集群；“渝新欧”铁路大通道等在内的出项物流；设立总面积达20平方公里的保税区以及充足的劳动力保障。相比之下，与其毗邻的四川省的本地配套率就不足30%，主要的问题是运营中心、研发中心和结算中心等核心总部型企业较少。而其他西部省份的配套能力则更显单薄。

3. 生产性服务业配套滞后

生产性服务业是指为保持工业生产过程的连续性，促进工业技术进步、产业升级和提高生产效率提供保障服务的服务行业。它是与制造业直接相关的配套服务业，是从制造业内部生产服务部门独立发展起来的新兴产业。它通过降低社会的交易成本，促进专业化分工的深化和泛化，推动人力资本与知识资本的深化，拓展培育产业竞争优势和增强产业自主创新能力的途径和方式，支撑产业转型升级与竞争力提升。

根据范围划分，生产性服务业包括信息传输、计算机服务和软件业，金融业，租赁和商务服务业，科学研究、技术服务和地质勘查业 4 个行业门类，批发和零售业门类中的批发业 1 个行业大类，以及交通运输、仓储和邮政业门类中包含在国家物流统计分类标准中的若干行业小类，共涉及 148 个行业小类。根据业务活动特点划分，生产性服务业包括流通服务、信息服务、金融服务、商务服务和科技服务五大类别。

与东部省份已建立完善并运营多年的区域性要素配置中心、技术创新中心、信息流转中心和产业扩散中心相比，中西部地区生产性服务业短板严重，在对特定生产问题的快速反应机制、解决方案的快速形成机制的建立等方面差距较大。主要包括以下三方面的问题：

首先，本土企业培育不足甚至总体规模偏小。由于中西部地区发展加工贸易主要建立在东部地区向其进行产业转移的前提下，而转移的企业及产业往往已建立了较为完善的生产问题解决机制，导致对本土生产性服务企业的需求不高，其发展难以得到有效支持。以成都为例，在全国服务业 100 强企业中，广州 7 家、杭州 4 家、深圳 3 家、南京 3 家，而成都只有成都铁路局 1 家入围；全国物流 100 强企业中，深圳 10 家，济南 7 家，广州、青岛、厦门各 6 家，而成都只有四川中邮物流 1 家入围；全国连锁企业前 30 强和全国软件 100 强企业中，成都没有 1 家入围。成都生产性服务业总体规模偏小，缺乏龙头带动效应是影响其发展的重要因素之一，成都生产性服务业占服务业总量比重，相比广州、杭州、青岛等城市偏低。

其次，生产性服务业与制造业的互动发展还未形成。由于产业转移的固有规律，中西部地区的生产性服务业严重滞后于制造业的发展，企业普遍规模小、技术水平低、服务成本高，导致生产性服务业供给不足，尚未形成促进制造业优化升级的推力。以成都的工业设计服务为例，虽然成都有相关院校和设计公司从事设计服务，但设计服务本地化的供给比例很低，使设计环节不能服务本地市场，同时设计环节的滞后发展又使成都市的制鞋、家具等传统制造业缺乏创新和自主品牌建设，制约了本地制造业的升级发展。

最后，生产性服务业发展的有关规划和政策体系不够完善。生产性服务业的快速发展需要政府的科学规划与政策扶持，如上海早在“十一五”期间就制定发布了《生产性服务业发展重点及空间布局规划》和《生产性服务业发展重点指南》，确立了上海生产性服务业的发展方向和扶持政策。但中西部地区到目前为止仍未出台生产性服务业重点产业发展和空间引导的规划，以及扶持生产性服务业发展的土地、资金、人才等关键要素方面的政策，尚未制定促进生产性服务业集聚发展的系统措施，在推动制造业外包费核心业务方面尚未出台明确的鼓励政策等。中西部地区如何进一步完善促进生产性服务业发展的规划和政策体系之路，值得人们认真探索与研究。

（四）中西部地区政策制度力度不够

1. 中西部地区吸引加工贸易转移政策梳理

加工贸易是我国对外贸易和开放型经济的重要组成部分，在我国东部沿海地区对外开放过程中的促进作用重大，结合东、中、西部产业发展条件，考虑到东部地区产业结构转型升级的需要和中部崛起、西部大开发战略，应鼓励加工贸易梯度转移，在尊重市场规律前提下，推动向外转移的产业优先转到中西部地区。相对东部地区而言，中西部地区加工贸易起步晚、发展慢、实力弱，为促使加工贸易向中西部地区转移，促进加工贸易在中西部地区快速发展，有必要在引导加工贸易向中西部地区转移过程中，体现出区域间的政策落差，在财政、税收、金融和海关监管等方面对中西部地区给予相关政策支持。近年来，我国相关政府部门多次通过调整与加工贸易有关的管理制度，使国家政策的支持成为关键推动力。

2016 年 1 月 18 日，国务院印发《关于促进加工贸易创新发展的若干意见》(以下简称《意见》)。《意见》是在加工贸易国际环境和国内发展条件都发生重大变化的背景下，指导今后一段时期我国加工贸易创新发展的纲领性文件，提出支持内陆沿边地区承接产业梯度转移、同意研究制定差异化支持政策等工作要求。其中区域布局优化的发展目标为，逐步实现东、中、西部协调发展和境内外合理布局，并通过推动加工贸易产业集群发展、建立加工贸易产业转移合作机制、支持梯度转移重点承接地发展、研究制定差异化的支持梯度转移政策等，具体支持加工贸易的产业梯度转移，推动区域协调发展。中西部地区应利用好深化加工贸易行政审批改革、建立加工贸易新型管理体系、优化监管方式、加快推进内销便利化、加快海关特殊监管区域整合优化等管理体制创新的机会，增强自身发展动力；应深度落实完善国务院加大财政支持力度、提升金融服务水平、完善社会保障制度、优化法治环境、营造公平的外部环境、营造有利于制造业发展的舆论环境等政策措施，优化自身发展环境；还应积极响应国务院加强人才队伍建设、建设公共服务平台、发挥中介组织作用、强化地方配套和部门协作等组织保障的部署。2016 年 5 月 5 日，国务院出台《关于促进外贸回稳向好的若干意见》，强调综合运用财政、土地、金融等政策，支持加工贸易向中西部地区转移。中西部地区要加大加工贸易产业用地保障力度，优先纳入供地计划并优先供应，鼓励转移到中西部地区的加工贸易企业参与电力直接交易。优化财政支出结构，支持中西部地区加工贸易发展。鼓励金融机构为加工贸易梯度转移项目提供金融支持。2017 年 3 月 28 日，国务院印发的《关于落实〈政府工作报告〉重点工作部门分工的意见》再次强调要促进加工贸易向产业链中高端延伸、向中西部地区梯度转移。

2016 年 8 月 16 日，国务院常务会议提出，要发挥双向投资对外贸的促进作用，依托各类园区提升中西部承接加工贸易能力，再次为加工贸易向中西部地区转移增加砝码。在相关政策促进下，中西部各类园区成为加工贸易西移的承接主力。2017 年 3 月 31 日，国务院印发《中国（辽宁、浙江、河南、湖北、重庆、四川、陕西）自由贸易试验区总体方案》。以重庆自由贸易试验区为例，重庆西永片区按区域布局划分，着力打造加工贸易转型升级示范区，重点发展电子信息、智能装备等制造业及保税物流中转分拨等生产性服务业，优化加工贸易发展模式。为促进重庆加工贸易转型升级，充分发挥重庆作为加工贸易承接转移示范地的优势和作用，在自贸试验区打造产业梯度转移的国际加工基地，完善以“整机+核心零部件+原材料”为龙头的全流程产业链，推动加工贸易由水平分工变为垂直整合，鼓励向产业链、价值链的高端拓展，以提高附加值。探索“产业链+价值链+物流链”的内陆加工贸易发展新模式。实施仓储企业联网监管，实行加工贸易工单式核销，探索更为先进的核销制度。支持在自贸试验区设立符合内销规定的加工贸易产品内销平台，建设加工贸易产品内销后续服务基地。大力培育高端饰品、精密仪器、智能机器人、集成电路、平板显示等加工贸易新产业集群，搭建加工贸易转型升级的技术研发、工业设计、知识产权等公共服务平台。同时，优化跨境金融结算服务，以支持自贸试验区开展适应内陆加工贸易等贸易业态的结算便利化试点。以河南、重庆自由贸易试验区为例，支持电子信息、装备制造、智能终端、汽车及零部件、航空航天等辐射能力和技术溢出能力强的先进制造业加工贸易发展，搭建服务于加工贸易转型升级的技术研发、工业设计等公共服务平台，建设加工贸易产品内销后续服务基地。

商务部在国务院印发的《关于促进加工贸易创新发展的若干意见》和《关于促进外贸回稳向好的若干意见》指导下，积极会同有关部门和中西部地区，抓紧落实相关政策，推动加工贸易向中西部梯度转移，促进对外贸易回稳向好。积极落实相关举措，将对优化加工贸易发展环境、鼓励梯度转移发挥积极作用。

海关特殊监管区域作为加工贸易的重要载体，其整合优化对加工贸易的创新发展作用重大。2016 年 8 月 25 日，商务部和海关总署联合发布《商务部　海关总署公告 2016 年第 45 号》，在全国范围内取消加工贸易业务审批，建立健全事中事后监管机制。2016 年 10 月 9 日，海关总署颁布《海关总署公告 2016 年第 56 号》(关于《商务部　海关总署公告 2016 年第 45 号》执行有关问题的公告)，确保商务主管部门取消加工贸易业务审批后有关业务的顺利开展，以及在海关特殊监管区域内，企业凭海关特殊监管区域管委会出具的“生产能力证明”办理加工贸易账册设立（变更）手续。2016 年 10 月 20 日，国务院新闻办公室举行新闻发布会，介绍促进加工贸易创新发展和海关特殊监管区域整合优化情况。在推动加工贸易向中西部转移方面，积极推动加工贸易向内陆和沿边地区 44 个重点承接地梯度转移。2016 年前三季度，中西部地区加工贸易进出口同比增长 0.8%①，占全国的比重从 2010 年的 4.4%上升到 15.4%，提高 11 个百分点。海关总署紧紧围绕“一带一路”、京津冀协同发展、长江经济带等国家发展战略要求，不断优化海关特殊监管区域布局，新设特殊监管区域向中西部地区和东北地区重点倾斜。自 2015 年以来，中西部地区及东北地区新设特殊监管区域 7 个，占新设总数的 63.6%。2017 年 2 月 6 日，国务院办公厅印发《关于促进开发区改革和创新发展的若干意见》，指出加工贸易可依托经济技术开发区、高新技术产业开发区、海关

① 资料来源：中华人民共和国海关总署官方网站，http：//fangtan. customs. gov. cn/tabid/480/InterviewID/90/Default. aspx.

特殊监管区域等国家级开发区，发挥示范引领作用，形成产业特色，主动对接国际通行规则，建设具有国际竞争力的高水平园区，打造具有国际影响力的园区品牌。

中部地区各省级政府为深入贯彻落实《国务院关于促进加工贸易创新发展的若干意见》和《国务院关于促进外贸回稳向好的若干意见》精神，纷纷结合当地经济现状和优势，出台相应落实政策和实施意见。《山西省人民政府关于支持承接加工贸易产业转移若干政策措施的通知》中指出，要不折不扣落实好国家促进加工贸易转移的政策措施，制定出台鼓励加工贸易企业向山西省转移的优惠政策，并出台鼓励加工贸易企业向山西省转移的具体配套措施。《安徽省人民政府关于促进外贸回稳向好的实施意见》明确抢抓国家鼓励加工贸易向中西部地区转移的政策机遇，综合运用财政、土地、金融等支持政策，主动承接加工贸易产业转移，加快承接加工贸易产业转移，积极推动加工贸易转型升级。依托各类开发区、产业集聚区、加工贸易重点承接地等开放载体，重点谋划推介、洽谈对接、调度推进一批外向型大项目。《江西省人民政府办公厅关于提升招商引资质量和效益的实施意见》中强调承接东部地区加工贸易转移招商，紧密跟踪沿海发达地区加工贸易产业转移新动向，充分利用国家政策，以开发区、综保区、出口加工区和加工贸易重点承接地等为主要载体，围绕先进制造业加工贸易企业，研究制定支持承接加工贸易梯度转移的政策措施，加大招商引资力度，着力承接一批有实力、有技术、有品牌、有市场的加工贸易企业转移。《河南省人民政府关于促进加工贸易创新发展的实施意见》结合河南省实际，为加快推动加工贸易创新发展、提高发展质量和效益，制定了大力承接产业梯度转移、促进加工贸易转型升级提质增效、改革创新管理体制、加大政策支持力度等重点任务。《湖北省人民政府办公厅关于促进加工贸易创新发展 加快承接产业转移的实施意见》提出以更大力度承接国际和沿海产业转移，抢抓新一轮产业转移的主动权，做大做强湖北省外贸进出口产业，加快构建湖北省开放型经济新体制，并提出12条实施意见。《湖南省人民政府关于促进加工贸易创新发展的实施意见》结合实际，明确到2020年全省加工贸易占全省进出口总值的比重达到40%以上、加工贸易总额居中部地区前列的发展目标，并就促进湖南省加工贸易创新发展提出六项发展重点、八条发展途径。

西部地区各省级政府为深入贯彻落实国务院《关于促进加工贸易创新发展的若干意见》和《关于促进外贸回稳向好的若干意见》精神，各自制定相关落实政策和实施意见。《四川省人民政府关于促进加工贸易产业创新发展的实施意见》是今后一段时间四川加工贸易产业加快创新发展的纲领性指导文件。明确了发展目标，到2020年争取加工贸易进出口额翻一番以上，加工贸易出口商品结构进一步优化，将强化考核、督促落实，突出问题导向，以改革创新为抓手，重点解决加工贸易发展环节中的困难和问题，加快形成四川省加工贸易产业多点多级发展的良好局面。《贵州省促进加工贸易创新发展实施方案》确定到“十三五”末，全省加工贸易规模大幅提高，形成产业层次较高、聚集效应显著、产品结构优化、区域布局合理、发展模式多样、监管方式创新的发展新格局等发展目标，明确重点工作，制定支持政策，并配套了狠抓政策落实、加大宣传引导、强化督促检查等保障措施。《云南省人民政府关于促进加工贸易创新发展的实施意见》抓住云南省加工贸易整体层次不够高，产业结构有待进一步优化，大多数企业缺乏核心竞争优势，区域发展不平衡，来自周边地区的竞争压力增大等加工贸易中存在的突出问题和薄弱环节，提出了针对性、实用性强的政策措施和系统性制度设计，实现了与相关规划、政策的有效衔接，确定了加工贸易的发展方向，细化了有关部门单位的责任分工，以促进加工贸易创新发展。《广西壮族自治区人民政府关于促进加工贸易产业创新发展的实施意见》指出，要紧紧抓住新一轮国际产业分工调整、东部沿海地区加工贸易产业加快向中西部地区转移的重大机遇，发挥自治区沿海、沿边、沿江区位优势，强力实施广西第二轮“加工贸易倍增计划”，紧紧咬住该发展新目标不放松，强化考核、督促落实，突出问题导向，以改革创新为抓手，重点解决加工贸易发展环节中的困难和问题，推动加快形成广西全区各地“你追我赶”的加工贸易产业良好发展局面。《陕西省人民政府办公厅关于促进加工贸易创新发展的实施意见》鼓励积极承接国际产业转移及国内产业梯度转移，促进存量加工贸易转型升级，引导优势产能向西开展国际产能合作，落实国家加工贸易管理体制创新，增强科学发展内生动力，不断优化营商环境，稳增长、调结构，并明确18项主要任务和组织领导保证，以推动全省外向型经济快速发展。《甘肃省人民政府办公厅关于促进外贸回稳向好的实施意见》为进一步促进甘肃省外贸创新发展，具体提出发展加工贸易、大力承接产业转移、培育外贸竞争新优势、着力优化外贸结构、进一步改善外贸环境、加强财税金融支持等意见，努力实现外贸回稳向好目标。《青海省人民政府关于印发〈青海省促进外贸回稳向好的若干措施〉的通知》提出，自身外贸形势复杂严峻，不确定、不稳定因素增多，下行压力持续加大，需积极适应经济发展新常态，深化供给侧结构性改革，加快转变外贸发展方式，增强对外贸易综合竞争力，促进青海省外贸回稳向好，推进外贸转型升级和创新发展，并结合实际，制定了大力培育进出口企业主体、加快培育外贸自主品牌、加快国际营销服务体系建设等 14 条具体措施。《宁夏回族自治区人民政府关于鼓励加工贸易发展的意见》为积极承接加工贸易产业、引导其向本区进行转移，推动外贸结构调整、培育外贸竞争新优势、提升开放型经济发展水平，提出鼓励特色产业集群发展、建立加工贸易转移合作机制、深化加工贸易行政审批改革等 10 条意见。《青藏铁路那曲物流中心招商引资优惠政策若干规定实施细则》鼓励和支持那曲物流中心企业开展加工贸易业务。符合条件的企业可向拉萨海关申请开展加工贸易业务，接受海关监管。《新疆维吾尔自治区人民政府关于促进加工贸易创新发展的实施意见》提出，牢固树立创新、协调、绿色、开放、共享的发展理念，完善加工贸易政策措施，创新管理体制，改善加工贸易发展环境，激发市场主体活力，积极承接加工贸易转移，加快培育加工贸易优势产业，延长产业链，扩大加工贸易规模，助力丝绸之路经济带核心区建设，明确了加工贸易规模明显扩大、加工贸易创新发展取得积极成果的发展目标。《内蒙古自治区人民政府关于促进加工贸易创新发展的实施意见》为主动承接国际和国内发达地区产业转移、促进本区加工贸易创新发展，结合自治区实际，提出优化加工贸易发展环境、促进加工贸易提质增效、指导企业用好国家政策、加大政策支持力度、加强组织领导等意见。①

加工贸易向中西部地区梯度转移既是企业基于自身利益的市场行为，也是政府积极创造条件的政策行为。通过实施加工贸易的梯度转移，能够实现促进中西部地区经济发展和促进东部地区加工贸易产业升级的双重目标。

2. 政府配套服务效率不高

我国中西部地区政府在承接产业转移过程中，往往出现“拿来主义”盛

① 以上各地方政策文件资料来源于各地方政府官方网站。

行的情况，较为共性地存在着“重引轻选、重量轻质、无序竞争、营商环境不尽如人意”等问题。缺乏对经济空间、发展时序方面的合理客观规划。中西部地区为了争夺转移产业会盲目推出许多优惠政策，较少从自身产业结构、基础配套设施、生态承载力等情况出发考量迁入产业是否适合本地区的发展。中西部地区承接资源耗费、能源耗费量过大的产业，将阻碍产业结构的优化转型；在选择承接产业时，许多企业只从短期效益出发，受地方招商政策吸引，而不能从长期利益和产业结构角度出发；在质量和数量的关系中，片面强调增加数量，轻视对质量的要求。此外，盲目承接转移产业也不利于中西部地区的产业升级，导致产业结构失衡。

中西部地区企业科技水平较为落后，自我创新能力较弱，无法有效吸收和融合迁入产业的新技术而获得更高效发展，这也造成中西部地区企业发展空间受到挤压。调研组在调研中还发现，一些中西部地区政府存在执法标准不统一、企业待遇不一致的情况。那些生产规模较大、存续时间较长、组织制度较完善的加工贸易企业，往往在劳资纠纷处理、企业税费缴纳、企业责任履行等方面被顶格要求、被抓典型，而那些规模较小的企业，往往能够被“忽略”。这引起行业主导产业的非议，认为遭遇了“大企业的诅咒”。这可能归咎于地方政府在执法过程中监管不严、执法不力，公平性执法能力还有待提高。

3. 中西部地区政策承诺落实不到位

企业最重视契约精神，彼此互信是建立政府与企业间良好关系的首要条件，这是中西部地区承接东部加工贸易产业转移时应时刻放在首位的基础准则。然而在调研中，不少东部地区企业反映，由于相信了中西部地区政府开出的涉及土地、能源、税费、手续事项等方面的减免、优惠等政策而转移至其辖区后，地方政府出于各种理由并未按照事先宣传的口径兑现相应的承诺，甚至采取“拖、赖”等方式消极应对企业的合理诉求，不但使这些企业的正常经营面临很大困难，并且使该地区政府乃至该地区投资环境的形象与展望因政府失信而蒙受损失。

优惠政策可以吸引投资，但过分强调优惠政策的作用则会适得其反。当前中西部地区为了争夺承接产业和投资转移的资源，纷纷出台各自的特殊优惠政策，甚至不惜降低政策门槛、放宽条件，实行“低地价”转让，对企业税收进行减免甚至全额返还，个别地方甚至直接提出零税费的承诺，突破了国家税收法规及相关政策的底线，产生了较严重的内耗。这些行为并不利于加工贸易在我国中西部地区的合理发展。

（五）中西部地区社会发展变革还需加快

1. 中西部地区人口结构

产业资本的流向变化往往会引致劳动力转移方向的变化。改革开放之初，随着东南沿海地区制造业的迅速崛起，很快在全国范围内形成一股波澜壮阔的劳动力大迁移，“孔雀东南飞”“百万民工下广东”就是当时劳动力从中西部地区向东部地区流动的真实写照。时至今日，东部地区依然是农村劳动力最大的流入地。

而在产业转移时代，这一现象发生了变化。人口红利回流给中西部地区的经济发展带来了难得的发展机遇，人口和劳动力结构也将得到有效改善。大量的劳动密集型制造业转移到作为劳动力主要输出地的中西部地区，将降低劳动力跨地区流动的成本和减少工作搜寻的成本，使中西部地区能就近享用本地丰富的劳动力资源。但从表 7-9 中仍然发现，虽然 2012 年较 2005 年中西部地区的适工人口比例显著提高，但 2013 年、2014 年又有所下降，表现出不稳定的态势。这在一定程度上与加工贸易产业所要求的规模生产模式相悖。

表 7-9　东、中、西部地区适工人口（15~65 岁）比例

年份	2005	2012	2013	2014
东部比重（%）	73.6	75.9	75.5	75.0
中部比重（%）	69.8	72.0	72.1	71.8
西部比重（%）	68.3	72.2	71.9	71.5

资料来源：《中国人口和就业统计年鉴》（2006，2013，2014，2015）。从 2005 年开始统计数据为常住人口。

2. 中西部地区劳动力素质

调研中发现，中西部地区劳动力观念陈旧，相对于东部地区劳动力而言，劳动力素质普遍偏低，特别是文化科技素质低下，这是制约中西部民族地区发展的一个重要因素。中西部地区人口文化科技素质低于东部地区和全国平均水平，而中西部地区少数民族人口文化素质则更低。劳动力素质低下，直接影响了中西部民族地区的经济发展和社会进步。

根据2014年的调查统计，一方面，东部地区初中以上人口比重高达88.7%，中部地区次之，比重达85.3%，而西部地区在未列入西藏的情况下，初中以上人口比重只有74.6%。另一方面，东部聚集了占比12.3%的本科及以上高学历人口，这一比例在中部和西部分别仅为5.7%和5.6%，劳动力素质的差距可见一斑。

伴随加工贸易向中西部地区梯度转移，必然发生对中西部地区劳动力素质有较高水平要求的情况，中西部地区需逐步提升劳动力的素质。中西部地区教育机构职业教育职能作用不完善，职业教育机构尤其是中等职业教育机构相对缺乏，对于依据相关职业技能规格要求培养人才重视不足，劳动力技能训练、工程实践及劳动力资源培训常态化方面较弱。高等教育实力相对不足，产学研合作较少，理论应用训练机会缺乏，对于知识型劳动力的培养应用意识较为淡薄，在促进知识型人才培养向应用化方向发展方面工作任务艰巨。

参考文献

[1] 曹宏苓．一般均衡分析在自由贸易区研究中的应用［J］．国际经贸探索，2005（6）：4-7.

[2] 曹兴，柴张琦．技术扩散的过程与模型：一个文献综述［J］．中南大学学报（社会科学版），2013（4）：14-22.

[3] 陈雷，李坤望．区域经济一体化与经济增长收敛性：实证分析［J］．南开经济研究，2005（2）：36-40.

[4] 程惠芳，阮翔．用引力模型分析中国对外直接投资的区位选择［J］．世界经济，2004（11）：23-30.

[5] 谷克鉴．国际经济学对引力模型的开发与应用［J］．世界经济，2001（2）：14-25.

[6] 顾振华，沈瑶．区域自由贸易协定带来的影响：基于利益集团视角的理论与实证［J］．中国软科学，2017（1）：10-11.

[7] 李向阳．全球化时代的区域经济合作［J］．世界经济，2002，5（3）：23-25.

[8] 刘力．南北型自由贸易区：发展中国家区域经济一体化的方向［J］．世界经济研究，1999（2）：18-21.

[9] 陆建人．论亚洲经济一体化［J］．当代亚太，2006（5）：3-17.

[10] 苗长虹，樊杰，张文忠．西方经济地理学区域研究的新视角：论“新区域主义”的兴起［J］．经济地理，2002，22（6）：644-650.

[11] 屈子力，靳玉英．区域经济集团化与全球贸易自由化的新视角［J］．南开学报（哲学社会科学版），2003（3）：114-118.

[12] 苏雪串．南北合作：发展中国家在国际区域经济一体化中的选择［J］．经济经纬，2006（2）：35-37.

[13] 藤田昌久，保罗·R. 克鲁格曼，安东尼·J. 维纳布尔斯．空间经济学：城市、区域与国际贸易［M］．北京：中国人民大学出版社，2013.

[14] 王微微．区域经济一体化的经济增长效应及模式选择研究［D］．北京：对外经济贸易大学，2007.

[15] 韦金鸾．南北型区域经济一体化的影响［J］．世界经济研究，2001（6）：34-38.

[16] 文豪，陈中峰．知识产权、技术转移与发展中国家的自主创新：近期文献评述［J］．工业技术经济，2014（1）：95-103.

[17] 郑明慧．区域经济一体化与经济全球化［J］．经济论坛，2004（15）：9-12.

[18] 张彬，张树．美国在 NAFTA 中的贸易创造与贸易转移：1994—2003［J］．世界经济，2005（8）：11-21.

[19] 张国军，庄芮，刘金兰．“一带一路”背景下中国推进自贸区战略的机遇及策略［J］．国际经济合作，2016（10）：25-30.

[20] 周念利．缔结“区域贸易安排”能否有效促进发展中经济体的服务出口［J］．世界经济，2012（11）：88-111.

[21] 朱彤，蒋玲媛．区域经济一体化的新浪潮特点和动因［J］．国际问题研究，2005（6）：42-48.

[22] 庄子银．知识产权、市场结构、模仿和创新［J］．经济研究，2009（11）：95-104.

[23] AARTS P. The Middle East：A region without regionalism or the end of exceptionalism?［J］. Third World Quarterly，1999，20（5）：911-925.

[24] ACHARYA A. Culture，security，multilateralism：The “ASEAN way” and regional order［J］. Contemporary Security Policy，1998，19（1）：55-84.

[25] ACHARYA，AMITAV，ALASTAIR IAIN JOHNSTON. Crafting cooperation：Regional international institutions in comparative perspective［M］. Cambridge：Cambridge University Press，2007.

[26] ADAMS R，DEE P，GALI J，et al. The trade and investment effects of preferential trading arrangements：Old and new evidence［R］. Productivity Commission Staff Working Paper，Canberra，May，2003.

[27] ADES A F，GLAESER E L. Trade and circuses：Explaining urban giants［J］. The Quarterly Journal of Economics，1995，110（1）：195-227.

[28] ADLER, EMANUEL, MICHAEL BARNETT, STEVE SMITH. Security communities [M]. Cambridge: Cambridge University Press, 1998.

[29] AKGUL Z, VILLORIA N B, HERTEL T W. GTAP-HET: Introducing firm heterogeneity into the GTAP model [J]. Journal of Global Economic Analysis, 2016, 1 (1): 111-180.

[30] ANDERSON J E, VAN WINCOOP E. Gravity with gravitas: A solution to the border puzzle [J]. American Economic Review, 2003, 93 (1): 170-192.

[31] ANDERSON J E, YOTOV Y V. Terms of trade and global efficiency effects of free trade agreements, 1990-2002 [J]. Journal of International Economics, 2016 (99): 279-298.

[32] ARTHUR W B. Increasing returns, competing technologies and lock-in by historical small events: The dynamics of allocation under increasing returns to scale [J]. Economic Journal, 1989, 99 (394): 116-131.

[33] ARTHUR W B. "Silicon Valley" locational clusters: When do increasing returns imply monopoly? [J]. Mathematical Social Sciences, 1990, 19 (3): 235-251.

[34] ASILIS M C M, RIVERA-BATIZ L. Geography, trade patterns, and economic policy [M]. Washington D. C.: International Monetary Fund, 1994.

[35] AUDRETSCH D B, STEPHAN P E. How localized are networks in biotechnology? [M]. Berlin: WZB, 1994.

[36] AUDRETSCH D B, FELDMAN M P. R&D spillovers and the geography of innovation and production [J]. The American Economic Review, 1996, 86 (3): 630-640.

[37] BAGWELL K, STAIGER R W. Handbook of commercial policy [M]. Amsterdam: Elsevier, 2016.

[38] BALDWIN R. 21st Century Regionalism: Filling the gap between 21st century trade and 20th century trade rules [R]. WTO Staff working paper, 2011.

[39] BALDWIN R. Big-think regionalism: A critical survey [R]. National Bureau of Economic Research, 2008.

[40] BAIER S L, BERGSTRAND J H, VIDAL E. Free trade agreements in the Americas: Are the trade effects larger than anticipated? [J]. World Economy, 2007, 30 (9): 1347-1377.

[41] BAIER S L, BERGSTRAND J H, EGGER P, et al. Do economic integration agreements actually work? Issues in understanding the causes and consequences of the growth of regionalism [J]. World Economy, 2008, 31 (4): 461-497.

[42] BAIER S L, BERGSTRAND J H. Estimating the effects of free trade agreements on international trade flows using matching econometrics [J]. Journal of International Economics, 2009, 77 (1): 63-76.

[43] BAIER S L, BERGSTRAND J H, FENG M. Economic integration agreements and the margins of international trade [J]. Journal of International Economics, 2014, 93 (2): 339-350.

[44] BAIER S L, BERGSTRAND J H. Do free trade agreements actually incre ase. member' s internationl trade? [J]. Journal of International Economics, 2007, 71 (1): 72-95.

[45] BALDWIN R, TAGLIONI D. Gravity for dummies and dummies for gravity equations [R]. National Bureau of Economic Research, 2006.

[46] BALDWIN R. Towards an integrated Europe [M]. London: Centre for Economic Policy Research, 1994.

[47] BEARCE D H. Grasping the commercial institutional peace [J]. International Studies Quarterly, 2003, 47 (3): 347-370.

[48] BHAGWATI J. Regionalism and multilateralism: An overview [J]. New Dimensions in Regional Integration, 1993 (22): 51.

[49] BHAGWATI J. Termites in the trading system: How preferential agreements undermine free trade [M]. Oxford: Oxford University Press, 2008.

[50] BHAGWATI J. Trade liberalization among LDCs, trade theory, and GATT rules [M] //ROUTLEDGE. Value, capital and growth. 2017: 21-44.

[51] BRAKMAN S, GARRETSEN H, GIGENGACK R, et al. Negative feedbacks in the economy and industrial location [J]. Journal of Regional Science, 19

96, 36 (4): 631-651.

[52] BRESLIN S, HIGGOTT R. Studying regions: Learning from the old, constructing the new [J]. New Political Economy, 2000, 5 (3): 333-352.

[53] BUSCH M L. Overlapping institutions, forum shopping, and dispute settlement in international trade [J]. International Organization, 2007, 61 (4): 735-761.

[54] BUZAN B, BUZAN B G, WAEVER O, et al. Regions and powers: The structure of international security [M]. Cambridge: Cambridge University Press, 2003.

[55] CHASE K A. Trading blocs: States, firms, and regions in the world economy [M]. Ann Arbor: University of Michigan Press, 2009.

[56] CHECKEL J T. International institutions and socialization in Europe: Introduction and framework [J]. International Organization, 2005, 59 (4): 801-826.

[57] CHECKEL J T. Social mechanisms and regional cooperation: Are Europe and the EU really all that different [J]. Crafting Cooperation. Regional International Institutions in Comparative Perspective, 2007: 221-243.

[58] CICCONE A, HALL R E. Productivity and the density of economic activity [R]. National Bureau of Economic Research, 1993.

[59] DAVIS D, GIFT T. The positive effects of the Schengen agreement on European trade [J]. The World Economy, 2014, 37 (11): 1541-1557.

[60] DE MELO, JAIME, ARVIND PANAGARIYA. New dimensions in regional integration [M]. Cambridge: Cambridge University Press, 1995.

[61] DEARDORFF A V. Testing trade theories and predicting trade flows [J]. Handbook of International Economics, 1984 (1): 467-517.

[62] DEME M, NDRIANASY E R. Trade-creation and trade-diversion effects of regional trade arrangements: Low-income countries [J]. Applied Economics, 2017, 49 (22): 2188-2202.

[63] DEUTSCH K W, BURRELL S A, KANN R A, LEE M, LICHTERMAN M, et al. Political community and the North Atlantic Area: International or-

ganization in the light of historical experience [M]. Princeton, NJ: Princeton Univ. Press, 1957.

[64] DIXIT A K, STIGLITZ J E. Monopolistic competition and optimum product diversity [J]. The American Economic Review, 1977, 67 (3): 297-308.

[65] DUINA F G. The social construction of free trade: The European Union, NA FTA, and Mercosur [M]. Princeton: Princeton University Press,2006.

[66] EATON J, KORTUM S. Technology, geography, and trade [J]. Econometrica, 2002, 70 (5): 1741-1779.

[67] EGGER P, LARCH M, STAUB K E, et al. The trade effects of endogenous preferential trade agreements [J]. American Economic Journal: Economic Policy, 2011, 3 (3): 113-143.

[68] FAWCETT H. Regionalism in world politics: Regional organization and international order [M]. Oxford: Oxford University Press, 1995.

[69] EICHER T S, HENN C. In search of WTO trade effects: Preferential trade agreements promote trade strongly, but unevenly [J]. Journal of International Economics, 2011, 83 (2): 137-153.

[70] EICHER T S. In search of WTO trade effects: Preferential trade agreements promote trade strongly, but unevenly [M]. Washington D. C.: International Monetary Fund, 2009.

[71] FARRELL J R, SALONER G. Standardization, compatibility and innovation [J]. The Rand Corporation, 1984, 16 (1): 70-83.

[72] FAWCETT L. Exploring regional domains: A comparative history of reg ionalism [J]. International Affairs, 2004, 80 (3): 429-446.

[73] FELBERMAYR G, GRöSCHL J, STEINWACHS T. The trade effects of border controls: Evidence from the European Schengen Agreement [J]. JCMS: Journal of Common Market Studies, 2018, 56 (2): 335-351.

[74] FELDMAN M P. The geography of innovation [M]. BerLin: Springer Scie nce & Business Media, 1994.

[75] FERNANDEZ R, PORTES J. Returns to regionalism: An analysis of non-t raditional gains form regional trade agreements [J]. World Bank Econom-ic

Review, 1998, 12 (2): 197-220.

[76] FRANKEL J A, STEIN E, WEI S J. Regional trading blocs in the world economic system [M]. WashingtonD. C. Peterson Institute, 1997.

[77] FUJITA M. Monopolistic competition and urban systems [J]. European Economic Review, 1993, 37 (2-3): 308-315.

[78] FUKAO K, BENABOU R. History versus expectations: A comment [J]. Quarterly Journal of Economics, 1993, 108 (2): 535-542.

[79] FUKAO K, BENABOU R. History versus expectations: A comment [J]. Quarterly Journal of Economics, 1993, 108 (2): 535-542.

[80] GALI J. Expectations-driven spatial fluctuations [J]. Regional Science and Urban Economics, 1995, 25 (1): 1-19.

[81] GAMBLE A, PAYNE A. Regionalism and world order [M]. London: Macmillan, 1996.

[82] GILLIGAN M J. Empowering exporters: Reciprocity, delegation, and collective action in American trade policy [M]. Ann Arbor: University of Michigan Press, 1997.

[83] GILPIN R. The political economy of international relations [M]. Princeton: Princeton University Press, 2016.

[84] GLAESER E L, KALLAL H D, SCHEINKMAN J A, et al. Growth in cities [J]. Journal of Political Economy, 1992, 100 (6): 1126-1152.

[85] GLEDITSCH K S. All international politics is local: The diffusion of conflict, integration, and democratization [M]. Ann Arbor: University of Michigan Press, 2009.

[86] GLICK R. Currency unions and regional trade agreements: EMU and EU effects on trade [J]. Comparative Economic Studies, 2017, 59 (2): 194-209.

[87] GLICK R, ROSE A K. Currency unions and trade: A post-EMU reassessment [J]. European Economic Review, 2016 (87): 78-91.

[88] GOWA J. Allies, adversaries, and international trade [M]. Princeton: Princeton University Press, 1995.

[89] GROSSMAN G M, HELPMAN E. The politics of free trade agreements [R]. Na-

tional Bureau of Economic Research, 1993.

[90] GRUBER L. Ruling the world: Power politics and the rise of supranational institutions [M]. Princeton: Princeton University Press, 2000.

[91] GUILLIN A. Trade in services and Regional Trade Agreements: Do nego tiations on services have to be specific? [J]. The World Economy, 2013, 36 (11): 1406-1423.

[92] HALLIDAY F. The Middle East in international relations: Power, politics and ideology [M]. Cambridge: Cambridge University Press, 2005.

[93] HANDLEY K, LIMAO N. Trade and investment under policy uncertainty: Theory and firm evidence [J]. American Economic Journal: Economic Policy, 2015, 7 (4): 189-222.

[94] HANNAN S A. The impact of trade agreements: New approach, new insights [M]. Washingtong D. C: International Monetary Fund, 2016.

[95] HANSON G H. Increasing returns, tradle and the regional structure of wages [J]. Economic Jornal, 1997, 107 (440): 113-133.

[96] HANSON G H. Localization economies, vertical organization and trade [R]. National Bureau of Economic Research, 1994.

[97] HARRIS C D. The Market as a factor in the localization of industry in the United States [J]. Annals of the Association of American Geographers, 1954, 44 (4): 315-348.

[98] HAAS E B, DINAN D. The uniting of Europe: Political, social, and economic forces, 1950-1957 [M]. Stanford: Stanford University Press, 1958.

[99] HEAD K, MAYER T. Gravity equations: Workhorse, toolkit, and cookbook [M] //ELSEVIER. Handbook of international economics. 2014: 131-195.

[100] HELPMAN E, KRUGMAN P R. Market structure and foreign trade: Increa-sing returns, imperfect competition, and the international economy [M]. Bost on: MIT Press, 1985.

[101] HENDERSON J V. The sizes and types of cities [J]. The American Economic Review, 1974, 64 (4): 640-656.

[102] HENDERSON J V. Ways to think about urban concentration: Neoclassical urban systems versus the new economic geography [J]. International Regional Science Review, 1996, 19 (1-2): 31-36.

[103] HENDERSON V, KUNCORO A, TURNER M. Industrial development in cities [J]. Journal of Political Economy, 1995, 103 (5): 1067-1090.

[104] HETTNE B. Beyond the "new" regionalism [M] //ROUTLEDGE. Key debates in new political economy. 2006: 136-168.

[105] HIRSCHMAN A O. National power and the structure of foreign trade [M]. Univ of California Press, 1980.

[106] HOOVER E M. Location of economic activity [M]. McGraw-Hill Book Company, Inc., New York, 1948.

[107] HORN H, MAVROIDIS P C, SAPIR A. Beyond the WTO? An anatomy of EU and US preferential trade agreements [J]. The World Economy, 2010, 33 (11): 1565-1588.

[108] HOTELLING H. Stability in competition [M] //SPRINGER. The Collected Economics Articles of Harold Hotelling. New York, NY, 1990: 50-63.

[109] HUNTOON L. Can regional science find its place in the policy arena? [J]. International Regional Science Review, 1995, 18 (2): 233-236.

[110] IRWIN D A. Multilateral and bilateral trade policies in the world trading system: An historical perspective [J]. New Dimensions in Regional Integration, 1993 (90): 90.

[111] ISSERMAN A M. "It's Obvious, It's wrong, and anyway they said it years ago"? Paul krugman on large cities [J]. International Regional Science Review, 1996, 19 (1-2): 37-48.

[112] ISSERMAN A M. The history, status, and future of regional science: An American perspective [J]. International Regional Science Review, 1995, 17 (3): 249-296.

[113] JAFFE A B. Technological opportunity and spillovers of R&D: Evidence from firms' patents, profits and market value [J]. The American Review, 1986, 76 (5): 984-1001.

[114] JAFFE A B, TRAJTENBERG M, HENDERSON R. Geographic localization of knowledge spillovers as evidenced by patent citations [J]. The Quarterly Journal of Economics, 1993, 108 (3): 577-598.

[115] JOHNSON H G. The world economy at the crossroads: A survey of current problems of money, trade, and economic development [M]. Oxford: Oxford University Press, 1965.

[116] JOHNSTON A I. Social states: China in international institutions, 1980-2000 [M]. Princeton: Princeton University Press, 2014.

[117] JOHNSTON A I. Treating international institutions as social environments [J]. International Studies Quarterly, 2001, 45 (4): 487-515.

[118] KAHLER M. Conclusion: The causes and consequences of legalization [J]. International Organization, 2000, 54 (3): 661-683.

[119] KAHLER M. International institutions and the political economy of integration [M]. Washington D. C: Brookings Institution Press, 1995.

[120] KATZENSTEIN P J. A world of regions: Asia and Europe in the American imperium [M]. Ithaca: Cornell University Press, 2015.

[121] KATZENSTEIN, PETER J., TAKASHI SHIRAISHI. Network Power: Jap an and Asia [M]. Ithaca: Cornell University Press, 1997.

[122] KATZENSTEIN, PETER J., TAKASHI SHIRAISHI. Beyond Japan: The dynamics of East Asian regionalism. [M]. Ithaca: Cornell University Press, 2006.

[123] KEOHANE R O. After hegemony: Cooperation and discord in the world political economy [M]. Princeton: Princeton University Press, 2005.

[124] KIM S. Labor heterogeneity, wage bargaining, and agglomeration economies [J]. Journal of Urban Economics, 1990, 28 (2): 160-177.

[125] KOHL T, BRAKMAN S, GARRETSEN H. Do trade agreements stimulate international trade differently? Evidence from 296 trade agreements [J]. The World Economy, 2016, 39 (1): 97-131.

[126] KOHL T. Do we really know that trade agreements increase trade? [J]. Review of World Economics, 2014, 150 (3): 443-469.

[127] KOHL T, TROJANOWSKA S. Heterogeneous trade agreements, WTO membership and international trade: An analysis using matching econometrics [J]. Ap-plied Economics, 2015, 47 (33): 3499-3509.

[128] KOREMENOS B, LIPSON C, SNIDAL D. The rational design of international institutions [J]. International Organization, 2001, 55 (4): 761-799.

[129] KRASNER S D. State power and the structure of international trade [J]. World Politics, 1976, 28 (3): 317-347.

[130] KRUGMAN P. A dynamic spatial model [R]. National Bureau of Economic Research, 1992.

[131] KRUGMAN P. Complex landscapes in economic geography [J]. The American Economic Review, 1994, 84 (2): 412-416.

[132] KRUGMAN P. First nature, second nature, and metropolitan location [J]. Journal of Regional Science, 1993, 33 (2): 129-144.

[133] KRUGMAN P. Geography and trade [M]. Boston: MIT Press, 1993.

[134] KRUGMAN P. History versus expectations [J]. The Quarterly Journal of Economics, 1991, 106 (2): 651-667.

[135] KRUGMAN P. Increasing returns and economic geography [J]. Journal of Political Economy, 1991, 99 (3): 483-499.

[136] KRUGMAN P. Increasing returns, imperfect competition and the positive theory of international trade [J]. Handbook of International Economics, 1995 (3): 1243-1277.

[137] KRUGMAN P. Increasing returns, monopolistic competition, and international trade [J]. Journal of International Economics, 1979, 9 (4): 469-479.

[138] KRUGMAN P. On the number and location of cities [J]. European Eco nomic Review, 1993, 37 (2-3): 293-298.

[139] KRUGMAN P, ELIZONDO R L. Trade policy and the third world metropolis [J]. Journal of Development Economics, 1996, 49 (1): 137-150.

[140] KRUGMAN P, VENABLES A J. Globalization and the inequality of nations [J]. The Quarterly Journal of Economics, 1995, 110 (4): 857-880.

[141] KRUGMAN P, VENABLES A J. Integration, specialization, and adjustment [J]. European Economic Review, 1996, 40 (3-5): 959-967.

[142] LAMPRECHT P, MIROUDOT S. The value of market access and national treatment commitments in services trade agreements [R]. OECD Trade Polug Paper, 2018.

[143] LAVALLÉE E, LOCHARD J. The comparative effects of independence on trade [J]. Journal of Comparative Economics, 2015, 43 (3): 613-632.

[144] LEGRENZI M. Beyond Regionalism?: Regional cooperation, regionalism and regionalization in the Middle East [M]. New York: Routledge, 2016.

[145] MACHLUP F. A history of thought on economic integration [M]. Berlin: Spr inger, 1977.

[146] MAKOWER H, MORTON G. A Contribution towards a theory of Customs Unions [J]. The Economic Journal, 1953, 63 (249): 33-49.

[147] MAGEE C S. Endogenous preferential trade agreements: An empirical analysis [J]. Contributions in Economic Analysis & Policy, 2003, 2 (1): 1-19.

[148] MAGEE C S P. New measures of trade creation and trade diversion [J]. Journal of International Economics, 2008, 75 (2): 349-362.

[149] MANSFIELD, EDWARD D, et al. The political economy of regionalism [M]. Manhattan: Columbia University Press, 1997.

[150] MANSFIELD E D, MILNER H V. The new wave of regionalism [J]. International Organization, 1999, 53 (3): 589-627.

[151] MANSFIELD E D, MILNER H V, PEVEHOUSE J C. Vetoing Co-operation: The impact of veto players on preferential trading arrangements [J]. British Journal of Political Science, 2007, 37 (3): 403.

[152] MANSFIELD E D, MILNER H V, ROSENDORFF B P. Why democracies cooperate more: Electoral control and international trade agreements [J]. International Organization, 2002, 56 (3): 477-513.

[153] MANSFIELD E D, PEVEHOUSE J C. Trade blocs, trade flows, and international conflict [J]. International Organization, 2000, 54 (4): 775-808.

[154] MARCHAND M H, BOAS M, SHAW T M. The political economy of new regionalisms [J]. Third World Quarterly, 1999, 20 (5): 897–910.

[155] MARKUSEN J R, VENABLES A J. The theory of endowment, intra–industry and multi–national trade [J]. Journal of International Economics, 2000, 52 (2): 209–234.

[156] MARSHALL A. Principles of economics: Unabridged eighth edition [M]. New York: Cosimo, Classic Inc. , 2009.

[157] MARTIN P, ROGERS C A. Industrial location and public infrastructure [J]. Journal of International Economics, 1995, 39 (3–4): 335–351.

[158] MARTIN R, SUNLEY P. Paul Krugman's geographical economics and its implications for regional development theory: A critical assessment [J]. Economic Geography, 1996, 72 (3): 259–292.

[159] MATSUYAMA K, TAKAHASHI T. Self – defeating regional concentration [J]. The Review of Economic Studies, 1998, 65 (2): 211–234.

[160] MATTOO A, MULABDIC A, RUTA M. Trade creation and trade diversion in deep agreements [M]. Washington D. C. The World Bank, 2017.

[161] MAYER T, VICARD V, ZIGNAGO S. The cost of non–Europe, revisited [J]. Economic Polincy, 2019, 34 (89): 145–199.

[162] MCCALLUM J. National borders matter: Canada–US regional trade patterns [J]. The American Economic Review, 1995, 85 (3): 615–623.

[163] MEADE J E. The theory of customs unions [M]. North – Holland: North–Holland Publishing Company, 1955.

[164] MEDVEDEV D. Preferential trade agreements and their role in world trade [J]. Review of World Economics, 2010, 146 (2): 199–222.

[165] MELITZ M J. The impact of trade on intra–industry reallocations and aggregate industry productivity [J]. Econometrica, 2003, 71 (6): 1695–1725.

[166] MURPHY K M, SHLEIFER A, VISHNY R W. Industrialization and the big push [J]. Journal of Political Economy, 1989, 97 (5): 1003–1026.

[167] MYRDAL G, SITOHANG P. Economic theory and under–developed regions [J]. International Affair, 1957, 34 (3): 361.

[168] NYE J S. Peace in parts: Integration and conflict in regional organization [M]. Boston: Little, Brown, 1971.

[169] OHLIN B. Interregional and international trade. [M]. Cambridge: Harvard University Press, 1952.

[170] PARK I, PARK S. Regional liberalisation of trade in services [J]. The World Economy, 2011, 34 (5): 725-740.

[171] PEVEHOUSE J C. Democracy from above: Regional organizations and democratization [M]. Cambridge: Cambridge University Press, 2005.

[172] POMFRET R W T. Unequal trade: The economics of discriminatory international trade policies [M]. Basil: Blackwell, 1988.

[173] PUGA D, VENABLES A J. The spread of industry: Spatial agglomeration in economic development [J]. Journal of the Japanese and International Economies, 1996, 10 (4): 440-464.

[174] RAUCH J E. Does history matter only when it matters little? The case of city - industry location [J]. The Quarterly Journal of Economics, 1993, 108 (3): 843-867.

[175] RAVENHILL J. APEC and the construction of Pacific Rim regionalism [M]. Cambridge: Cambridge University Press, 2001.

[176] RICHARD B, PERTTI H, JAAKO K. A domino theory of regionalism [M]. Cambridge: Cambridge University Press, 1995.

[177] RISSE-KAPPEN T. Cooperation among democracies: The European influ ence on US foreign policy [M]. Princeton: Princeton University Press, 1997.

[178] ROSE A K. Do we really know that the WTO increases trade? [J]. American Economic Review, 2004, 94 (1): 98-114.

[179] ROY J. Do customs union members engage in more bilateral trade than free-trade agreement members? [J]. Review of International Economics, 2010, 18 (4): 663-681.

[180] RUSSETT B. International regions and international systems. [M]. Chicago: Rand-McNally, 1967.

[181] SILVA J M C S, TENREYRO S. The log of gravity [J]. The Review of E-

conomics and Statistics, 2006, 88 (4): 641-658.

[182] SOLINGEN E. Regional orders at century's dawn: Global and domestic influences on grand strategy [M]. Princeton: Princeton University Press, 1998.

[183] STAHL K, VARAIYA P. Economics of information examples in location and land-use theory [J]. Regional Science and Urban Economics, 1978, 8 (1): 43-56.

[184] STENGERS I. Order out of chaos: Man's new dialogue with nature [M]. New York: Bantam Books, 1984.

[185] SYRQUIN M. Patterns of structural change [J]. Handbook of Development Economics, 1988 (1): 203-273.

[186] THISSE J F. Oligopoly and the polarization of space [J]. European Economic Review, 1993, 37 (2-3): 299-307.

[187] THOMPSON W R. A world of regions: Asia and Europe in the American imperium [M]. Ithaca: Cornell University Press, 2015.

[188] TINBERGEN J J. Shaping the world economy; suggestions for an international economic policy [J]. Revue Economigue, 1965, 16 (5): 840.

[189] TIROLE J. The theory of industrial organization [M]. Boston: MIT Press, 1988.

[190] TREFLER D. The long and short of the Canada-US free trade agreement [J]. American Economic Review, 2004, 94 (4): 870-895.

[191] TREFLER D. The long and short of the canada-US free trade agreement [M]. Ottana: Industry Canada, 1999.

[192] URATA S, OKABE M. Trade creation and diversion effects of regional trade agreements: A product - level analysis [J]. The World Economy, 2014, 37 (2): 267-289.

[193] VINER J. The customs union issue [M]. Oxford University Press, 2014.

[194] WEBER A. Ueber den standort der industrien [M]. Рипол Классик, 1909.

[195] WOODFORD M. Stationary sunspot equilibria in a finance constrained economy [J]. Journal of Economic Theory, 1986, 40 (1): 128-137.

[196] YARBROUGH B V, YARBROUGH R M, COHEN B J. Cooperation and gov-

ernance in international trade: The strategic organizational approach [J]. Journal of Economic Literature, 1994, 32 (1): 142-143.

[197] YEZER A. Intellectual space for regional science [J]. International Regional Science Review, 1995, 18 (2): 153-157.

[198] YOTOV Y V, PIERMARTINI R, MONTEIRO J A, et al. An advanced guide to trade policy analysis: The structural gravity model [M]. Geneva, Switzerland: World Trade Organization, 2016.

附　录

第一部分　经济学附录
(Appendix Ⅰ)

一、新古典增长模型——Ramsey-Cass-Koopmans 模型

(一) 厂商部门

资本报酬

$$r(t) = f'(k(t)) \tag{A1.1.1}$$

劳动报酬

$$w(t) = f(k(t)) - f'(k(t)) \cdot k(t) \tag{A1.1.2}$$

(二) 家庭部门

1. Euler 方程的第一种推导方法

效用函数形式为

$$U_t = \int_t^{\infty} \exp\{-\rho(\tau - t)\} \cdot \frac{C_\tau^{\ 1-\theta} - 1}{1-\theta} \cdot \frac{L(\tau)}{H} \mathrm{d}\tau \tag{A1.1.3}$$

限制条件：要求 $\rho - n - (1-\theta)g > 0$，$\dot{A}/A = g$。下文会阐释理由。

其中，有相对风险回避系数

$$\theta = -\frac{C(t)U''(\cdot)}{U'(\cdot)} \tag{A1.1.4}$$

从而，确定性消费路径的任意两个时点（不仅是相邻）消费之间的替代弹性为 $1/\theta$。该参数决定了家庭在不同时期非平滑消费的意愿。如果 θ 较

小，则消费者将不会太在意非平滑消费所造成的边际效用递减趋势（较小）；反之亦然。此时，消费者将更加不珍视当前消费，从而可以将前期更多的收入转化为资本投入生产，以此快速提升消费增长率（反映在 Euler 方程上）。

因此，家庭的预算约束为

$$\int_t^{\infty}\exp\{-\bar{r}(\tau)(\tau-t)\}\cdot C(\tau)\cdot\frac{L(\tau)}{H}\mathrm{d}\tau\leqslant\frac{K(t)}{H}+\int_t^{\infty}\exp\{-\bar{r}(\tau)(\tau-t)\}\cdot A(\tau)w(\tau)\cdot\frac{L(\tau)}{H}\mathrm{d}\tau \tag{A1.1.5}$$

将上述预算约束式标准化为以每有效劳动为单位的量

$$\int_t^{\infty}\exp\{-\bar{r}(\tau)(\tau-t)\}\cdot c(\tau)\cdot\frac{A(\tau)L(\tau)}{H}\mathrm{d}\tau\leqslant k(t)\frac{A(t)L(t)}{H}+\int_t^{\infty}\exp\{-\bar{r}(\tau)(\tau-t)\}\cdot w(\tau)\cdot\frac{A(\tau)L(\tau)}{H}\mathrm{d}\tau \tag{A1.1.6}$$

两边同时除以 $\frac{A(t)L(t)}{H}$，得到

$$\int_t^{\infty}\exp\{-[\bar{r}(\tau)-n-g](\tau-t)\}\cdot c(\tau)\mathrm{d}\tau\leqslant k(t)+\int_t^{\infty}\exp\{-[\bar{r}(\tau)-n-g](\tau-t)\}\cdot w(\tau)\mathrm{d}\tau \tag{A1.1.7}$$

很多时候，难以求出上式积分。但可以依据家庭所持有的资本量的极限行为来重写该预算约束条件。回到

$$\int_t^{\infty}\exp\{-\bar{r}(\tau)(\tau-t)\}\cdot C(\tau)\cdot\frac{L(\tau)}{H}\mathrm{d}\tau\leqslant\frac{K(t)}{H}+\int_t^{\infty}\exp\{-\bar{r}(\tau)(\tau-t)\}\cdot A(\tau)w(\tau)\cdot\frac{L(\tau)}{H}\mathrm{d}\tau \tag{A1.1.8}$$

移项，得到

$$\frac{K(t)}{H}+\int_t^{\infty}\exp\{-\bar{r}(\tau)(\tau-t)\}\cdot[w(\tau)-c(\tau)]\cdot\frac{A(\tau)L(\tau)}{H}\mathrm{d}\tau\geqslant 0 \tag{A1.1.9}$$

写成极限形式，得到

$$\lim_{s\to\infty}\left[\frac{K(t)}{H}+\int_t^{s}\exp\{-\bar{r}(\tau)(\tau-t)\}\cdot[w(\tau)-c(\tau)]\cdot\frac{A(\tau)L(\tau)}{H}\mathrm{d}\tau\right]\geqslant 0 \tag{A1.1.10}$$

尤其注意到，第 s 期资本持有量为

$$\frac{K(s)}{H}=\exp\{\bar{r}(s)\cdot(s-t)\}\frac{K(t)}{H}+\exp\{\bar{r}(s)(s-t)\}\cdot$$

$$\int_t^s\exp\{-\bar{r}(\tau)(\tau-t)\}\cdot[w(\tau)-c(\tau)]\cdot\frac{A(\tau)L(\tau)}{H}\mathrm{d}\tau\geqslant 0$$

(A1. 1. 11)

则有

$$\lim_{s\to\infty}\exp\{-\bar{r}(s)(s-t)\}\cdot\frac{K(s)}{H} \tag{A1. 1. 12}$$

表示家庭资产的持有量现值不得为负（道德要求）。

写作有效劳动形式，得到

$$\lim_{s\to\infty}\exp\{-[\bar{r}(s)-n-g](s-t)\}\cdot k(s)\geqslant 0 \tag{A1. 1. 13}$$

另外，消费者效用最大化条件也可按有效劳动形式，写作

$$U_t=\int_t^\infty\exp\{-[\rho-n-(1-\theta)g](\tau-t)\}\cdot\frac{c(\tau)^{1-\theta}-1}{1-\theta}\cdot\frac{A(t)^{1-\theta}L(t)}{H}\mathrm{d}\tau$$

(A1. 1. 14)

则有

$$U_t\equiv B\int_t^\infty\exp\{-\beta(\tau-t)\}\cdot\frac{c(\tau)^{1-\theta}-1}{1-\theta}\mathrm{d}\tau \tag{A1. 1. 15}$$

其中，$B\equiv\frac{A(t)^{1-\theta}L(t)}{H}$，$\beta\equiv\rho-n-(1-\theta)g$。

对于家庭来说，其最大化目标在于当期效用 U_t，从而构建拉氏方程，得到

$$\zeta_t\equiv B\int_t^\infty\exp\{-\beta(\tau-t)\}\cdot\frac{c(\tau)^{1-\theta}-1}{1-\theta}\mathrm{d}\tau+\lambda[k(t)+\int_t^\infty\exp\{-[\bar{r}(\tau)-$$

$$n-g](\tau-t)\}\cdot(w(\tau)-c(\tau))\mathrm{d}\tau] \tag{A1. 1. 16}$$

对于任意时点 τ 的有效劳动平均消费 $c(\tau)$，有一阶条件

$$B\cdot\exp\{-\beta(\tau-t)\}\cdot c(\tau)^{-\theta}=\lambda\exp\{-[\bar{r}(\tau)-n-g](\tau-t)\}$$

(A1. 1. 17)

两边取对数，得到

$$\ln B - \beta(\tau - t) - \theta \ln c(\tau) = \ln\lambda - [\bar{r}(\tau) - n - g](\tau - t)$$

(A1.1.18)

由于$\beta \equiv \rho - n - (1-\theta)g$，并且当$c(t)$给定时，即得均衡消费路径，从而$\mathrm{d}\lambda/\mathrm{d}t = 0$。化简得到

$$\ln B - \theta \ln c(\tau) = \ln\lambda - [\bar{r}(\tau) - \rho - \theta g](\tau - t) \qquad (A1.1.19)$$

两边对τ求导，得到

$$-\theta\frac{\dot{c}}{c} = -[r(\tau) - \rho - \theta g] \qquad (A1.1.20)$$

得到

$$\frac{\dot{c}}{c} = \frac{r(\tau) - \rho - \theta g}{\theta} = \frac{r(\tau) - \rho}{\theta} - g \qquad (A1.1.21)$$

此为 Euler 方程。

注意：式（A1.1.21）并不以稳态为前提，而是对所有情况均适用。它对参数θ的反应如何？θ越小，表示随消费变化，边际效用变化$\theta\frac{\dot{c}}{c}$越小，从而消费者对实际利率$r(\tau)$与贴现率的微小差异都有足够激励做出反应，即打破平滑消费的轨迹。

2. Euler 方程的第二种推导方法

考虑家庭在连续的两个时点的消费。具体地，家庭在某时点τ，将有效劳动平均消费$c(\tau)$降低 1 个小量Δc（供给），并将其作为新增资本投资于 1 个短期$\Delta\tau$内（投入），在其后末尾$\tau + \Delta\tau$用于增加消费。假定理性的家庭在这样做时，并不改变τ与$\tau + \Delta\tau$以外所有时点的消费和资本持有量。最大化要求使其发现，上述行为并不能使家庭增加一生总效用的当期贴现值。首先，时期τ的边际效用减少值为

$$B \cdot \exp\{-\beta(\tau - t)\} \cdot c(\tau)^{-\theta}\Delta c \qquad (A1.1.22)$$

其次，新增（每有效劳动平均）资本在外生（公允）的利率水平下，在末尾$\tau + \Delta\tau$增值至

$$\exp\{[r(\tau) - n - g]\Delta\tau\} \cdot \Delta c \qquad (A1.1.23)$$

注意：由于是新增资本，会受到资本广化影响，从而每有效劳动的平均持有资本量会被稀释。并且，由“非套利条件”以外生的（公允）利率进行

间接投资与直接投入生产获得的收益应该相等。

另外，设每有效劳动的平均消费 $c(\tau)$ 以 $\dot{c}/c$ 速度增长，从而

$$c(\tau+\Delta\tau)=c(\tau)\cdot\exp\{(\dot{c}/c)\cdot\Delta\tau\} \qquad \text{(A1.1.24)}$$

从而，在时期 $\tau+\Delta\tau$ 消费的边际效用为［基于外生要素价格（利率和工资）的均衡消费路径］

$$B\cdot\exp\{-\beta(\tau+\Delta\tau-t)\}\cdot c(\tau+\Delta\tau)^{-\theta} \qquad \text{(A1.1.25)}$$

以上式进行代换，得到

$$B\cdot\exp\{-\beta(\tau+\Delta\tau-t)\}\cdot[c(\tau)\cdot\exp\{(\dot{c}/c)\cdot\Delta\tau\}]^{-\theta} \qquad \text{(A1.1.26)}$$

从而，由于（当期）边际效用为零，得到

$$B\cdot\exp\{-\beta(\tau-t)\}\cdot c(\tau)^{-\theta}\Delta c=B\cdot\exp\{-\beta(\tau+\Delta\tau-t)\}\cdot[c(\tau)\cdot\exp\{(\dot{c}/c)\cdot\Delta\tau\}]^{-\theta}\cdot\exp\{[r(\tau)-n-g]\Delta\tau\}\cdot\Delta c \qquad \text{(A1.1.27)}$$

等式两边同时除以 $B\cdot\exp\{-\beta(\tau-t)\}\cdot c(\tau)^{-\theta}\Delta c$ 得到

$$1=\exp\{-[\theta(\dot{c}/c)+\beta]\Delta\tau+[r(\tau)-n-g]\Delta\tau\} \qquad \text{(A1.1.28)}$$

取对数，得到

$$[r(\tau)-n-g]\Delta\tau=[\theta(\dot{c}/c)+\beta]\Delta\tau \qquad \text{(A1.1.29)}$$

由于 $\beta\equiv\rho-n-(1-\theta)g$，化简得到

$$\dot{c}/c=\frac{r(\tau)-\rho}{\theta}-g \qquad \text{(A1.1.30)}$$

即为 Euler 方程。

由此得到在给定初始 $c(t)$ 和外生的要素价格的情况下，每有效劳动平均消费的均衡路径。如果 $c(\tau)$ 不按照 Euler 方程变动，家庭总可以调整其消费，从而在不改变一生支出的现值情况下增加一生效用（类比于给定预算约束的消费者均衡）。

经济的转移动态：

需求端，重写 Euler 方程得到

$$\dot{c}/c=\frac{f'(k(\tau))-\rho}{\theta}-g \qquad \text{(A1.1.31)}$$

从而，当边际报酬 $f'(k(\tau))=\rho+\theta g$ 时，$\dot{c}/c$ 等于 0。

供给端，重写资本积累方程得到

$$\dot{k}=f(k(\tau))-c(\tau)-(n+g)k(\tau) \tag{A1.1.32}$$

从而，对于给定的 $k(\tau)$，较低的 $c(\tau)$ 将导致 $\dot{k}>0$。反之亦然。

并且，线 $\dot{k}=0$ 上每个点都可由不同形式效用函数引致的 $\dot{c}=0$ 垂直线与相应 k 值所确定的稳态所决定，它等价于某个特殊而合适的储蓄率的 Solow 模型所确定的稳态。并且在第一章讨论中，更高储蓄率得到更高稳态 k 值。而 c 先随较小的 k 递增而递增，当达到 $f'(k(\tau))=n+g$ 后（黄金律资本水平），再随较大的 k 递增而递减。

如果存在稳态，则新古典增长函数一定可写作劳动增强型的，并且 $\gamma_Y=\gamma_K=\gamma_C$。从而在稳态下有 s 为常数，可借鉴 Solow 模型的分析

$$c(T)=(1-s)f(k^*(T))=f(k^*(T))-(n+g)k^*(T) \tag{A1.1.33}$$

从而，如果 $\dot{k}=0$ 是稳态的（待验证），则有 $\partial c/\partial k^*=0 \leftrightarrow f'(k^*)=n+g$。

由相图分析，令 k^* 为 $\dot{c}=0$ 时的 k 值，因为假设 $\rho-n-(1-\theta)g>0$，则它必须小于黄金律资本水平 k_{gd}，并使一生效用的贴现值不发散。

消费初始值 $c(t)$：

（1）较高。由相图，最终（基于 Euler 方程与资本积累方程）轨迹与纵轴交于 $c(T)>0$，$k(T)=0$。由于生产停滞，消费将瞬时降为零，这与 Euler 方程的渐进路径要求不符，因此绝不是均衡的。

（2）较低。由相图，分为两种情况：

1）在 k_{gd} 之前即降为 $c(T)=0$，此时有 $\dot{k}>0$，从而均衡路径依横轴向右移动，超过 k_{gd} 并最终停在 $c=0$，$\dot{k}=0$。

2）在 k_{gd} 之后才降为 $c(T)=0$，此时有 $\dot{k}>0$，从而均衡路径依横轴向右移动，并最终停在 $c=0$，$\dot{k}=0$，它显著大于 k_{gd}（因此时平均变量>边际变量），并注意均衡路径穿不透 $\dot{k}=0$ 线。

因此由假设 $\rho-n-(1-\theta)g>0$ 可知，任何最终稳定在 $c=0$，$\dot{k}=0$ 点的路径绝不是均衡路径。上述假设之所以合理，是因为如果经济最终稳定在该点，则有

$$f'(k(T))<n+g \tag{A1.1.34}$$

从而有

$$\lim_{s\to\infty} \exp\{-[\bar{r}(s) - n - g](s - t)\} k(s) \geqslant 0 \qquad (A1.1.35)$$

为预算约束条件。

但进入稳态后如果$f'(k(T)) = r < n + g$，该居户的预算约束（现值）发散，从而处于该种情况下的任何消费路径都可被充分满足，因此任何一条特定的消费路径都绝不是均衡的。

注意：该分析基于相图，而不依赖于稳态存在性的判定及稳态点的选择，即并不以稳态时 $\dot{k}/k = \dot{c}/c = 0$ 为条件，从而并不需以

$$U_t \equiv B\int_t^{\infty} \exp\{-\beta(\tau - t)\} \cdot \frac{c(\tau)^{1-\theta} - 1}{1 - \theta} \mathrm{d}\tau \qquad (A1.1.36)$$

的中项 $\frac{c(\tau)^{1-\theta} - 1}{1 - \theta}$ 在稳态时不变为判断条件，但可印证“当期效用发散”论。

（3）平衡增长路径。

回顾 Solow 模型。当经济以足够高的外生储蓄率为条件达到平衡增长路径时，其实还存在其他一些可能的，并且在每一时点（绝对优势）上均取得更高消费的平衡增长路径。此时，过高的储蓄率水平所引致的经济增长路径为“动态无效率”。

在 Ramsey 模型中，储蓄率从家庭行为中衍生出来，因此如果经济每期都可得到更高消费（或至少不低于该期原有消费），那么原消费路径绝不是均衡的。

发现稳态水平 $k^* < k_{gd}$ 后，一个自然而然的想法是：如果均衡的家庭将稳态点提高至黄金律资本水平 k_{gd}，则从长期来看将引致无数期消费提升。为何放弃呢?

当 $g = 0$ 即不存在外生的技术进步时，参数的约束条件退化为

$$\rho > n$$

而由该条件能够推得上述条件 $k^* < k_{gd}$。之所以不选择黄金律资本水平，是因为消费者对当前消费过于看重，从而使消费最终永久性上升的好处是有界的。

时间偏好率 ρ 的下降：

由于资本只能渐进变化，因而消费能够瞬时变化，并且时间偏好率只进

入 Euler 方程而不进入资本积累方程。因此，当时间偏好率边际下降时，理性家庭将瞬时降低消费（等价于提高储蓄率），因为此时更加看重较高消费的持久性，反而将当期消费的价值看淡了。

收敛速度与鞍点路径的斜率:

分别在稳态点 (k^*, c^*) 附近取一阶 Taylor 展开，得到

$$\dot{c} \simeq (\partial\dot{c}/\partial k)(k-k^*)+(\partial\dot{c}/\partial c)(c-c^*) \tag{A1.1.37}$$

$$\dot{k} \simeq (\partial\dot{k}/\partial k)(k-k^*)+(\partial\dot{k}/\partial c)(c-c^*) \tag{A1.1.38}$$

并且由于在稳态下 k^*、c^* 均为常数，则有

$$\dot{c}=(\dot{c}-c^*) \tag{A1.1.39}$$

$$\dot{k}=(\dot{k}-k^*) \tag{A1.1.40}$$

则有

$$(\dot{c}-c^*) \simeq (\partial\dot{c}/\partial k)(k-k^*)+(\partial\dot{c}/\partial c)(c-c^*) \tag{A1.1.41}$$

$$(\dot{k}-k^*) \simeq (\partial\dot{k}/\partial k)(k-k^*)+(\partial\dot{k}/\partial c)(c-c^*) \tag{A1.1.42}$$

从而

$$(\dot{c}-c^*) \simeq (f''(k^*)c^*/\theta)(k-k^*) \tag{A1.1.43}$$

$$(\dot{k}-k^*) \simeq [f'(k^*)-(n+g)](k-k^*)-(c-c^*) \tag{A1.1.44}$$

由于

$$f'(k^*)=\rho+\theta g \tag{A1.1.45}$$

并且

$$\beta=\rho-n-(1-\theta)g \tag{A1.1.46}$$

则有

$$(\dot{k}-k^*) \simeq \beta(k-k^*)-(c-c^*) \tag{A1.1.47}$$

将上式分别除以 $(c-c^*)$ 和 $(k-k^*)$，得到

$$\frac{(\dot{c}-c^*)}{(c-c^*)} \simeq (f''(k^*)c^*/\theta)\frac{(k-k^*)}{(c-c^*)} \tag{A1.1.48}$$

$$\frac{(\dot{k}-k^*)}{(k-k^*)} \simeq \beta-\frac{(c-c^*)}{(k-k^*)} \tag{A1.1.49}$$

假设 $(c-c)^*$ 和 $(k-k)^*$ 以相同速率下降，即 $\frac{(c-c^*)}{(k-k^*)}$ 固定不变，则经济与稳态点 (k^*, c^*) 之间的距离以一个不变速率持续减小。

当以 μ 表示 $\frac{(\dot{c}-c^*)}{(c-c^*)}$ 时，上式写作

$$\frac{(c-c^*)}{(k-k^*)}=\frac{(f''(k^*)c^*/\theta)}{\mu} \tag{A1.1.50}$$

从而

$$\mu \simeq \beta-\frac{(f''(k^*)c^*/\theta)}{\mu} \tag{A1.1.51}$$

上式为关于 μ 的一元二次方程，解为

$$\mu_1=\frac{\beta+[\beta^2-4f''(k^*)c^*/\theta]^{1/2}}{2},\ \mu_2=\frac{\beta-[\beta^2-4f''(k^*)c^*/\theta]^{1/2}}{2}$$

由鞍点收敛，得到收敛系数必为负数，即只有下解符合要求

$$\mu_2=\frac{\beta-[\beta^2-4f''(k^*)c^*/\theta]^{1/2}}{2} \tag{A1.1.52}$$

则有，由 Barro “Economic Growth” 对 Solow 模型稳态点附近收敛速度的分析，得到

$$\beta=-\frac{\partial(\dot{\hat{k}}/\hat{k})}{\partial\ln(\hat{k})} \tag{A1.1.53}$$

可知

$$c(t)=c^*+\exp\{\mu_2 t\}(c(0)-c^*)$$
$$k(t)=k^*+\exp\{\mu_2 t\}(k(0)-k^*) \tag{A1.1.54}$$

并且，由上式求得的收敛速度比 Solow 的预测更快。这是因为，当由稳态点向左趋近时，Ramsey 模型的转移动态储蓄率将高于稳态储蓄率 s^*，而 Solow 模型的储蓄率为常数。

二、政府购买的影响

假定（1）：政府购买不影响从私人消费中得到的效用。要么是由于政府将这些资源用于根本不影响私人效用的活动之上，要么是由于总效用等于从私人消费上得到的效用和从政府提供产品上得到的效用之和。

假定（2）：政府购买不影响未来产量（不作为生产过程的投入），因此它被用于公共消费而非公共投资。

从而，需求端的 Euler 方程不会因政府购买的引入而发生任何变化，供给端的预算方程和资本积累方程却会受到相应影响。资本积累方程为

$$\dot{k}=f(k(\tau))-c(\tau)-G(\tau)-(n+g)k(\tau) \tag{A1.2.1}$$

在相图上，$G(\tau)$ 的引入将使线 $\dot{k}=0$ 向下平移（考虑 Solow 模型中储蓄率降低对消费的影响）

$$\int_t^{\infty}\exp\{-[\bar{r}(\tau)-n-g](\tau-t)\}\cdot c(\tau)\mathrm{d}\tau \leqslant k(t)+$$

$$\int_t^{\infty}\exp\{-[\bar{r}(\tau)-n-g](\tau-t)\}\cdot(w(\tau)-G(\tau))\mathrm{d}\tau \tag{A1.2.2}$$

（一）政府消费的永久性变化

如果政府消费变化的永久性被合理预期，那么家庭将预期（在储蓄率未获调整的条件下）其当期消费降低并且未来将始终降低，从而将消费瞬时、非连续下调至新的鞍形路径上，由此产生的非平滑消费还未等利率、产出、资本存量做出反应即已结束。

（二）政府消费的暂时性变化

如果政府消费变化的暂时性以及恢复时期被合理预期，那么家庭将预期其当期消费少许降低但未来将在生产支持下恢复。它并未减少很多当期消费，而是以本用于储蓄的部分来支持政府支出，这将导致真实利率上升。因为唯有如此才能说服家庭实施非平滑消费。当然，真实利率上升的幅度取决于政府支出变化的持久性。

上述论断指出：暂时性政府购买提升导致真实利率上升，而永久性高政府购买则不然。Barro（1987）研究了战时政府增加支出的暂时性是否真如理论所预测的那样，会影响到短期真实利率从而影响到长期利率。在排除了通货膨胀率系统性变化的可能性后，他以名义利率指代实际利率，得到了暂时性军费开支与实际利率之间显著的正向统计关系。

三、技术（进步）进入新古典生产方程的途径

中性（无偏）技术进步是指不会相应节省某一种要素投入的发明、创新、技术进步。其定义依赖于对资本节约或劳动节约的准确定义。

(1) Hicks 中性技术进步：对给定的资本—劳动比，总能保证两种投入的边际产品比率（边际替代率）不变的技术进步。其生产函数可写作

$$Y(t)=T(t)\cdot F(K(t),\ L(t)) \quad (A1.3.1)$$

证明：

先证必要性。

在任意时点 t_0，总有

$$\partial Y/\partial K=T(t_0)\cdot f'(k) \quad (A1.3.2)$$

$$\partial Y/\partial L=T(t_0)\cdot[f(k)-f'(k)k] \quad (A1.3.3)$$

则有两种要素的边际替代率

$$\frac{\mathrm{d}L}{\mathrm{d}K}=-\frac{\partial Y/\partial K}{\partial Y/\partial L}=\frac{f'(k)}{f(k)-f'(k)k} \quad (A1.3.4)$$

在 k 固定的情况下上式为定值。进一步地，两种要素各自占收入的份额固定。

再证充分性。

令：收入—资本比率 Y/K 为 y；劳动—资本比率 L/K 为 x；收入—劳动比率 Y/L 为 $z=y/x$；资本—劳动比率 $K/L=k=1/x$。从而有

$$Y(t)=F(K(t),\ L(t),\ T(t)) \quad (A1.3.5)$$

两边同时除以 K，由新古典生产函数的规模报酬不变特征得到

$$Y/K=F(1,\ L/K,\ T(t)) \quad (A1.3.6)$$

即

$$y=F(1,\ x,\ T(t))=f(x,\ T(t)) \quad (A1.3.7)$$

设资本 K 的边际产出为 $r=\partial F/\partial K$，则有

$$r=f-f_x\cdot x \quad (A1.3.8)$$

设要素的边际替代率为 $\mathrm{d}L/\mathrm{d}K=-\dfrac{\partial F/\partial K}{\partial F/\partial L}=R(x,\ T(t))$，并且由于技术进步遵从 Hicks 中性，从而在 x 固定的情况下，边际替代率保持不变，即 $R(\bar{x},\ T(t))=\bar{R}(\bar{x},\ T(t))$。

由于

$$R(x,\ T(t))=\frac{f-xf_x}{f_x}=\frac{f}{f_x}-x \quad (A1.3.9)$$

则有

$$\frac{\partial f}{f}=\frac{\partial x}{R(x,\ T(t))+x} \tag{A1.3.10}$$

注意：（在不存在技术进步的情况下）由于 $R(x,\ T(t))$ 是 x 的增函数，从而 $\frac{1}{R(x,\ T(t))+x}$ 关于 x 递减，即来自要素比例（Factor Proportion）变化造成的产出—资本比率的变化为正；随要素比例 x 增加，产出—资本比率的正向变化的速度递减。

两边取（不定）积分，得到

$$\ln f(x,\ T(t))=\ln A(t)+\int\frac{\partial x}{R(x,\ T(t))+x} \tag{A1.3.11}$$

其中，$\ln A(t)$ 为任意常数，来自对 $\frac{\partial f}{f}$ 的积分后余项。上式为可分离变量微分方程的通解。因此，可用 $A(t)$ 表示 $f(x,\ t)$ 中只与时间 t 有关，即只与 $T(t)$ 有关的部分，从而作为对技术进步的衡量。

因此，设 $f(x)=\exp\{\int\frac{\partial x}{R(x,\ T(t))+x}\}$，则有 $\ln f(x,\ t)=\ln A(t)+\ln f(x)$。从而

$$f(x,\ T(t))=A(t)\cdot f(x) \tag{A1.3.12}$$

总能够找到齐次函数 $F(K(t),\ L(t))$，使 $F(K(t),\ L(t))/K(t)=F(1,\ x)=f(x)$。

进一步地，有

$$Y(t)=F(K(t),\ L(t),\ T(t))=A(t)\cdot F(K(t),\ L(t)) \tag{A1.3.13}$$

问题：如何证明 $F(K(t),\ L(t))$ 是一阶齐次函数？

注意：当符合 Hicks 中性技术进步时，两种要素的边际替代率不变。从而对两种要素的（引致需求）替代弹性不变。

（2）Harrod 中性技术进步：资本的边际产出不变，并假定它等于利润率 ρ。

（从人均层面来看）如果允许 K/L 不变，则（与无技术进步的新古典人均生产函数相比）技术进步会正常提高资本边际产出（否则技术进步的作用无法体现）。反之，为保持资本的边际产出不变，K/L 必须提高（以降低资本

的边际报酬)。

设生产函数为

$$Y(t)=F(K(t),\ L(t),\ T(t)) \tag{A1.3.14}$$

由规模报酬不变生产函数隐含的要素净分配定理可知

$$Y(t)=(\partial F/\partial K)\cdot K(t)+(\partial F/\partial L)\cdot L(t) \tag{A1.3.15}$$

两边同时除以 $K(t)$ ，得到

$$Y(t)/K(t)=(\partial F/\partial K)+\frac{(\partial F/\partial L)\cdot L(t)}{(\partial F/\partial K)\cdot K(t)}\cdot(\partial F/\partial K) \tag{A1.3.16}$$

$$Y(t)/K(t)=(\partial F/\partial K)(1+\frac{(\partial F/\partial L)\cdot L(t)}{(\partial F/\partial K)\cdot K(t)}) \tag{A1.3.17}$$

在 Harrod 中性技术进步下，当资本—产出比保持不变时，ρ 保持不变将导致两种要素各自占收入的份额固定。

具体地，Harrod 中性技术进步的经验基础对给定的资本—产出比（与 Kaldor 事实相合），总能保证两种投入要素相对比 $\frac{K\cdot(\partial Y/\partial K)}{L\cdot(\partial Y/\partial L)}$ 不变的技术进步。

求证：满足 Harrod 中性技术进步的生产函数可写作 $Y(t)=F(K(t),\ T(t)L(t))$ 。

证明：

先证必要性。设

$$Y(t)=F(K(t),\ T(t)L(t)) \tag{A1.3.18}$$

由新古典生产函数的规模报酬不变性质可知

$$\frac{Y}{K}=F(1,\ \frac{TL}{K}) \tag{A1.3.19}$$

则由（严格的）边际报酬递减规律，如果资本—产出比 $\frac{Y}{K}$ 相同，$\frac{TL}{K}$ 亦相同。并且由于规模报酬不变的生产技术符合欧拉定理，则有

$$\frac{Y}{K}=\left.\frac{\partial F}{\partial K}\right|_{K=1}\cdot 1+\frac{\partial F}{\partial(\frac{TL}{K})}\cdot\frac{TL}{K} \tag{A1.3.20}$$

从而，如果资本—产出比 $\frac{Y}{K}$ 相同，则 $\frac{TL}{K}$ 相同，并且 $\frac{\partial F}{\partial(\frac{TL}{K})}$ 相同。从

而有

$$F_K = \partial Y/\partial K = \partial(K \cdot F(1,\ TL/K))/\partial K = F(1,\ TL/K) - \frac{\partial F}{\partial(\frac{TL}{K})} \cdot \frac{TL}{K}$$

从而符合 Harrod 中性技术进步。

并且有

$$F_K \cdot K = F(1,\ TL/K) \cdot K - \frac{\partial F}{\partial(\frac{TL}{K})} \cdot TL \qquad (A1.3.21)$$

同理，有

$$F_L \cdot L = K \cdot \frac{\partial F}{\partial(\frac{TL}{K})} \cdot \frac{TL}{K} \qquad (A1.3.22)$$

从而有

$$\frac{K \cdot (\partial Y/\partial K)}{L \cdot (\partial Y/\partial L)} = \frac{F(1,\ TL/K) \cdot K - \frac{\partial F}{\partial(\frac{TL}{K})} \cdot \frac{TL}{K} \cdot K}{K \cdot \frac{\partial F}{\partial(\frac{TL}{K})} \cdot \frac{TL}{K}} = \qquad (A1.3.23)$$

$$\frac{F(1,\ TL/K) - \frac{\partial F}{\partial(\frac{TL}{K})} \cdot \frac{TL}{K}}{\frac{\partial F}{\partial(\frac{TL}{K})} \cdot \frac{TL}{K}} = \bar{a} \qquad (A1.3.24)$$

为定值。

将上式变形为

$$\frac{(K/Y) \cdot (\partial Y/\partial K)}{(L/Y) \cdot (\partial Y/\partial L)} = \bar{a} \qquad (A1.3.25)$$

分子、分母分别为 K 、L 两种要素的产出弹性。

注意：反过来能成立吗？如果边际产出 F_K 相等，并且 T 为固定不变速率的外生技术进步，由之前论述，由边际报酬递减规律（二阶导小于零）可得

$$\partial w/\partial k > 0 \tag{A1.3.26}$$

同样可证

$$\partial F_K/\partial(\frac{TL}{K}) > 0 \tag{A1.3.27}$$

从而得证。

再证充分性。

由于在 Harrod 中性技术进步下，资本的边际产出即利率 r 仅为收入—资本比率 $y = Y/K$ 的函数。设

$$r = \psi(y, t) \tag{A1.3.28}$$

并有

$$\psi(\bar{y}, t) = \bar{\psi}(\bar{y}, t) = y - xy_x \tag{A1.3.29}$$

从而

$$\frac{\partial x}{x} = \frac{\partial y}{y - \psi(y, t)} \tag{A1.3.30}$$

注意：（在不存在技术进步的情况下）由于 $\psi(y, t)$ 是 y 的递增函数，但 $y - \psi(y, t) > 0$，从而 $\frac{1}{y - \psi(y, t)}$ 关于 y 递减还是递增？即来自产出—资本比率 $\frac{Y}{K}$ 变化造成（或反过来说，需要）的劳动—资本比率的变化为正（Positive）；随着产出—资本比率 y 增加，劳动—资本比率正向变化速度递增（与 Hicks 中性技术分析结果等价）。这是由于，随着产出—资本比率 y 增加，k 趋于减少，从而 $y - \psi(y, t)$ 变小，即速度 $\frac{1}{y - \psi(y, t)}$ 增加。

两边取（不定）积分，得到

$$\ln x = -\ln A(t) + \int \frac{\partial y}{y - \bar{\psi}(\bar{y}, t)} \tag{A1.3.31}$$

其中，$\ln A(t)$ 为任意常数，来自对 $\frac{\partial x}{x}$ 的积分后余项。式（A1.3.31）为可分离变量微分方程的通解。因此，可用 $A(t)$ 表示 $\frac{\partial x}{x}$ 中只与时间 t 有关，即只与 $T(t)$ 有关的部分，从而作为对技术进步的衡量。

因此，设 $g(y) = \exp\{\int \frac{\partial y}{y - \overline{\psi}(\bar{y},\ t)}\}$，则有 $A(t)x = g(y)$。从而求反函数

$$y = g^{-1}(A(t)x) \tag{A1.3.32}$$

总能够找到一阶齐次函数 $G(K(t),\ A(t)L(t))$，使

$$G(K(t),\ A(t)L(t))/K(t) = G(1,\ A(t)x) = g^{-1}(A(t)x) \tag{A1.3.33}$$

进一步地，有

$$Y(t) = F(K(t),\ L(t),\ T(t)) = G(K(t),\ A(t)L(t)) \tag{A1.3.34}$$

注意：在 Arrow“干中学”模型中，由于假设技术进步遵循 Harrod 中性，因此生产函数设为“劳动增强型”，从而产出—资本比率 $\frac{Y}{K}$ 与利率 r 均不变，各要素在收入中所占份额也不变。

（3）Solow 中性技术进步：对给定的劳动—产出比，总能保证两种投入要素 $\frac{K \cdot (\partial Y/\partial K)}{L \cdot (\partial Y/\partial L)}$ 相对不变的技术进步。

注意：中性技术进步的技术规范并未要求固定不变的外生技术进步率，甚至连外生还是内生都并未规定。

四、Romer（1990）“技术迁移内生增长模型”的推导过程

（一）生产函数

1. 最终产品生产部门

Romer（1990）将最终产品生产部门的总量生产函数写成 D-S 形式

$$Y = H_Y{}^{\alpha} L^{\beta} \int_0^A x(i)^{1-\alpha-\beta} \mathrm{d}i \qquad 0 < \alpha,\ \beta < 1 \tag{A1.4.1}$$

其中，Y 为最终产品的产量，H_Y 为投入最终产品生产的人力资本，L 为劳动投入量，$x(i)$ 表示中间产品的使用量，A 表示国内中间产品的种类数。为避免整数约束，设 A 是连续而非离散的，A 的大小反映了国内技术水平（或知识存量）的高低。

2. 中间产品生产部门

在中间产品生产部门，在［0，A］上分布着无数个中间产品生产企业，每个企业只生产一种中间产品，而且这些中间产品之间不存在直接的替代关系或互补关系。该部门使用资本和研发部门提供的设计方案来生产中间产品。根据 Romer（1990）的做法，假设生产 1 单位任一类型的中间产品需要 η 单位的资本量。因此，资本总量 K 与中间产品之间的关系，即中间产品生产部门的生产函数可用下式表示

$$K = \eta \sum_{i=1}^{A} x(i) \tag{A1.4.2}$$

由于总产出的一部分用于消费，另一部分用于物质资本的积累。因此，资本的运动方程可表示为

$$\dot{K}(t) = Y(t) - C(t) \tag{A1.4.3}$$

3. 研发部门

由于知识具有外部性特征，所以研发部门可以免费获得已有的知识。研发部门使用投入的人力资本（H_A）结合国内的技术知识存量（A）进行研究开发活动，其生产函数可用下式表示

$$\dot{A} = \delta H_A A \quad \delta > 0 \tag{A1.4.4}$$

上式表明，投入研发部门的人力资本越多，研发部门的技术创新成果就越多。国内已有的知识存量越高，研发部门的劳动生产率就越高。

（二）消费者偏好

我们假设代表性家庭在无限时域上有一个标准的固定弹性效用函数，该效用函数为 Ramzey 形式，无限时域内在资产约束条件下寻求效用最大化

$$U = \int_0^{\infty} \frac{C^{1-\theta} - 1}{1 - \theta} e^{-\rho t} dt \quad \theta, \rho > 0$$

$$\text{s.t. } \dot{a} = w + ra - c \tag{A1.4.5}$$

其中，$U(C) = \dfrac{C^{1-\theta} - 1}{1 - \theta}$ 为即期效用函数，θ 为边际效用弹性，它是跨期替代弹性的倒数，ρ 为消费者的主观时间偏好率，a 为人均资产，r 为利率，w 为工资率。

（三）市场结构假设

为进行竞争性市场均衡分析，我们假设最终产品市场、劳动力市场和资

本市场是完全竞争的。对于中间产品市场，我们做两个假设：①中间产品部门是自由进出的；②当中间产品生产商的上游部门（研发部门）研发出一个新的产品品种或设计方案以后，这个新方案被某一中间产品生产商购买，并进行垄断性生产。

五、竞争性均衡分析

（一）厂商利润最大化

1. 最终产品生产部门

最终产品生产部门的厂商通过选择中间产品 $x(i)$ ，以及雇用熟练劳动力（人力资本 H_Y ）和非熟练劳动力 L ，以使自己的利润最大化

$$\max_{\{x(i),\ H_Y,\ L\}} \int_0^A [H_Y{}^{\alpha} L^{\beta} x(i)^{1-\alpha-\beta} - p(i)x(i)]\mathrm{d}i - w_H H_Y - w_L L \tag{A1.5.1}$$

分别对 $x(i)$ 、H_Y 和 L 求导，得到竞争性市场条件下最终产品生产企业利润最大化的一阶条件为

$$p(i) = (1-\alpha-\beta) H_Y{}^{\alpha} L^{\beta} x(i)^{-\alpha-\beta} \tag{A1.5.2}$$

$$w_{H_Y} = \alpha H_Y{}^{\alpha-1} L^{\beta} \int_0^A x(i)^{1-\alpha-\beta} \mathrm{d}i \tag{A1.5.3}$$

$$w_L = \alpha H_Y{}^{\alpha} L^{\beta-1} \int_0^A x(i)^{1-\alpha-\beta} \mathrm{d}i \tag{A1.5.4}$$

由以上条件可知，所有中间产品都对称投入最终产品部门，从而具有相同的需求函数，因此式（A1.5.2）中的（ i ）可以去掉，即

$$\bar{p} = (1-\alpha-\beta) H_Y{}^{\alpha} L^{\beta} \bar{x}^{-\alpha-\beta} \tag{A1.5.5}$$

则最终产品部门的均衡产出可表示为

$$Y = H_Y^{\alpha} L^{\beta} \int_0^A \bar{x}^{1-\alpha-\beta} \mathrm{d}i = H_Y^{\alpha} L^{\beta} A \bar{x}^{1-\alpha-\beta} \tag{A1.5.6}$$

2. 中间产品生产部门

由式（A1.5.2）可以看出，中间产品生产企业面对的需求函数是向右下方倾斜的，意味着存在由于对中间产品的垄断生产而带来的垄断利润，这正是企业持续创新的微观激励所在。η 表示生产 1 单位任一类型的中间产品需要

η 单位的资本量，r 表示资本租金。单个中间产品生产厂商的最大化利润为

$$\max_x[p(i)x(i)-r\eta x(i)]=\max_x[(1-\alpha-\beta)H_Y{}^{\alpha}L^{\beta}x(i)^{1-\alpha-\beta}-r\eta x(i)] \tag{A1.5.7}$$

由一阶最优条件得到中间产品生产厂商的垄断定价为

$$\bar{p}=p(i)=r\eta/(1-\alpha-\beta) \tag{A1.5.8}$$

则中间产品生产厂商的垄断利润为

$$\pi_2=(\bar{p}-r\eta)\bar{x} \tag{A1.5.9}$$

由式（A1.5.8）和式（A1.5.9），可将中间产品生产厂商的垄断利润写成如下形式

$$\pi_2=(\alpha+\beta)\overline{px} \tag{A1.5.10}$$

3. 研发部门

这个部门也是完全竞争的，假设研发部门在作出决策开发一种新设计时，将会使其出售的价格等于中间产品生产厂商利用该专利赚取利润的贴现值总和，即

$$P_A(t)=\int_t^{\infty}e^{-\int_t^{T}r(s)ds}\pi(\tau)d\tau \tag{A1.5.11}$$

上式对时间 t 求导，可得到

$$\pi(t)-r(t)\int_t^{\infty}e^{-\int_t^{T}r(s)ds}\pi(\tau)d\tau=0 \tag{A1.5.12}$$

即

$$\pi(t)=r(t)P_A(t) \tag{A1.5.13}$$

则

$$P_A(t)=\frac{\pi(t)}{r(t)}=\frac{\alpha+\beta}{r}\overline{px}=\frac{\alpha+\beta}{r}(1-\alpha-\beta)H_Y^{\alpha}L^{\beta}\bar{x}^{1-\alpha-\beta} \tag{A1.5.14}$$

（二）消费者效用最大化

由式（A1.4.5）代表性家庭最优化得出消费增长率的一般表达式

$$g=\frac{\dot{C}}{C}=\frac{1}{\theta}(r-\rho) \tag{A1.5.15}$$

（三）劳动力市场均衡

假设经济中的人力资本可以无成本地在各部门间自由流动，那么在均衡

条件下，最终产品生产部门和研发部门人力资本的报酬应该相等，即

$$W_{H_A} = W_{H_Y} \tag{A1.5.16}$$

$$W_{H_A} = \delta P_A A = \delta A \frac{\alpha + \beta}{r}(1 - \alpha - \beta) H_Y^{\alpha} L^{\beta} \bar{x}^{1-\alpha-\beta} \tag{A1.5.17}$$

$$W_{H_Y} = \frac{\partial Y}{\partial H_Y} = \alpha H_Y^{\ \alpha-1} L^{\beta} A \bar{x}^{1-\alpha-\beta} \tag{A1.5.18}$$

可以得到

$$H_Y = \frac{1}{\delta} \cdot \frac{\alpha}{(1 - \alpha - \beta)(\alpha + \beta)} \cdot r \tag{A1.5.19}$$

根据 $K = \eta A \bar{x}$ 和 $Y = H_Y^{\alpha} L^{\beta} A \bar{x}^{1-\alpha-\beta}$ 推出：在均衡状态下，K、Y 及 A 的增长率相同。根据 $\dot{K}(t) = Y(t) - C(t)$ ，可知 $\frac{C}{Y} = 1 - \frac{\dot{K}}{Y} = 1 - \frac{\dot{K}}{K} \cdot \frac{K}{Y}$。由于 $\frac{K}{Y}$ 为常数，因此 $\frac{C}{Y}$ 也为常数，即 C 与 Y 的增长率也相同。所以

$$g = \frac{\dot{C}}{C} = \frac{\dot{Y}}{Y} = \frac{\dot{K}}{K} = \frac{\dot{A}}{A} = \delta H_A = \delta H - \Lambda r \tag{A1.5.20}$$

其中

$$\Lambda = \frac{\alpha}{(1 - \alpha - \beta)(\alpha + \beta)} \tag{A1.5.21}$$

可得平衡增长路径上稳态的增长率为

$$g = \frac{\delta H - \Lambda \rho}{1 + \Lambda \theta} \tag{A1.5.22}$$

（四）比较静态分析

$$\frac{\partial g}{\partial H} > 0 \tag{A1.5.23}$$

（五）社会最优均衡（转移动态分析）

1. 假设社会计划者选择 C 和 H_A

在下列约束条件下，实现 $U(C) = \int_0^{\infty} \frac{C^{1-\theta} - 1}{1 - \theta} e^{-\rho t} dt$ 最大化

$$\dot{K} = \eta^{\alpha+\beta-1} A^{\alpha+\beta} (H - H_A)^{\alpha} L^{\beta} K^{1-\alpha-\beta} - C \equiv \Delta - C \tag{A1.5.24}$$

$$\dot{A} = \delta H_A A \tag{A1.5.25}$$

K 的动态方程证明：

由 $K = \eta A\bar{x}$ 得到 $\bar{x} = K/\eta A$ ，将其代入式（A1.5.24），有：

$$Y(H_A,\ L,\ x) = H_Y^{\alpha} L^{\beta} \int_0^A \bar{x}^{1-\alpha-\beta} \mathrm{d}i = H_Y^{\alpha} L^{\beta} A \bar{x}^{1-\alpha-\beta} \tag{A1.5.26}$$

$$H_Y^{\alpha} L^{\beta} A \left(\frac{K}{\eta A}\right)^{1-\alpha-\beta} = \eta^{\alpha+\beta-1} A^{\alpha+\beta} (H - H_A)^{\alpha} L^{\beta} K^{1-\alpha-\beta} \tag{A1.5.27}$$

2. 转移动态分析

建立现值汉密尔顿函数

$$\Phi = \frac{C^{1-\theta} - 1}{1 - \theta} + \lambda(\Delta - C) + \mu\delta H_A A \tag{A1.5.28}$$

一阶条件为

$$\frac{\partial \Phi}{\partial C} = 0 \Rightarrow C^{-\theta} - \lambda = 0 \tag{A1.5.29}$$

$$\frac{\partial \Phi}{\partial H_A} = 0 \Rightarrow \lambda \alpha \Delta / (H - H_A) + \mu \delta A = 0 \tag{A1.5.30}$$

$$\frac{\partial \Phi}{\partial K} = \lambda(1 - \alpha - \beta)\Delta / K = \rho\lambda - \dot{\lambda} \tag{A1.5.31}$$

$$\frac{\partial \Phi}{\partial A} = \lambda(\alpha + \beta)\Delta / A + \mu\delta H_A = \rho\mu - \dot{\mu} \tag{A1.5.32}$$

$$\dot{K} = \Delta - C \tag{A1.5.33}$$

$$\dot{A} = \delta H_A A \tag{A1.5.34}$$

从一阶条件可推导出转移动态方程

$$\frac{\lambda}{\lambda} = -\theta \frac{C}{C} = -\theta \frac{A}{A} = -\theta\delta H_A \tag{A1.5.35}$$

$$\frac{\lambda}{\mu} = \frac{\delta A(H - H_A)}{\alpha\Delta} \tag{A1.5.36}$$

$$\frac{\mu}{\mu} = \rho - \delta H_A - \frac{\lambda}{\mu} \frac{(\alpha + \beta)H}{A} = \rho - \delta H_A - \frac{\delta(\alpha + \beta)(H - H_A)}{\alpha} \tag{A1.5.37}$$

由于 $\dot{Y}/Y = \dot{A}/A$ ，因此令 $\dot{\lambda}/\lambda = \dot{\mu}/\mu$ ，则有

$$g^* = \frac{\dot{A}}{A} = \delta H_A = \frac{\delta H - \Theta\rho}{\Theta\theta + (1-\Theta)}, \Theta = \frac{\alpha}{\alpha+\beta} \tag{A1.5.38}$$

比较式（A1.5.20）与式（A1.5.38），可知 $g < g^*$ 。

六、Grossman 和 Helpman（1991）“种类增加型”内生增长模型下的经济行为

（一）居户

假设自然对数效用函数

$$U_t = \int_t^{\infty} \exp\{-\rho(\tau - t)\} \cdot \ln C(\tau) \mathrm{d}\tau \tag{A1.6.1}$$

其中，$C(\tau)$ 表示居户在时期 τ 的消费。

注意：上述效用函数是 Barro “Economic Growth” 中 CRRA 效用函数在 $\theta = 1$ 时的特例。由于 θ（的倒数）是跨期消费替代弹性，类比静态经济分析中常见的 C-D 效用函数在不同商品间替代弹性为 1，并由此引致“对不同要素（商品）给予完全相同的投入份额”的最优经济行为，因此，对数效用函数的特征也应当为：消费者对各时期下用于消费的支出份额理应完全相同。

但是问题在于：不同时期下消费品的“公允比价”如何？判定标准为基于有效贴现率（时间偏好率 ρ 叠加因偏离平滑消费所造成的边际效用损失）的现值比较。在任意时期 τ，如果最大化效用现值的选择为 $C(\tau)$，则其当期边际效用为 $1/C(\tau)$，将其贴现至 t 期时，则时期 τ 消费对总效用现值的边际贡献为

$$\exp\{-\rho(\tau - t)\}(1/C(\tau)) \tag{A1.6.2}$$

而在初始时期 t 的消费对总效用现值的边际贡献为

$$1/C(t) \tag{A1.6.3}$$

从而，两时期下边际消费的相对比价为（以总效用贴现值最大化为目标）

$$P(\tau) = \exp\{-\rho(\tau - t)\}(C(t)/C(\tau)) \tag{A1.6.4}$$

取决于两方面：①时间偏好率 ρ；②偏离平滑消费所造成的边际效用损失。

对上式求对数，得到

$$\ln P(\tau) = -\rho(\tau - t) - \ln(C(\tau)/C(t)) \qquad (A1.6.5)$$

当取得 $\tau = \Delta t$ 时，得到

$$\frac{P(\Delta t) - 1}{\Delta t} = -\rho - \frac{\dot{C}}{C} \qquad (A1.6.6)$$

再次验证：不同时期相对比价的变动（如果 C 增加则边际下降）来自两方面。并且，以最大效用现值进行度量的时期 τ 与时期 t 的支出有关系

$$\frac{E(\tau)}{E(t)} = \frac{P(\tau)C(\tau)}{P(t)C(t)} = \exp\{-\rho(\tau - t)\} \qquad (A1.6.7)$$

它表示，最大化效用现值目标下，消费者将会在时期 τ 和时期 t 支付/分配的效用现值比例为 $\exp\{-\rho(\tau - t)\}/1$，即越靠后的时期被分配的最大化效用贴现值越少，以 ρ 的速率递减。要使时期 τ 因消费获得 $E(t)\exp\{-\rho(\tau - t)\}$ 的效用现值，则它应获得 $E(t)$ 的效用当期值（Current Utility），对所有时期 $\tau \geqslant t$ 均成立。

结论：消费者均衡下，这种特殊形式的效用函数将使各时期消费所支付/分配得到的当期效用完全一致，无论初始条件（资本存量）如何。从而在无限时域的 Ramsey 模型中，消费者的最大化总效用现值为

$$U_t = \frac{1}{\rho} \qquad (A1.6.8)$$

并且，由 Barro "Economic Growth" 中的 Euler 方程可知，如果不存在技术进步，Ramsey 经济下存在

$$(\dot{C}/C) = r - \rho \qquad (A1.6.9)$$

但由于这里不使用 Hamilton 方程，因此 Euler 方程及推论尚非显性，则家庭选择“量入为出”的全局预算。假定一个拥有 1 单位劳动的居户受到跨期预算约束

$$\int_t^{\infty} \exp\{-\bar{r}(\tau - t)\} \cdot P(\tau)C(\tau)\mathrm{d}\tau \leqslant \int_t^{\infty} \exp\{-\bar{r}(\tau - t)\} \cdot w(\tau)\mathrm{d}\tau + V(t) \qquad (A1.6.10)$$

其中，$V(t)$ 为时期 t 该居户持有的资产价值；$P(\tau)$ 为时期 τ 完全竞争市场结构下的消费品价格，在消费者均衡下（排除角点解）亦应等于资产价格（在资本持续积累中始终成立）。定义不同的价格体系，各经济变量的均衡路径不会更改。

静态最优化问题

$$\max_{\{C(\tau)\}} U_t = \max_{\{C(\tau)\}} \int_t^{\infty} \exp\{-\rho(\tau - t)\} \cdot \ln C(\tau) d\tau \qquad (A1.6.11)$$

$$\text{s.t.} \int_t^{\infty} \exp\{-\bar{r}(\tau - t)\} \cdot P(\tau) C(\tau) d\tau \leqslant \int_t^{\infty} \exp\{-\bar{r}(\tau - t)\} \cdot w(\tau) d\tau + V(t) \qquad (A1.6.12)$$

经由 Lagrange 函数法求解

$$\zeta = \int_t^{\infty} \exp\{-\rho(\tau - t)\} \cdot \ln C(\tau) d\tau + \lambda(t) \{ \int_t^{\infty} \exp\{-\bar{r}(\tau - t)\} \cdot [w(\tau) - P(\tau) C(\tau)] d\tau + V(t) \} \qquad (A1.6.13)$$

一阶条件为

$$C(\tau): \exp\{-\rho(\tau - t)\} / C(\tau) = \lambda(t) \cdot \exp\{-\bar{r}(\tau - t)\} P(\tau) \qquad (A1.6.14)$$

其经济含义为：时期 τ 的消费对最大化效用现值的边际贡献

$$\exp\{-\rho(\tau - t)\} / C(\tau) \qquad (A1.6.15)$$

应等于：初始时期 t 单位支出对最大化效用现值的边际贡献（影子价格）$\lambda(t)$ 乘以时期 τ 单位消费品耗费支出 $P(\tau)$ 以利率水平 $\bar{r}(\tau - t)$ 贴现至初始时期 t 的值

$$\lambda(t) \cdot \exp\{-\bar{r}(\tau - t)\} P(\tau) \qquad (A1.6.16)$$

即边际报酬等于边际成本：放弃时期 τ 单位消费对最大化效用现值的损失（机会成本）应等于由此引致的支出节省对最大化效用现值的贡献。

或进行反向考虑：为获得时期 τ 单位消费（反映最大化效用现值贡献），在初始时期 t 即应按公允利率与价格着手准备支出额 $\exp\{-\bar{r}(\tau - t)\} P(\tau)$，由此放弃的最大化效用现值（机会成本）为

$$\lambda(t) \cdot \exp\{-\bar{r}(\tau - t)\} P(\tau) \qquad (A1.6.17)$$

若以 $E(\tau)$ 表示居户时期 τ 的消费支出，则有

$$E(\tau) = P(\tau) C(\tau) \qquad (A1.6.18)$$

从而

$$\exp\{-(\rho - \bar{r})(\tau - t)\} = \lambda(t) \cdot P(\tau) C(\tau) \qquad (A1.6.19)$$

两边取对数求导，得到

$$\frac{\dot{P}(\tau)}{P(\tau)}+\frac{\dot{C}(\tau)}{C(\tau)}=r(\tau)-\rho \tag{A1.6.20}$$

可以自由选择一种名义变量的时间路径，并在任意时期以这种选定的计价物确定名义价格。特殊地，将各时期居户支出 $E(\tau)$ 标准化为 1，即

$$E(\tau)=1 \quad \forall \tau \geqslant t \tag{A1.6.21}$$

这恰好对应上述讨论，即消费者均衡要求各期的最大化效用现值分配满足

$$\frac{E(\tau)}{E(t)}=\frac{P(\tau)C(\tau)}{P(t)C(t)}=\exp\{-\rho(\tau-t)\} \tag{A1.6.22}$$

此时，$E(\tau)$ 与 $E(t)$ 分别为时期 τ 和时期 t 的消费（支出）对最大化效用现值的贡献。从而各时期的当期效用（Current Utillity）必须相等且为 1。

从而

$$\frac{\dot{P}(\tau)}{P(\tau)}+\frac{\dot{C}(\tau)}{C(\tau)}=r(\tau)-\rho=0 \rightarrow r(\tau)=\rho \tag{A1.6.23}$$

由于当期效用恒为 1 而效用函数为 $\ln C(\tau)$，从而 $\overline{C(\tau)}$ 固定不变，则 $\overline{P(\tau)}$ 也应固定不变？并非这样。（序数）效用函数仅能提供均衡条件（相对比价）。换言之，如果价格体系非外生，不可由效用函数反推最优消费数量。这是因为，一般均衡本就表现在竞争价格体系下最大化消费者的商品组合选择［以此为起点，（相对）价格是均衡消费数量的内生反函数］，反推消费数量是错误的循环论证。

具体来说，对数效用函数

$$\int_t^{\infty}\exp\{-\rho(\tau-t)\}\cdot\ln C(\tau)\mathrm{d}\tau \tag{A1.6.24}$$

仅决定如何将最大化效用现值按固定缩减率 ρ 缩减后分配于 t 后各期。换言之，上述效用函数仅将各期消费支出（机会成本，作为差异商品）进行比较，而不是比较各期消费的产品本身。

由于

$$\frac{\dot{C}(\tau)}{C(\tau)}=r(\tau)-\rho-\frac{\dot{P}(\tau)}{P(\tau)} \tag{A1.6.25}$$

可知，$r(\tau)=\rho$ 为名义利率，表示“以居户总效用现值的最大化为目标，不同时期的名义变量（对应当期效用）间以名义贴现率 ρ 进行换算”。

但实际利率为

$$r(\tau) - \frac{\dot{P}(\tau)}{P(\tau)} = \rho - \frac{\dot{P}(\tau)}{P(\tau)} \tag{A1.6.26}$$

可将 $\frac{\dot{P}(\tau)}{P(\tau)}$ 视为“通货膨胀率”，引入该名义价格（变动）使消费者本应承担的因偏离平滑消费而造成的边际效用损失

$$\theta \cdot \frac{\dot{C}(\tau)}{C(\tau)} \quad \theta = 1 \tag{A1.6.27}$$

因支出补齐 $E(t) = E(\tau)$ 而消失，只剩下衰减率 ρ。相应地，名义价格（变动）就应承担这一损失部分，即有

$$\frac{\dot{P}(\tau)}{P(\tau)} = -\frac{\dot{C}(\tau)}{C(\tau)} \tag{A1.6.28}$$

其背后的经济逻辑如下：假设在完全竞争市场结构下确有动态均衡（另一个问题），则在最大化效用现值 $\{\text{argmax}U[C(t), C(t+1), C(t+2), \cdots]\}$ 的商品选择下，构建名义价格体系 P

$$P = \{P(\tau) \mid P(\tau)C(\tau) = 1\} \tag{A1.6.29}$$

特殊地，令 $P(\tau)$ 等于时期 τ 消费的边际效用，即 $P(\tau) = 1/C(\tau)$。此价格体系是公允的，表示各时期单位消费对恒定为 1 的当期效用值的（边际）贡献。与传统“各时期消费品价格相等且为 1”的“扁平”计价法的不同点在于，此价格体系体现动态的均衡条件：实质上，是将任意时期 τ 的所有名义变量（价格、利率、工资、资本价值等）均以当期效用值（各自成固定比例，与扁平计价法结果一致）进行度量，即引入以当期效用（Current Utillity）为单位的价格体系。价格是什么？是尺度，是令不同价值物可比（横向/纵向）的工具。

（1）传统的“扁平”计价法如下：

跨期恒定为 1 的消费品价格仅作为横向尺度（静态均衡），而真正的纵向尺度（动态均衡）以实际利率加以刻画，表示的是“基于效用标准的数量补偿关系”，包括时间偏好损失 ρ 和偏离平滑消费所引致的边际效用损失 $-\frac{\dot{C}(\tau)}{C(\tau)}$。

（2）本书的“标准”计价法如下：

以消费的边际效用定义的各期价格不但作为横向尺度（静态均衡），还承担部分纵向尺度（动态均衡）的功用。因它的（边际）引入，消费者不再担心因偏离平滑消费而造成的边际效用损失（$E(\tau)=1$），从而剩余的动态尺度以名义利率加以刻画，也仅包括时间偏好损失 ρ 。因此，名义价格体系（变动）承担了呈现出因偏离平滑消费所引致的边际效用损失部分的任务。

在后一种计价体系中，将 1 单位消费由原 t 期延至 $t+\Delta t$ 时，因效用损失而必须获得的补偿（实际利率）包括两部分：①暂不考虑两期名义价格变动时，因消费推延而必须补偿的比例为 ρ（名义利率）；②此外，由于名义价格变动（在 $\frac{\dot{C}(\tau)}{C(\tau)}>0$ 时名义价格贬值），则名义价格变动带来的机会成本（本可以 $t+\Delta t$ 期更低名义价格进行购买）也必须补偿。从而，推迟消费需补偿的是实际利率

$$r(\tau)-\frac{\dot{P}(\tau)}{P(\tau)}=\rho-\frac{\dot{P}(\tau)}{P(\tau)}=\rho+\frac{\dot{C}(\tau)}{C(\tau)} \tag{A1.6.30}$$

（3）影子价格 $\lambda(t)=1$，表示边际增加 1 单位 t 期名义支出（或边际增加 $\exp\{\rho(\tau-t)\}$ τ 期名义支出，反映 1 单位 t 期效用值）能使最大化总效用现值增加 1 单位。

（二）厂商

设新古典生产函数下有效劳动平均产出为

$$y=f(k) \tag{A1.6.31}$$

$y(r)=f(k(r))$，$k(\tau)$ 为每有效劳动的平均资本存量。但由于存在技术系数 A 比较麻烦，则资本与劳动（并非有效劳动）的边际产品分别为

$$w_k(\tau)=P(\tau)f'(k) \tag{A1.6.32}$$

$$w_L(\tau)=P(\tau)A(f(k)-f'(k)k) \tag{A1.6.33}$$

均衡下，同时期消费与资本对效用当前值的边际贡献相等，为 $P(\tau)$ 。从而上式均为名义价值（变量），均以时期 τ 的效用当前值（Current Value）为单位。

除此之外，拥有企业所有权的居户还获得单位资本的（名义）利得 $\dot{v}_K(\tau)$ 。从而，时期 τ 持有 1 单位资本的居户必须经历如下“非套利条件”

$$P(\tau)f'(k)+\dot{v}_K=\rho v_K(\tau) \tag{A1.6.34}$$

注意：式（A1.6.34）相当于 Barro“Economic Growth”中影子价格 $\lambda(\tau)$ 的“非套利条件”。

当 $n=0$ 时，则有

$$r=-\dot{\lambda}/\lambda \tag{A1.6.35}$$

但是，在形式上它们为何不相似呢？以 Hamilton 函数求解动态最大化时，居户比较了将持有的边际 1 单位资本/消费抽出［接受 $\lambda(\tau)$ 的边际成本］，通过租借方式数量增值（增速为 r ）至相邻一期，并致力于增加最大化效用现值（归宿仍是消费，价值贬速为 $-\dot{\lambda}/\lambda$ ）。这种调整将导致居户获得的额外效用现值为零（既不变好也不变坏），否则一定不是均衡。换言之，该式表示居户认为“先消费”和“后消费”对最大化效用现值无影响。

以 Lagarange 函数求静态最大化时，居户比较了将所持有的边际 1 单位资本用于两种不同用途，即债券投资或股权投资（注意：不同于上例，此时不抽出）时（二者互为机会成本），所获收益应相同。换言之，该式表示居户认为“左消费”和“右消费”对最大化效用现值无影响。

可通过以下方式进行证明：

假设时期 t 的资本存量为 $K(t)$ ，则其背后代表的时期 t 当期效用值为 $v_K(t)K(t)$ 。如将其视为时期 τ 当期效用的贴现（名义贴现率为 ρ ），则有

$$\exp\{\rho(\tau-t)\}v_K(t)K(t)=v_K(\tau)K(\tau)\quad K(t)=1 \tag{A1.6.36}$$

则两边取对数并对 τ 求导数则有

$$\rho=\frac{\dot{v}_K}{v_K}+\frac{\dot{K}}{K}=\frac{\dot{v}_K}{v_K}+\frac{P\cdot f'(k)}{v_K} \tag{A1.6.37}$$

得证。

还可以通过如下方式进行证明：

由于

$$\dot{v}_K/v_K=\dot{q}/q=\rho+\dot{\lambda}/\lambda \tag{A1.6.38}$$

则有

$$\rho-\dot{v}_K/v_K=-\dot{\lambda}/\lambda=r \tag{A1.6.39}$$

为实际利率。则在各期消费价格恒定为 1 的“扁平计价法”下，它应等于资本存量的增值，即

$$\frac{P \cdot f'(k)}{v_K} \tag{A1.6.40}$$

为实际变量。得证。

从而，求解一阶常数非齐次线性微分方程，得到

$$v_K(t) = c\lim_{s\to\infty}\exp\{-\rho(s-t)\} + \lim_{s\to\infty}\exp\{-\rho(s-t)\}\int_t^{\infty}\exp\{\rho(\tau-t)\}P(\tau)f'[k(\tau)]\mathrm{d}\tau \tag{A1.6.41}$$

由于

$$c\lim_{s\to\infty}\exp\{-\rho(s-t)\} = 0 \tag{A1.6.42}$$

从而

$$v_K(t) = \int_t^{\infty}\exp\{-\rho(\tau-t)\}P(\tau)f'[k(\tau)]\mathrm{d}\tau \tag{A1.6.43}$$

可以验证，对 t 求导时

$$\dot{v}_K = \rho c\lim_{s\to\infty}\exp\{-\rho(s-t)\} + \lim_{s\to\infty}\{\rho\cdot\exp\{-\rho(s-t)\}\int_t^{\infty}\exp\{\rho(\tau-t)\}P(\tau)f'[k(\tau)]\}\mathrm{d}\tau + P(t)f'[k(t)] \tag{A1.6.44}$$

即有

$$\dot{v}_K = \rho\{c\lim_{s\to\infty}\exp\{-\rho(s-t)\} + \lim_{s\to\infty}\{\exp\{-\rho(s-t)\}\int_t^{\infty}\exp\{\rho(\tau-t)\}P(\tau)f'[k(\tau)]\}\mathrm{d}\tau\} - P(t)f'[k(t)] \tag{A1.6.45}$$

从而

$$\dot{v}_K = \rho v_K(t) - P(t)f'[k(t)] \tag{A1.6.46}$$

得证。

其经济含义为：时期 t 资本的市场价值 $v_K(t)$（以当期效用为单位衡量）等于其后各期贡献产出的市场价值（当期效用）贴现值。

（1）“自由进入”（均衡）条件。在时期 t，厂商有两种方式获得单位资本。

1）资本市场上，以资本品名义价格 $v_K(t)$ 向资本持有者（居户）出售 1 单位股权（负有未来红利义务，相当于以 $v_K(t)$ 购买资本），或以利率 $\rho-(\dot{v}_K/v_K)$ 借入 1 单位资本（机会成本），无论哪种方式厂商均承担实际利率 r。

2）产品市场上，以消费品名义价格向 $P(t)$ 产品持有者购买 1 单位产出

品并转化为资本。当排除角点解时，该方法可行。

如果

$$P(t) < v_K(t) \tag{A1.6.47}$$

逐利企业不发行任何股票，而是在产品市场上以低于资本市场中的融资代价要求无限资本并获得居户认可，从而最优储蓄率为1，各期消费需求为零。这样违反稻田条件，因此在这种价格关系（产品 vs 资本）下一定不是均衡。

从而，动态均衡（中的某一时期静态均衡）要求

$$P(t) \geqslant v_K(t) \tag{A1.6.48}$$

特殊地，如果

$$P(t) > v_K(t) \tag{A1.6.49}$$

则最大化的居户既无意在资本市场购入股权，也无意在产品市场上出售资产。换言之，他完全无意愿实施额外投资，从而使企业无法获得投资。并且作为其反向操作，假设已投入的资本要素（机器设备）无法再还原至消费品并在产品市场上售卖，则反向套利 $\dot{K} < 0$ 不可能。此时有

$$\dot{K} = 0 \tag{A1.6.50}$$

从而，如果要求持续增长不停滞（由于假设不存在人口增长与急速进步，则此时关注总体增长），即

$$\dot{K} > 0 \tag{A1.6.51}$$

客观要求

$$P(t) = v_K(t) \tag{A1.6.52}$$

（2）资本市场均衡。假设排除折旧，则有

$$\dot{K} = ALf(K/AL) - 1/P \tag{A1.6.53}$$

其中，A 表示固定的技术系数。从而 K/AL 表示每“有效劳动”的平均资本存量。

（3）居户的预算约束。预算约束可变形为

$$\lim_{s\to\infty}\int_t^s \exp\{-\rho(\tau - t)\}\mathrm{d}\tau \leqslant \lim_{s\to\infty}\int_t^s \exp\{-\rho(\tau - t)\}w(\tau)L\mathrm{d}\tau + v_K(t)K(t) \tag{A1.6.54}$$

注意：不等号左边写作

$$\lim_{s\to\infty}\int_t^s \exp\{-\rho(\tau-t)\}\,d\tau \tag{A1.6.55}$$

而非

$$\lim_{s\to\infty}\int_t^s \exp\{-\rho(\tau-t)\}L\,d\tau \tag{A1.6.56}$$

是将效用函数中 $C(\tau)$ 视作总体经济（Aggregate Economy）的总消费，从而各期支出 $E(\tau)=1$ 亦为全社会总消费支出。这与 Barro“Economic Growth”中的 Ramsey 模型不同，后者效用函数立足“居户”并假设 $c(\tau)$ 为人均消费，从而居户消费包括 $\exp\{n(\tau-t)\}$ 项，表示居户成员以速率 n 膨胀。而如果将 $C(\tau)=c(\tau)\exp\{n(\tau-t)\}$ 定义为社会总消费，虽不会改变任何结果，但将破坏以最大化单个居户效用现值为目标的“分散决策经济”的内涵，以及对其效率——与“中央决策经济”比较——的论证力度。因此，将“居户”作为研究对象更加符合 Ramsey 模型的应有之义。

但本书对 Ramsey 模型的阐述将 $C(\tau)$ 设为总消费、$E(\tau)=1$ 设为总支出是与条件

$$AL=1 \tag{A1.6.57}$$

相呼应的。该条件假设经济中仅有唯一居户

$$U_t=\int_t^\infty \exp\{-\rho(\tau-t)\}\cdot\ln C(\tau)\,d\tau \tag{A1.6.58}$$

为效用函数，并以

$$E(\tau)=1 \tag{A1.6.59}$$

为各期固定支出。从而资本积累方程变形为

$$\dot{K}=f(K)-1/P \tag{A1.6.60}$$

因为它拥有全经济中唯一的以新单位衡量的劳动。

(4) 全经济（单一居户）资本存量的积累方程为

$$\dot{K}=\begin{cases} f(K)-1/v_K & v_K>1/f(K) \\ 0 & v_K\leqslant 1/f(K) \end{cases} \tag{A1.6.61}$$

证明：

在 $P\geqslant v_K$ 的前提下：

1) 如果 $P=v_K$，则有 $C=1/P\leqslant f(K)$。从而

$$P=v_K\geqslant 1/f(K) \tag{A1.6.62}$$

2）如果 $P > v_K$，此时有 $\dot{K} = 0$，则有 $C = 1/P = f(K)$。从而

$$P = 1/f(K) \tag{A1.6.63}$$

则首先要证明：如果 $v_K > 1/f(K)$，则 $P = v_K$。

由条件，一定有

$$P \geqslant v_K > 1/f(K) \tag{A1.6.64}$$

即有 $C < f(K)$，从而 $\dot{K} > 0$。又可细分为 $P > v_K > 1/f(K)$ 及 $P = v_K > 1/f(K)$。其中，$\dot{K} > 0$ 与 $P > v_K > 1/f(K)$ 存在矛盾，后者要求 $\dot{K} = 0$。得证。

从而，如果 $v_K > 1/f(K)$，则有

$$\dot{K} = f(K) - 1/v_K > 0 \tag{A1.6.65}$$

其次要证明：如果 $v_K \leqslant 1/f(K)$，则 $1/f(K) = P$。

暂时去掉不等式 $v_K \leqslant 1/f(K)$ 中的等号，可细分为 $v_K < 1/f(K) \leqslant P$、$v_K < P \leqslant 1/f(K)$ 及 $v_K = P < 1/f(K)$。

第一种情况下，如果 $P > 1/f(K)$，则有 $\dot{K} > 0$，与 $v_K < P$ 必有 $\dot{K} = 0$ 存在矛盾，从而要想 $v_K < 1/f(K) \leqslant P$ 成立，必有 $v_K < 1/f(K) = P$；第二种情况下，由 $v_K < P$ 必有 $\dot{K} = 0$，从而必有 $v_K < 1/f(K) = P$，与情况一相同；第三种情况下，如果 $P < 1/f(K)$，必有 $C > f(K)$ 即 $\dot{K} < 0$ 从而储蓄率为负，表示存在角点解，与模型假设相悖，故排除。

当考虑 $v_K \leqslant 1/f(K)$ 时，可细分为 $v_K = 1/f(K) < P$ 及 $v_K = 1/f(K) = P$。

第一种情况下，$1/f(K) < P$ 必有 $C < f(K)$ 即 $\dot{K} > 0$，与 $v_K < P$ 必有 $\dot{K} = 0$ 存在矛盾；第二种情况下，$1/f(K) = P$ 必有 $\dot{K} = 0$，与 $v_K = P$ 不构成矛盾。

从而，如果 $v_K \leqslant 1/f(K)$，则有

$$\dot{K} = f(K) - 1/P = 0 \tag{A1.6.66}$$

但此时 v_K 与 P 的相对关系（小于或等于）并不明确。

（5）"非套利条件"。

$$\frac{\dot{v}_K}{v_K} = \begin{cases} \rho - f'(K) & v_K > 1/f(K) \\ \rho - \dfrac{f'(K)}{v_K f(K)} & v_K \leqslant 1/f(K) \end{cases} \tag{A1.6.67}$$

由上述证明可知，如果 $v_K > 1/f(K)$，必有 $v_K = P$；如果 $v_K \leqslant$

$1/f(K)$，必有 $1/f(K)=P$。可得结论：如果资本（边际）收益 $\frac{Pf'(K)}{v_K}$ 超过名义利率 ρ，则无论 v_K 与 $1/f(K)$ 关系如何，都有资本价值下降，即 $\dot{v}_K/v_K<0$。这是一个必要条件。特殊地，当 $\frac{Pf'(K)}{v_K}>\rho$ 发生在 $\dot{K}>0$ 时，有 $r=f'(K)>\rho$。

在 Barro“Economic Growth”中，有条件

$$-\dot{\lambda}/\lambda=r-n \tag{A1.6.68}$$

即 $q(\tau)=\exp\{(\rho-n)(\tau-t)\}\lambda(\tau)$ 时，有

$$-\dot{q}/q=r-\rho \tag{A1.6.69}$$

它表示：（逆否命题）如果在 $\frac{Pf'(K)}{v_K}>\rho$ 时还有当期价值 $\dot{v}_K/v_K\geqslant 0$，理性决策者不会保留任何当期消费，因为将其储蓄至下一期有利可图，从而当期名义价格无限大（稻田条件），并非均衡（角点解）。

注意：资本积累方程来自产品市场，而资本价值演变方程则来自资本市场，二者必须以“自由进入条件”进行桥接才能发挥作用。从而，“自由进入条件”是划定区域和证明的关键。

（6）稳态。假设存在一个有限规模的资本存量 $\tilde{K}$，并且有：

1）当 $K<\tilde{K}$ 时，有 $f'(K)>\rho$，且有 $f(K)<f(\tilde{K})$。则此时，无论 v_K 的初始位置如何，都有资本价值下降 $\dot{v}_K/v_K<0$（必要条件）。

当初始点落在向右下方倾斜的曲线 $v_K=1/f(K)$ 之上的位置时，资本积累方程导致正投资，即 $\dot{K}>0$。分为以下两种情况：

第一种情况，在未到达以 $f'(\tilde{K})=\rho$ 从而 $\dot{v}_K/v_K=0$ 和 $v_K=1/f(\tilde{K})$ 为特征的稳态点 E 之前，即已下穿曲线 $v_K=1/f(K)$ 的初始点及其轨迹（资本积累不够快，因 v_K 当期被低估）将因 $\rho-f'(K)<0$ 而在曲线 $v_K=1/f(K)$ 以下垂直下移 $\dot{v}_K/v_K<0$ 直至 $v_K=0$，并且由 $\rho-\frac{f'(K)}{v_Kf(K)}$ 可知，v_K 值降低将不断推高衰减率 $\dot{v}_K/v_K<0$ 直至负无穷，从而一定能够突破至 $v_K=0$ 负值区域。但是，如果允许 $v_K<0$ 则违反“自由处置”条件（Freely disposal Condition），如果不允许 $v_K<0$ 则违反“非套利条件”（No-Arbitrage Condition），从而任何低估 $v_K(t)$

的初始点都绝不是均衡的（对应 Barro“Economic Growth”中 Ramsey 模型过度消费的初始点，Euler 方程将推动这种过度消费，因为低储蓄率使资本积累困难，从而使消费持续快速飙升）。

注意：Barro“Economic Growth”中 Ramsey 模型求解基于 Hamilton 函数，其非套利条件为 $-\dot{q}/q=(f'(\hat{k})-\delta)-\rho$。如果再叠加“沉淀资本不能转化为当期消费”的 Grossman & Helpman 假设，对稳态路径以上点（过度消费）的非均衡证明就困难了。因此时 $(f'(\hat{k})-\delta)-\rho$ 为常数，趋向于零恰好满足效用的稻田条件，也不违反自由处置条件。因此，Barro 并未将该假设用于 Ramsey 模型中，从而利用生产的稻田条件得到与上述证明类似的步骤与结果。

第二种情况，在未到达稳态点 E 之前，即右穿垂直线 $f'(\bar{K})=\rho$ 的初始点及其轨迹（v_K 下降不够快，因资本积累过速，归根结底因 v_K 当期被高估）将因 $\rho-f'(K)>0$ 而使 $\dot{v}_K/v_K>0$，并因 $v_K>1/f(K)$ 而导致 $\dot{K}>0$。从而长期有 $\lim\limits_{s\to\infty}v_K K(s)=\infty$。但由于 Barro“Economic Growth”中的 Ramsey 模型的横截性条件要求 $\lim\limits_{s\to\infty}\lambda(s)K(s)=0$，等价要求

$$\lim_{s\to\infty}\exp\{-\rho(s-t)\}v_K K(s)=0 \qquad (A1.6.70)$$

客观上要求 $v_K K$ 的长期增速小于 ρ。但

$$\frac{v_K\dot{K}}{v_K K}=\rho-f'(K)+\frac{f(K)}{K}-\frac{1}{v_K K}>\rho \qquad (A1.6.71)$$

注意：任何消费不足的初始点及其路径（无论发展中经济体还是发达经济体）最终都将长期高于曲线 $v_K=1/f(\bar{K})$，并以条件

$$\frac{v_K\dot{K}}{v_K K}=\rho-f'(K) \qquad (A1.6.72)$$

驱使资本价值 v_K 演变。

其中

$$\frac{f(K)-f'(K)K-(1/v_K)}{K}>0 \qquad (A1.6.73)$$

这是因为 $f(K)-f'(K)K$ 为劳动要素报酬 w，并且有 $\partial w/\partial K>0$ 而 $1/v_K$ 单调递减趋近于零，从而得证。因此任何高估 $v_K(t)$ 的初始点都绝不是均衡的。对应 Barro“Economic Growth”中 Ramsey 模型消费不足的初始点，Euler

方程将拉低（或在其压力下拉低）消费速度，因为高储蓄率使资本积累容易，从而消费持续以低速徘徊，这将导致动态非效率倾向，而分散决策的最大化居户拒绝这种配置。

即使不从“横截性条件”出发，也已获得充分证据证明

$$\lim_{s\to\infty}\exp\{-\rho(s-t)\}v_K K(s) > 0 \tag{A1.6.74}$$

严格成立，即当期资本价值 $v_K(t)$ 存在泡沫时，无论哪种消费路径都可行，从而预算约束无效，消费者非均衡。这相当于 Barro “Economic Growth” 中参数限制

$$\rho > n + (1-\theta)x \tag{A1.6.75}$$

上述假设的理由在于，如果不考虑假设，消费水平低于鞍形路径的初始点及路径最终归于 $k^{**} > k_{gd}$，如果经济最终稳定在该点（确实满足 Euler 方程和资本积累方程），则有

$$f'(k(T)) < n + g \tag{A1.6.76}$$

从而有

$$\lim_{s\to\infty}\exp\{-[\bar{r}(s)-n-g](s-t)\}k(s) \geqslant 0 \tag{A1.6.77}$$

为预算约束条件。但进入稳态后，如果 $f'(k(T))=r<n+g$，该居户的（现值）预算约束发散，从而处于该种情况下的任何消费路径都可被充分满足，因此任何一条特定的消费路径都绝不是均衡的，即如果不存在参数限制，将违反“横截性条件”，这将是“财未尽其用”的失败案例。

但应注意，Grossman 和 Helpma 与 Barro 对 Ramsey 模型的分析结论存在重大差异：前者认为“动态非效率”将使资本持续积累（无上限），而后者认为资本将稳定在高于黄金律资本存量水平 k_{gd} 的过度资本存量 k^{**}。为何有如此差别?

究其原因，Barro 分析以一个重要条件为基础，即始终存在资本广化力量（n、δ、x 或全部 $n+\delta+x$），这使满足稻田条件和边际报酬递减规律的新古典生产函数以始终存在唯一稳态为必要条件。但 Grossman 和 Helpman 的分析未将资本广化力量作为模型的必要参数，稳态并不是其必然归宿，从而也就可以理解其资本积累 $\dot{K}>0$ 无限制。

从而在 $K<\tilde{K}$ 条件下，基于资本积累方程（隐含“自由进入”条件 $v_K=P$）和“非套利条件”的经济，唯一可能的动态均衡就是第三种情况是初始

点及其路径归于稳态点并停在那里。在不存在技术进步的条件下，由于边际报酬递减规律投资导致实际利率下降，当它降至名义贴现率水平后，已无动力使其进一步下降，以投资替代当前消费，表现为条件

$$\dot{v}_K/v_K = \rho - f'(K) \geqslant 0 \quad (A1.6.78)$$

从而

$$\dot{C}/C < 0 \quad (A1.6.79)$$

即，期待未来消费增加而牺牲当前消费进行投资的动力不足。

2）当 $K > \tilde{K}$ 时，有 $f'(K) < \rho$ ，且有 $f(K) > f(\tilde{K})$ 。此时，存在一条向右下方倾斜曲线 EV' ，沿该线有 $v_K = \dfrac{f'(K)}{\rho f(K)}$ 反映新古典生产函数的边际报酬递减规律。注意：该曲线严格位于曲线 $v_K = 1/f(K)$ 之下。

在该曲线以下，由于

$$v_K < \frac{f'(K)}{\rho f(K)} < 1/f(K) \quad (A1.6.80)$$

则有 $v_K < P = 1/f(K)$，从而 $\dot{K} = 0$ 且 $\dot{v}_K < 0$。

从而，在 EV' 线以下的点将垂直向下移动［基于（均衡的）“非套利”条件］，直至 $v_K = 0$。如果允许 $v_K < 0$，则违反“自由处置”条件，如果不允许 $v_K < 0$ 则违反“非套利条件”，从而任何在 EV' 线以下的初始点及其路径都绝不是均衡的。

则在该曲线以上有

$$v_K > \frac{f'(K)}{\rho f(K)} \quad (A1.6.81)$$

分为以下两种情况：

一是当位于 $v_K = 1/f(K)$ 曲线之上时，有 $P = v_K > 1/f(K)$ 从而 $\dot{K} > 0$ 且 $\dot{v}_K > 0$。

二是当位于 $\dfrac{f'(K)}{\rho f(K)} < v_K < 1/f(K)$ 即两曲线中间时，有 $P = 1/f(K)$ 从而 $\dot{K} = 0$ 且 $\dot{v}_K > 0$。无论哪种情况，最终都将归于 $\lim\limits_{s\to\infty} v_K K(s) \to \infty$，违反横截性条件，从而一定不是均衡的。究其原因，在于资本当期价值 v_K 被高估（消费不足），从而将陷于“动态无效率”，而分散决策的最大化居户拒绝这种配置。

属于该曲线的点，由于

$$v_K = \frac{f'(K)}{\rho f(K)} < 1/f(K) \quad (A1.6.82)$$

则有 $P = 1/f(K)$ 从而 $\dot{K} = 0$ 且 $\dot{v_K} = 0$，因此初始点稳定在那里。经济活动如何？此时，当期消费完全消耗掉当期收入（资本和劳动）。资本实际利率为 $\frac{Pf'(K)}{v_K} = \rho$，与稳态点一致。从而 $v_K/P = f'(K)/\rho < 1$。它有什么经济含义？

Ramsey 模型预言，经济发展程度较高的经济体资本（因充裕）价值 v_K 较低（反映其消费水平较高），低于物价水平 P，并且经济越发达，二者虽都持续下降，但二者之间差距却越大。不过，实际利率并未无限下降，而是没有变化。该特征表示，由于资本不能转回消费（即 $\dot{K} < 0$ 被假设不存在），任何发展程度（无论什么原因）已超过稳态的经济，即稳定在那里，即使开放国门也无须担心资本向经济发展程度较低的经济体流动。

同时，可能出现资本的边际产出具有充分高下限的情况（违反稻田条件）。如果资本边际产品具有下限，即

$$b > \rho \tag{A1.6.83}$$

则人均收入的持续增长是有可能的（并未说是必要条件）。

在这种情况下，资本价值 v_K 在长期内应服从

$$\dot{v_K}/v_K = \rho - f'(K) = \rho - b < 0 \tag{A1.6.84}$$

同时，资本存量增速长期内必须为

$$\dot{K}/K = b - \rho > 0 \tag{A1.6.85}$$

证明：

由预算条件，资本的名义总价值 $v_K K$ 上限为 $1/\rho$，下限为 0。从而在长期，该值必然趋于常数。由于

$$\dot{K}/K = f(K)/K - 1/v_K K = b - 1/v_K K \tag{A1.6.86}$$

如果 $v_K K$ 长期非常数，则它有两个可能：①单调下降；②单调上升。但单调上升的结果一定超过上限 $1/\rho$，从而唯一的可能是单调下降。

但长期内

$$\frac{v_K \dot{K}}{v_K K} = \rho - b + b - \frac{1}{v_K K} \rightarrow -\infty \tag{A1.6.87}$$

与下限为 0 矛盾。从而，长期 $v_K K$ 必定为常数，否则将面临“非套利条件”与“自由处置”条件之间的矛盾。得证。

注意：此动态路径是否会使资本名义价值 v_K 最终趋近于零，从而是否会触发“非套利条件”与“自由处置”条件之间的矛盾（必须违反一个）？研究发现，在

原模型（不存在技术进步叠加边际报酬递减规律）中，v_K 向下演变并不可怕，可怕的是如果在到达稳态点之前先下穿曲线 $v_K = 1/f(K)$ ，由条件

$$\dot{v}_K/v_K = \rho - \frac{f'(K)}{v_K f(K)} \tag{A1.6.88}$$

可知，向下速度将无法控制，这才能导致矛盾。但在边际产出存在下限 b 时，实际上并不必然下穿 $v_K = 1/f(K)$ 。特殊地，存在轨迹使

$$v_K f(K) = 1 \tag{A1.6.89}$$

即

$$f(\dot{K})/f(K) = \frac{f'(K)K}{f(K)}(\dot{K}/K) \to -\dot{v}_K/v_K \tag{A1.6.90}$$

在长期成立，从而非均衡可以避免，人均产出和收入也按这一速度增长。但是，在这个“持续增长”模式下，“横截性条件”是否还起作用？横截性条件为

$$\lim_{s\to\infty} \exp\{-\rho(s-t)\} v_K K(s) = 0 \tag{A1.6.91}$$

当长期内 $v_K K$（s）为常数时，不违反横截性条件。

存在技术进步 $g_A = x$ 的情况下，当 $k < \tilde{k}$ 时，有 $f'(k) > \rho$ ，存在（有效劳动的平均）资本积累方程

$$\dot{k}/k = f(k)/k - 1/v_K K - g_A \tag{A1.6.92}$$

其中，$v_K = P$ 为社会总消费的倒数，它来自

$$\dot{K}/K = F(K, AL)/K - 1/v_K K \tag{A1.6.93}$$

资本价值 v_K 的演变方程为

$$\dot{v}_K/v_K = \rho - f'(k) \tag{A1.6.94}$$

从而，只有当 $\dot{K}/K = -\dot{v}_K/v_K = g_A = x$ 时，才能同时满足“非套利条件”、资本积累方程及预算条件（它要求长期 $v_K K$ 为常数，此为必要条件，无论边际产出是否有大于 ρ 的上限 b 都必须满足）。

从而，长期有资本的边际产品为

$$f'(k) = \rho + x \tag{A1.6.95}$$

这样，边际产品严格大于 ρ ，从而进行资本积累的动机将始终存在 $\dot{K}/K > 0$。

第二部分　数学附录
（Appendix Ⅱ）

一、 一阶常系数线性微分方程组求解

用相位图法，设

$$\dot{y}(t) = Ay(t) + x(t) \quad (A2.1.1)$$

其中，$y(t)$ 是 n 个关于时间 t 的函数组成的列向量 $(y_1(t), y_2(t), \cdots, y_n(t))^T$，$x(t)$ 是 n 个关于 t 的函数组成的列向量。

相位图的优缺点：优点在于简单并能够给出定性解；缺点在于只针对 2 × 2 常（系）数矩阵并且只对具有稳态的自治方程有效。

简单情形：2 × 2 常（系）数矩阵齐次方程。

$$\dot{y}_1(t) = a_{11}y_1(t) \quad (A2.1.2)$$

$$\dot{y}_2(t) = a_{22}y_2(t) \quad (A2.1.3)$$

则至少应讨论如下情况：

$$a_{11} > 0,\ a_{22} > 0 \quad (A2.1.4)$$

此时处于不稳定系统。除原点外，任何一个初始点的归宿都非稳态点。上例说明，并非所有线性动态系统都有稳态。

$$a_{11} < 0,\ a_{22} < 0 \quad (A2.1.5)$$

此时处于全局稳定系统。无论哪个点作为初始位置，归宿都为唯一稳态原点。

$$a_{11} < 0,\ a_{22} > 0 \quad (A2.1.6)$$

此时处于鞍形路径稳定系统。存在唯一稳态点，是否归于该点取决于初始位置（额外条件）。如果初始点选在横轴，即鞍形路径上，则最终归宿一定是稳态点，称该路径为稳定臂；而任何初始位置不落在鞍形路径上的点，都将持续远离该稳态点和稳定臂，而趋向另一条路径，称为非稳定臂。

得到两个重要的结论：

（1）除稳定臂、非稳定臂在原点的特殊情况外，动态系统中两条路径互不相交。类比无差异曲线不相交。后者假如允许相交，则违反了完备性［数学上反映函数针对某一组自变量具有输出值唯一的性质，序数效用虽并不在意某一特定（商品）选择的效用值，而只在乎不同选择之间比较（完备性），但它归根结底可写作一个函数］；而动态系统中的两条路径假如允许相交，则不同路径存在相同（非原点）初始点，违反了函数针对某一组自变量具有唯一输出值的性质。

（2）只有两条路径穿过稳态。一条为稳定臂，一条为非稳定臂。该性质与上述“任何两条路径不相交”之间并不矛盾：在稳定臂中，其达到稳态点（原点）即稳定下来，因此并未违反“单一输出值”的函数定义；在非稳定臂中，起点如果为稳态点（原点），它会稳定在那里（Stands Still），而其他任意偏离于稳态点的位置都会具有唯一的路径，因此也不会违反函数定义。因此，所有显示出鞍形路径稳定性质的二元常（系）数动态系统（二元常微分方程组，姑且先规定阶数为一），都有一条稳定臂和一条非稳定臂。所有不在稳定臂上的初始点选择，最终都无限趋近非稳定臂而远离稳态点。

如果想要确定从属于哪条动态路径，必须对端点条件进行规定。

在二元常（系）数微分系统中，需要满足两个相互独立的边界值条件方能确定动态路径（必要条件）。这其中可以包括：①双起点条件；②一个起点条件，一个终点条件。特殊地，如果终点条件显示稳态，则该初始点必然在稳定臂上，则可由该必要条件回推初始点（如果稳定臂是显性的话）。

结论如下：

如果二元常（系）数微分系统是对角线型的，则其稳定性（充分地）取决于其系数符号；如果两系数均为正，则系统是不稳定的，除非初始点处于稳态点（原点），否则将远离稳态；如果两系数均为负，则系统是全局稳定的，任何初始点的最终归宿都是稳态点；如果系数一正一负，则系统是鞍形路径稳定的，除稳定臂（包括原点）上的初始点之外，所有初始点的最终归宿都远离稳态点。

二、非对角线型二元常（系） 数微分系统

例：有

$$\dot{y}_1 = 0.06y_1 - y_2 + 1.4 \tag{A2.2.1}$$

$$\dot{y}_2 = -0.004y_1 + 0.04 \tag{A2.2.2}$$

$$(0 = 0 \times 1) \tag{A2.2.3}$$

以及两个边界值条件

$$y_1(0) = 1 \tag{A2.2.4}$$

$$\lim_{t \to \infty} \exp\{-0.06t\} y_1(t) = 0 \tag{A2.2.5}$$

则引入线性常系数微分方程的分析解。

设

$$\dot{y} = Ay(t) \tag{A2.2.6}$$

其中，$y(t)$ 是 n 个关于时间 t 的函数组成的列向量 $(y_1(t), y_2(t), \cdots, y_n(t))^T$，表示 $n \times n$ 系数矩阵。思路是：将上述非对角系数矩阵化为对角矩阵。

则在线性代数中，有如下定理：$n \times n$ 阶矩阵能被对角化的充分条件是它有 n 个与线性无关的特征向量。注意：如果其特征值彼此不同，则它有 n 个与线性无关的特征向量，从而一定能被对角化；或特征值中有重根，则如果其 r 个重根对应 r 个与线性无关的特征向量，则矩阵同样能被对角化。

从而，设 V 为矩阵，它由关于矩阵 A 的 n 个与线性无关的特征向量组成。则有

$$V^{-1}AV = \begin{pmatrix} \lambda_1 & & \\ & \cdots & \\ & & \lambda_n \end{pmatrix} \tag{A2.2.7}$$

进行变量代换，设

$$Z = V^{-1}y \tag{A2.2.8}$$

从而有

$$\dot{Z} = V^{-1}\dot{y} \tag{A2.2.9}$$

则有

$$\dot{Z} = V^{-1}\dot{y} = V^{-1}Ay \tag{A2.2.10}$$

从而

$$\dot{Z} = (V^{-1}AV)V^{-1}y \tag{A2.2.11}$$

则有

$$\dot{Z} = DZ \tag{A2.2.12}$$

其中，D 为 n 阶对角阵，主对角线元素为 A 的特征值。

从而

$$\dot{Z}_i = \lambda_i Z_i \tag{A2.2.13}$$

这样，通过变量代换，将基于新变量的线性微分系统成功写作彼此独立的形式。从而由一阶常系数齐次微分方程的解过程，知通解为

$$Z_i = b_i \exp\{\lambda_i t\} \tag{A2.2.14}$$

其中，b_i 为任意常数。它的确定依赖于边界值条件。

从而将变量代换回去，得到

$$y = VZ \tag{A2.2.15}$$

利用 $Z_i = b_i \exp\{\lambda_i t\}$，得到

$$y = VEb \tag{A2.2.16}$$

其中，E 为主对角线元素也是 $\exp\{\lambda_i t\}$ 的 n 阶对角阵，即

$$E = \begin{pmatrix} \exp\{\lambda_1 t\} & & \\ & \cdots & \\ & & \exp\{\lambda_n t\} \end{pmatrix} \tag{A2.2.17}$$

而 b 为 n 阶列向量，即 $b = (b_1, b_2, \cdots, b_n)^T$。

从而

$$y = VEb = \sum_{i=1}^{n} \begin{pmatrix} v_{1i} \\ v_{2i} \\ \vdots \\ v_{ni} \end{pmatrix} b_i \exp\{\lambda_i t\} \tag{A2.2.18}$$

从而

$$y_m = \sum_{i=1}^{n} (v_{mi} b_i) \exp\{\lambda_i t\} \quad m = 1, 2, \cdots, n \tag{A2.2.19}$$

可以发现，y 的解析解由其彼此不相同的特征值组成。

特殊地，如果存在常数项怎么办？则变量 y 列向量变为

$$Y = (y,\ y_{n+1})^T \quad \overline{y_{n+1}} = 1 \tag{A2.2.20}$$

而系数阵 A 加入一列 $A_0 = (a_{10},\ a_{20},\ \cdots,\ a_{n0})^T$，并加入一行零向量，即

$$A^* = \begin{pmatrix} A & \cdots & A_0 \\ & & \\ 0 & \cdots & 0 \end{pmatrix} \tag{A2.2.21}$$

因此，如果能够保证特征矩阵 V^* 的各向量彼此线性无关，即可以对角化，并且引入一个新特征值 λ_0，使求解公式为

$$det(\lambda E - A^*) = \begin{vmatrix} \lambda E - A & \cdots & -A_0 \\ & & \\ 0 & \cdots & \lambda \end{vmatrix} = 0 \tag{A2.2.22}$$

则有

$$\lambda \cdot |\lambda E - A| = 0 \tag{A2.2.23}$$

从而，增加特征值 $\lambda = 0$，但其他特征值不变。它将使各变量分别增加

$$y_m = (\sum_{i=1}^{n} (v_{mi} b_i) \exp\{\lambda_i t\}) + v_{m0} b_0 \quad m = 1,\ 2,\ \cdots,\ n \tag{A2.2.24}$$

从而，当上式由齐次方程组变为非齐次方程组时，稳定特征并不发生改变，但稳态点发生改变，可以用边界值条件进行求解。

二元常微分动态系统稳定性的判定法则：①如果两个特征值均为实数并且均为正，则系统不稳定；②如果两个特征值均为实数并且一正一负，则系统鞍形路径稳定，特定初始点的长期路径取决于边界值条件；③如果两个特征值均为实数并且均为负，则系统全局稳定。在 Ramsey 模型中，资本存量恒不小于零和横截性条件。这两个终值条件规定了初始点必位于鞍形路径之上，其归宿必为稳态。但并没有得到稳定臂的显性解，而是利用了判定法。

由以上例子，知

$$\dot{y} = Ay = \begin{pmatrix} 0.06 & -1 & 1.4 \\ -0.004 & 0 & 0.04 \\ 0 & 0 & 0 \end{pmatrix} \begin{pmatrix} y_1 \\ y_2 \\ 1 \end{pmatrix} \tag{A2.2.25}$$

求

$$det(\lambda E - A) = \begin{vmatrix} \lambda - 0.06 & 1 & -1.4 \\ 0.004 & \lambda & -0.04 \\ 0 & 0 & \lambda \end{vmatrix} = 0 \quad (A2.2.26)$$

则有

$$\lambda_1 = 0.1, \ \lambda_2 = -0.04, \ \lambda_0 = 0 \quad (A2.2.27)$$

对应的特征矩阵为

$$V = \begin{pmatrix} 1 & 1 & 1 \\ -0.04 & 0.1 & 0.2 \\ 0 & 0 & 0.1 \end{pmatrix} \quad (A2.2.28)$$

使

$$AV_1 = \lambda_1 V_1 \quad (A2.2.29)$$

令 $v_{11} = 1$，$v_{31} = 0$，则 $v_{21} = -0.04$。从而 $V_1 = (1, 0.2, 0)^T$。注意：特征向量不唯一，也不是目的。

同理，可得 V_2 与 V_0。应尤其注意使 $v_{30} \neq 0$，则三个特征向量线性无关。

从而

$$y = VEb = \sum_{i=1}^{n} \begin{pmatrix} v_{1i} \\ v_{2i} \\ \vdots \\ v_{ni} \end{pmatrix} b_i \exp\{\lambda_i t\} \quad (A2.2.30)$$

从而

$$y = \begin{pmatrix} 1 & 1 & 1 \\ -0.04 & 0.1 & 0.2 \\ 0 & 0 & 0.1 \end{pmatrix} \begin{pmatrix} b_1 \exp\{0.1t\} \\ b_2 \exp\{-0.04t\} \\ b_3 \end{pmatrix} =$$

$$\begin{pmatrix} b_1 \exp\{0.1t\} + b_2 \exp\{-0.04t\} + b_3 \\ -0.04 b_1 \exp\{0.1t\} + 0.1 b_2 \exp\{-0.04t\} + 0.2 b_3 \\ 0.1 b_3 \end{pmatrix} \quad (A2.2.31)$$

由边界值条件

$$y_1(0) = 1 \quad (A2.2.4)$$

$$\lim_{t \to \infty} \exp\{-0.06t\} y_1(t) = 0 \quad (A2.2.5)$$

可知

$$b_1 = 0, \ b_2 = -9, \ b_3 = 10 \tag{A2.2.32}$$

从而，动态系统为鞍形路径稳定的，终点（横截性）条件要求它必须在稳定臂上。不同于 Ramsey 模型，上式不存在“消费者均衡”（最大化效用）要求，而且上式具有的一些性质在该例的动态系统中似乎无法表达，如资本存量不小于零、预算约束有效。

然而，不满足这两个条件并不影响该例获得“稳态路径”的必然性特征，因为这两个条件已得到充分表达：①资本存量不小于零的必要条件是 Euler 方程永不被打破，而例中通过规定两个变量的动态行为始终成立而予以满足；②预算约束有效的必要条件是必须不违反横截性条件，而例中通过规定横截性条件始终成立而予以满足。

因此，在 Ramsey 模型稳态附近点的常微分系统能够经由考察特征值的符号，直接得到动态系统的稳定性，这一点与均衡分析的结果等价。

从而，稳定臂的显性解可经由线性关系进行求解。

由

$$\dot{y} = Ay = \begin{pmatrix} 0.06 & -1 & 1.4 \\ -0.004 & 0 & 0.04 \\ 0 & 0 & 0 \end{pmatrix} \begin{pmatrix} y_1 \\ 0.1y_1 + 1 \\ 1 \end{pmatrix} \tag{A2.2.33}$$

发现

$$\dot{y}_1 = 0.06y_1 - 0.1y_1 - 1 + 1.4 = -0.04y_1 + 0.4 = -0.04(y_1 - 10) = -0.04(y_1 - y_1^*) \tag{A2.2.34}$$

并且，由

$$\dot{y} = Ay = \begin{pmatrix} 0.06 & -1 & 1.4 \\ -0.004 & 0 & 0.04 \\ 0 & 0 & 0 \end{pmatrix} \begin{pmatrix} 10y_2 - 10 \\ y_2 \\ 1 \end{pmatrix} \tag{A2.2.35}$$

发现

$$\dot{y}_2 = -0.04y_2 + 0.04 + 0.04 = -0.04y_1 + 0.4 = -0.04(y_2 - 2) = -0.04(y_2 - y_2^*) \tag{A2.2.36}$$

则在 Ramsey 模型的稳态点附近，消费与资本的收敛速度是近似一致的，这是一阶常微分动态系统的性质。

从而有

$$(y_1(t) - y_1{}^*) = a_1\exp\{-0.04t\} \tag{A2.2.37}$$

$$(y_2(t) - y_2{}^*) = a_2\exp\{-0.04t\} \tag{A2.2.38}$$

当 $t = 0$ 时，有

$$a_1 = y_1(0) - y_1{}^* \tag{A2.2.39}$$

$$a_2 = y_2(0) - y_2{}^* \tag{A2.2.40}$$

从而

$$(y_1(t) - y_1{}^*) = \exp\{-0.04t\}(y_1(0) - y_1{}^*) \tag{A2.2.41}$$

$$(y_2(t) - y_2{}^*) = \exp\{-0.04t\}(y_2(0) - y_2{}^*) \tag{A2.2.42}$$

也可写为

$$(y_1(t) - y_1{}^*) - (y_1(0) - y_1{}^*) = [\exp\{-0.04t\} - 1](y_1(0) - y_1{}^*) \tag{A2.2.43}$$

则有

$$(y_1(t) - y_1(0)) = [1 - \exp\{-0.04t\}](y_1{}^* - y_1(0)) \tag{A2.2.44}$$

从而有

$$\ln(y_1(t)/y_1(0)) = [1 - \exp\{-0.04t\}]\ln(y_1{}^*/y_1(0)) \tag{A2.2.45}$$

从而

$$\ln(y_1(0)/y_1(t)) = [1 - \exp\{-0.04t\}]\ln(y_1(0)/y_1{}^*) \tag{A2.2.46}$$

重要术语索引表

D

G

J

M

Q

S

Z